Geheimsache Bibel

Jürgen Kramke

Geheimsache Bibel

Der Schlüssel zum biblischen Geheimcode

Bibliografische Information der Deutschen Bibliothek: Die
Deutsche Bibliothek verzeichnet diese Publikation in der Deutschen Nationalbibliografie, detaillierte bibliografische Daten
sind im Internet über http://dnb.ddb.de abrufbar.

Herstellung und Verlag: BoD- Books on Demand, Norderstedt

ISBN: 9783749448708

Inhaltsverzeichnis

Vorwort

In einer Zeit, wo der Glaube an einen lebendigen Gott dem Dogma der alles erklärenden Wissenschaft gewichen ist, erscheint es vielleicht etwas seltsam, ein Buch über die verborgenen Inhalte der Bibel zu schreiben. Zumal sich kaum jemand vorzustellen vermag, dass Menschen, die vor über 3000 Jahren im asiatisch-afrikanischen Raum lebten, einen Geheimcode entwickelt haben, der in der heutigen Zeit nur wenigen Menschen bekannt ist. Und selbst dann, wenn es diesen Code wirklich gibt, was sollen diese alten Hirtenvölker dem heutigen Menschen schon mitteilen können?

Es gehört schon ein gewisser Mut zu der Behauptung, dass diese Menschen vielleicht mehr über die Tiefen menschlicher Verirrungen und Verwirrungen wussten, als das, was der psychologisch aufgeklärte Mensch des 21. Jahrhunderts aus den Medien entnehmen kann. Wenn man jedoch bedenkt, welche Hochkulturen bereits weit vor der Zeit existierten, als die ersten Bücher der Bibel geschrieben wurden, dann erscheint es gar nicht mehr so abwegig, dass das, was diese Menschen über die Tiefen des menschlichen Gemüts wussten, unser Vorstellungsvermögen überschreitet.

Wer als unvoreingenommener Leser die Bibeltexte auf sich wirken lässt, wird vielleicht schon im äußeren Buchstabensinn nicht nur das hohe kulturelle und spirituelle Niveau der Bibelschreiber, sondern auch ihre tiefe Verbindung mit der spirituellen Welt verspüren. Einer jenseits von Raum und Zeit liegenden Welt, die dem Leser tiefe Einblicke in das menschliche Gemüt erlauben. Einblicke, wie sie der im natürlichen begründeten Wissenschaft so lange verwehrt bleiben, bis sie die Existenz einer geistigen Welt anerkennen kann.

In dem vorliegenden Buch möchte ich Sie, lieber Leser, Schritt für Schritt in die Geheimnisse des biblischen Entsprechungscodes einführen. Nach dem Lesen dieses Buches werden Sie die Bibel mit völlig neuen Augen betrachten und hinter ihrem äußeren Buchstabensinn wertvolle Bezüge zu Ihrem eigenen Leben entdecken.

Jürgen Kramke

Gibt es einen biblischen Geheimcode?

Auch wenn es heutzutage nicht zeitgemäß erscheint, die Bibel als ein spirituell inspiriertes Buch zu betrachten, möchte ich dennoch aufzeigen, dass die Bibel auch in Ihrem Leben Hilfestellungen geben kann. Als aufgeklärter Mensch werden Sie sich sicherlich die Frage stellen, wie diese teilweise unverständlichen Texte aus uralter Zeit ihnen eine Hilfe sein sollen? Meine Antwort darauf lautet: „Weil es die Schreiber der Bibel vor Tausenden von Jahren verstanden haben, in ihren Texten verschlüsselte Botschaften einzufügen".

Um Ihnen verständlich zu machen, was es mit diesen versteckten Botschaften auf sich hat, werde ich im weiteren Verlauf dieses Buches, einige Bibeltexte entschlüsseln. Wobei ich so vorgehen werde, dass Sie sukzessiv die Grundlagen der Entsprechungslehre kennenlernen. Mit ein wenig Übung sollte es Ihnen gelingen, selbst biblische Texte zu decodieren.

Wenn man die geheime Botschaft eines Textes decodieren will, benötigt man einen Codeschlüssel, der es dem Leser erlaubt, sozusagen durch die Hülle des äußeren Buchstabens hindurch die eigentliche Botschaft zu lesen. Selbstverständlich haben in der Vergangenheit schon viele Menschen daran gearbeitet, in der Bibel Geheimcodes zu entdecken. So gibt es eine ganze Reihe von Büchern, in denen die Autoren, sich auf die Bibel berufend, den genauen Ablauf sowie den Zeitpunkt des Weltuntergangs beschrieben haben.

Meist werden hierzu die im äußeren Buchstabensinn nur schwer verständlichen Texte aus der Offenbarung des Johannes (Neues Testament) herangezogen, um den genauen Ablauf der Endzeit vorherzusagen. Wobei die zum Weltuntergang führende Endzeit von Naturkatastrophen wie Erdbeben, Überschwemmungen, Blitz und Donner, Seuchen sowie Ungerechtigkeit, politischer und sozialer Unordnung bis hin zu Kriegen begleitet sein soll. Nicht wenige Autoren ließen sich zu genauen Terminangaben bezüglich des Weltuntergangs hinreißen. Ich erinnere in diesem Zusammenhang nur an die Jahrtausendwende, wo sehr viele Menschen das Ende der Welt erwartet hatten.

Beispielhaft möchte ich auf das 1997 erschienene Buch "Der Bibel Code"[1] verweisen. Dort schreibt der US-Journalist Michael Drosnin unter anderem, dass der hebräische Originaltext der Bibel eine verborgene Ankündigung für die Ermordung des israelischen Ministerpräsidenten Yitzhak Rabin im Jahr 1995 enthalte. In später erschienenen Veröffentlichungen erklärte er, dass in der Thora (5 Bücher Mose) ein verborgener Code verborgen sei, aus denen man allerlei weltgeschichtliche Ereignisse – von Hitlers Holocaust bis hin zum Krieg von Harmagedon – entschlüsseln könne. Einer der sicherlich wichtigsten von Drosnin im Bibelcode vorhergesagten Termine war das Jahr 2006.

In diesem Jahr sollte die Welt untergehen.[2]

Der Gedanke, in den Texten der Thora einen verborgenen Code zu suchen, findet sich schon in der kabbalistischen Tradition.[3] Nach der kabbalistischen Thoraauslegung ist die einfache Bedeutung des hebräischen Bibeltextes nicht seine wahre Bedeutung. Vielmehr habe Gott jeden einzelnen Buchstaben als Symbol benutzt, um jenen, die sie zu deuten wissen, eine höhere Wahrheit zu enthüllen.

Der kabbalistische Rabbi Bachya Ben Asher von Saragossa (Spanien) schrieb bereits im 13. Jahrhundert, dass er in Intervallen von 42 Buchstaben in einem Abschnitt der Genesis ein Geheimnis entdeckt habe. Diese Methode benutzte auch Drosnin – allerdings mit Mitteln der modernen Computertechnik. Dazu angeregt wurde er im August 1994 durch einen Artikel in der Zeitschrift Statistical Science. Diese meldete, Eliyahu Rips von der hebräischen Universität Jerusalem habe gemeinsam mit Kollegen im hebräischen Text der Genesis nach Löschung der Wortzwischenräume und durch Überspringen von Buchstaben in stets gleichen Intervallen die Namen

---

[1] Drosnin, Michael, Der Bibel Code, Verlag Heyne; Auflage: 7. Auflage, (1997)

[2] Drosnin, Michael, Der Bibel Code, Seite130

[3] Die Kabbala (auch Kabbalah), übersetzt „das Überlieferte", ist eine mystische Tradition des Judentums und bezeichnet sowohl bestimmte („kabbalistische") überlieferte Lehren als auch bestimmte überlieferte Schriften. Sie steht in einer jahrhundertelangen mündlichen Überlieferung, deren Wurzeln sich im Tanach, der Heiligen Schrift des Judentums, finden. Die Basis kabbalistischer Traditionen ist die Suche des Menschen nach der Erfahrung einer unmittelbaren Beziehung zu Gott. [Wikipedia]

vierunddreißig berühmter Rabbis gefunden – samt Geburtstag- oder Sterbedatum unweit der Namen. Da dies statistisch gesehen kein Zufall sein könne, beweise dies, dass göttlich inspirierte Informationen vor Jahrtausenden als "Bibelcode" in der Thora verborgen wurden.

Mit dieser Methode untersuchte auch Drosnin die Thora. Dabei habe er den Namen "Yitzhak Rabin"[4] in Intervallen von 4.772 Buchstaben gefunden. Nachdem er den Thoratext in Zeilen von je 4.772 Buchstaben anordnete, kreuzte sich Rabins Name (vertikal gelesen) mit dem Text von 5. Mose 4:42 (horizontal). Ihn übersetzte Drosnin mit: "Mörder, der morden wird". Hierbei geht es um einen Totschläger, der unabsichtlich tötete. Mit dieser Methode wurde Drosnin vorgeworfen, sei jedes Ereignis zu prophezeien. Drosnin meinte dagegen, er werde sich überzeugen lassen, wenn es seinen Gegnern gelänge, auch in Moby Dick Hinweise auf einen Ministerpräsidenten und seine Ermordung zu finden.

Der Informatiker Brendan McKay von der Nationaluniversität Australiens untersuchte den englischen Text von Moby Dick mit Drosnins Methode. Er fand dabei „Ankündigungen" der Ermordung von Indira Gandhi, Martin Luther King, John F. Kennedy, Abraham Lincoln und weiterer Personen – nicht zuletzt Yitzhak Rabin. McKays Vorwurf lautete, auf diese Weise finde man keine inspirierte verschlüsselte Botschaft, sondern eben die Daten, die man nach eigenem Ermessen vorab wählte. [Wikipedia]

Interessierte Forscher gingen sogar noch weiter und untersuchten auch kurze Texte. Eine wahlfrei herausgegriffene, aktuelle Pressemitteilung der Firma Microsoft lieferte bei der Untersuchung mit den vorhandenen Computerwerkzeugen innerhalb weniger Minuten Bezüge zum Zeitgeschehen, namentlich zum Prozess um O. J. Simpson und zum Boxkampf zwischen Mike Tyson und Evander Holyfield, bei dem Letzteren wurde ein Ohr teilweise abgebissen. So fan-

---

[4] **Jitzchak Rabin** (hebräisch יצחק רבין, geboren am 1. März 1922 in Jerusalem; gestorben am 4. November 1995 in Tel Aviv) war Verteidigungsminister und Ministerpräsident Israels und wurde 1995 ermordet.

den sich die Zeichen "ojdidit" (O. J. hat es getan), "ear" (Ohr) sowie der Name des beschädigten Kontrahenten.

Eines haben die meisten Bibelcodesucher gemeinsam, sie versuchen mit statistisch-mathematischen Methoden aus den im Text verstreuten Zahlenangaben bzw. aus der Anordnung der Schriftzeichen eine Syntax zu finden, die es ihnen erlaubt, Einblicke in die Zukunft der Menschheit zu tun. Die Grundvoraussetzung hierfür ist allerdings die, dass die Schreiber der Bibel vor über dreitausend Jahren die Absicht und die Fähigkeit hatten, den heutigen Menschen etwas über ihre konkrete materielle Zukunft in mathematisch verschlüsselter Form vorauszusagen. Ich denke, dass hier selbst dann berechtigte Zweifel zulässig sind, wenn man den Schreibern der Bibel unterstellt, dass sie göttlich inspiriert waren.

Ich persönlich bin jedenfalls davon überzeugt, dass mit an Sicherheit grenzender Wahrscheinlichkeit kein statistisch-mathematisch ermittelbarer Code in der Bibel enthalten ist. Aber dennoch glaube ich fest daran, dass es die Schreiber des Alten Testaments und des Evangeliums geschafft haben, in ihren Texten Botschaften einzubinden, die weit über das hinausgehen, was der äußere Buchstabensinn herzugeben vermag.

Bei diesen Botschaften handelt es sich nicht um finstere Zukunftsvoraussagen über eine vermeintliche Endzeit, in der die meisten Menschen jämmerlich zugrunde gehen müssen. Es sind auch keine Hinweise auf große Despoten, die in unregelmäßigen Abständen über diese Erde gehen und der Menschheit zur Last fallen. Vielmehr handelt es sich um ganz persönliche Ratschläge und Hinweise, die es dem verstehenden Leser dieser Texte erlauben, tiefe Einblicke über die Zustände in seinem eigenen Gemüt[5] zu gewinnen, was die Grundvoraussetzung für ein glückliches und erfülltes Leben ist.

---

[5] Jeder irdische Mensch besteht aus drei Elementen, Seele, Gemüt und Körper. Die Seele ist sein Innerstes, das Gemüt sein Mittleres, und der Körper das Letzte. Weil die Seele das Innerste des Menschen ist, so ist sie ihrem Ursprung nach himmlisch; und weil das Gemüt sein Mittleres ist, so ist es seinem Ursprung nach geistig, und weil der Körper das Letzte ist, so ist er seinem Ursprung nach natürlich. Im Gemüt sind der Wille und der Verstand des Menschen angesiedelt.

Nur wem es gelingt, die Ursachen für seine innere Zerrissenheit zu ergründen, kann etwas unternehmen, um sich von der Diktatur des Unbewussten zu befreien. Nicht umsonst füllen Publikationen über seelische Unpässlichkeiten ganze Bücherschränke und Psychologen haben Hochkonjunktur. Auch die steigenden Gewinne der Pharmaindustrie, die sie durch den Verkauf von Psychopharmaka erwirtschaftet, sprechen eine deutliche Sprache.

Ein von nur wenigen Psychologen anerkannter Grund dafür, warum sich so viele Menschen innerlich leer, unausgeglichen und ungeliebt fühlen, ist sicherlich darin zu suchen, dass sie ein gestörtes Verhältnis zu Gott haben. Ein Umstand, der unter der Prämisse, dass es den Gott der Juden, Moslems und Christen wirklich gibt,[6] für den einzelnen Menschen fatale Auswirkungen haben muss.

Der Begründer der analytischen Psychologie Carl Gustav Jung[7] schrieb zu diesem Problem:

„Seit dreißig Jahren habe ich eine Klientel aus allen Kulturländern der Erde. Viele Hunderte von Patienten sind durch meine Hände gegangen. Unter allen meinen Patienten jenseits der Lebensmitte, das heißt jenseits der 35, ist nicht ein einziger, dessen endgültiges Problem nicht das der religiösen Einstellung wäre. Ja, jeder krankt in letzter Linie daran, dass er das verloren hat, was lebendige Religionen ihren Gläubigen zu allen Zeiten gegeben haben, und keiner ist wirklich geheilt, der seine religiöse Einstellung nicht wieder erreicht. Was mit Konfession oder Zugehörigkeit zu einer Kirche natürlich nichts zu tun hat."[8]

Bereits aus dem äußeren Buchstabensinn kann der Bibelleser erfahren, dass es gut ist, eine innige Verbindung zwischen Gott und

---

[6] Siehe dazu meine Ausführungen über das Verhältnis der Wissenschaft zur geistigen Welt auf Seite 203.
[7] Carl Gustav Jung (* 26. Juli 1875 in Kesswil, Schweiz; † 6. Juni 1961 in Küsnacht Kanton Zürich), meist kurz C. G. Jung, war ein Schweizer Psychiater und der Begründer der analytischen Psychologie. [Wikipedia]
[8] "Über die Beziehung der Psychotherapie zur Seelsorge" von C.G. Jung: "Zur Psychologie westlicher und östlicher Religion (Band II), Olten: Walter 1971

Mensch anzustreben. Wenn der Jesusjünger Johannes schreibt: „Wer nicht liebt, hat Gott nicht erkannt; denn Gott ist Liebe"[9], dann kommt in diesen Zeilen die Tatsache zum Ausdruck, dass es zwischen Gott und dem Leben des Menschen einen unmittelbaren Zusammenhang gibt. Dies kann aus biblischer Sicht auch gar nicht anders sein, weil die Liebe des Menschen das ist, was sein Leben ausmacht, denn was der Mensch liebt, das will er, das denkt er und danach strebt er. Strebt er nach Gott, so strebt er der göttlichen Liebe und somit dem ursächlichen Leben entgegen. Strebt er zur Welt mit ihren mannigfaltigen Verlockungen, so entfernt er sich von Gott, und sein Gemüt wird unter den üblichen Mangelerscheinungen der Gottesferne zu leiden haben.

Es scheint in der menschlichen Natur zu liegen, dass der Mensch sehr schnell die wahre Bestimmung des Seins vergisst und lieber sein Heil in der Sinnenwelt sucht. Was letztendlich zu der Illusion führt, dass nur das reale Wirklichkeit ist, was man mit seinen fünf Sinnen erfahren kann.

Natürlich weiß auch der Schöpfer des gesamten Universums, dass der Mensch aufgrund seiner durch die Materie begrenzten Wahrnehmungsfähigkeit sehr große Probleme damit hat, eine Daseinsform anzuerkennen, die jenseits von Raum und Zeit existiert. Ganz zu schweigen davon, dass es dem versinnlichten Menschen kaum möglich ist, an die Existenz eines Gottes zu glauben.

Aus der Heiligen Schriften (Altes und Neues Testament) kann man entnehmen, dass es für die Lebensentwicklung des menschlichen Gemüts sehr wichtig ist, ein ausgeglichenes Verhältnis mit Gott zu haben. Von daher ist es sicherlich nicht weiter verwunderlich, wenn Gott sich dem Menschen mitteilen möchte, um ihm den Weg zu seiner geistigen Bestimmung aufzuzeigen. Wobei sich für Gott das Problem ergab, dass Er Möglichkeiten finden musste, dem Menschen geistige Wahrheiten zu vermitteln, ohne dabei seine Willensfreiheit anzutasten.

---

[9] 1. Johannes 4,8

Normalerweise benutzt Gott hierzu auserwählte Menschen, die ähnlich wie Mose oder andere Propheten Visionen bzw. Auditionen haben und die Fähigkeit besitzen, ihre Erfahrungen anderen Menschen in Wort und Schrift mitzuteilen.

Dieser Mitteilungsweg ist allerdings insofern problematisch, als dass die Empfänger der göttlichen Informationen in Raum und Zeit gefangen sind, während doch die Nachrichten des unendlichen Gottes meist aus den Regionen stammen, welche sich völlig der sinnlichen Erfahrung des Menschen entziehen. Um den in der Sinnenwelt gefangenen Menschen dennoch eine Vorstellung des eigentlich Unaussprechlichen geben zu können, hat es Gott gefallen, den Menschen im Altertum die Wissenschaft der Entsprechungen zu offenbaren.

Eine Wissenschaft, in der die an sich unaussprechlichen Zustände der jenseitigen Welt mit aus Zeit und Raum entlehnten Worten bildhaft umschrieben werden. So beschreiben biblische Worte, die Schönes und Anmutiges ausdrücken, meist himmlische (gottzugewandte Zustände, während Worte, die Garstiges und Abscheuliches ausdrücken, höllische (gottabgewandte) Zustände bezeichnen. Auf diese Art und Weise war es den "Alten" möglich, innere und innerste Zustände in einer bildhaften Sprache auszudrücken.

Laut Emanuel Swedenborg[10] war die Wissenschaft von den Entsprechungen für die Menschen in den ersten Hochkulturen[11] die Wissenschaft überhaupt. Sie war so allgemein bekannt, dass die damaligen Menschen all ihre Schriften in Entsprechungen verfassten.[12] So sollen auch Henoch[13] und seine Begleiter durch den Kontakt mit der geistigen Welt in die Lehre der Entsprechungen eingeführt worden sein. Diese Wissenschaft haben sie an ihre Nachkommen weitergegeben. Von daher kam es, dass die Wissenschaft der Entsprechungen

---

[10] Mehr Informationen über Emanuel Swedenborg finden Sie am Ende des Buches auf der Seite 197.
[11] Die Urmenschen, die vor der Sündflut lebten, deren Zeit das Goldene Zeitalter genannt wurde, hatten eine unmittelbare Offenbarung, und infolgedessen war das göttliche Wahre ihren Herzen eingeschrieben, 2896. [NJHL 255]
[12] WCR 201, 279, 833, 846
[13] 1. Mose 5/21-24

in vielen Reichen Asiens, besonders im Land Kanaan, in Ägypten, Assyrien, Chaldäa, Syrien, Arabien, Tyrus, Zidon, Ninive, nicht nur bekannt, sondern auch hoch entwickelt war. Von dort aus ist sie dann über die am Meer gelegenen Orte nach Griechenland gelangt. Wo sie aber, wie man aus den Schriften der ältesten Griechen entnehmen kann, in fabelhafte Dinge verkehrt wurde, was letztlich zum Götzendienst führte.

Die alten Völker, welche die Wissenschaft der Entsprechungen kannten, fertigten sich Bilder an, die den himmlischen Dingen entsprachen. Natürlich erfreuten sie sich an ihren Kunstwerken, denn sie stellten Gegenstände dar, die ihrem Glauben entsprachen. Diese Bildnisse befanden sich auch in ihren Tempeln und Häusern, nicht um sie anzubeten, sondern um sich an die himmlischen Dinge zu erinnern, deren Symbol sie waren.

Auf diese Art und Weise entwickelte sich in Ägypten und anderswo ein System von bildlichen Vorstellungen innerseelischer Zustände. So entsprachen z. B. Kälber und Rinder den Neigungen und Kräften des natürlichen Menschen. Schlangen entsprachen der Klugheit des sinnlichen Menschen, Knaben der Unschuld und der tätigen Liebe, Greise der Weisheit usw.

Leider fiel im Laufe der Jahrhunderte die Wissenschaft der Entsprechungen dem Vergessen anheim, und die Nachkommen fingen an, die von den Alten in den Tempeln aufgestellten Bildern und Abbildungen als etwas Heiliges und zuletzt als Gottheiten zu verehren. So gab es z. B. bei den Philistern in Aschdod den Gott Dagon.[14]

Dessen Oberkörper war wie ein Mensch ausgebildet, während sein Unterkörper die Gestalt eines Fisches hatte. Man hatte dieses Bild ursprünglich erfunden, weil der Mensch die Einsicht und der Fisch die Kenntnis bezeichnet und beide zusammen eins ausmachen. Doch weil dieses Wissen verloren gegangen war, verehrten die Philister ein vom ursprünglichen Sinn weit entferntes Bild als Gottheit.

---

[14] 1. Samuel 5/1-12

18

Nicht überall verkam die Entsprechungswissenschaft zum Götzendienst. So hielt sie sich partiell in einigen Morgenländern bis zur Geburt von Jesus Christus. Als Beleg hierfür kann der Bibelbericht von den drei Weisen aus dem Morgenland gelten, die Jesus nach seiner Geburt einen Besuch abstatteten. Nicht umsonst ist bei Matthäus 2/1-11, die Rede von einem Stern, Gold, Weihrauch und Myrrhe. Der Stern bezeichnete in der Entsprechungssprache die Kenntnis aus dem Himmel, das Gold bezeichnete das himmlische Gute, der Weihrauch das geistige Gute und die Myrrhe das natürliche Gute. Alle drei zusammen sind ein Symbol für die wahre Gottesverehrung.

Beim israelitischen und jüdischen Volk hingegen war zu jener Zeit die Kenntnis der Entsprechungen völlig verloren gegangen. Ihr einst inniges Verhältnis zu Gott war einem auf Zeremonien reduzierten Glauben gewichen. Der einst offene Himmel war ihnen daher so verschlossen, dass sie kaum wussten, dass es ein ewiges Leben gibt. Dass dem so war, ergab sich unter anderem daraus, dass sie Jesus als den erwarteten Messias nicht anerkannten, obgleich im Alten Testament der Bibel bereits im äußeren Buchstabensinn von Ihm prophezeit und Ihn vorher verkündigt hatte. Sie verwarfen Ihn hauptsächlich aus dem Grund, weil Er ihnen ein himmlisches Reich und nicht ein irdisches Reich verkündigte. Die Juden wollten einen Messias, der sie über alle Völker in der ganzen Welt erhöbe, und nicht einen Messias, der für ihr ewiges Heil sorgte.

Bereits wenige Jahrzehnte, nachdem Jesus körperlich nicht mehr auf unserer Erde weilte, ging die Kenntnis von der Entsprechungswissenschaft auch in den Morgenländern verloren.

Es mussten viele Jahrhunderte vergehen, bis es der göttlichen Vorsehung gefallen hat, diese vergessene Wissenschaft durch Emanuel Swedenborg wieder entdecken zu lassen.

Gedanken über die Entsprechungen von Emanuel Swedenborg

Bisher hat man nicht gewusst, was Entsprechung ist. In den ältesten Zeiten hingegen war es allgemein bekannt; denn für die Menschen der damaligen Zeit war es eine eigentliche Wissenschaft, ja die Wissenschaft und so bekannt, dass sie all ihre Bücher und Schriften in Entsprechungen schrieben wurden. So ist das Buch Hiob, ein Buch der alten Kirche, voll von Entsprechungen. Auch die Hieroglyphen der Ägypter und Mythen der Urmenschen waren nichts anderes. Das Wesen aller alten Kirchen bestand darin, Geistiges in Bilder umzusetzen. Ihre Riten und Satzungen, nach denen ihr Gottesdienst eingerichtet war, bestanden aus lauter Entsprechungen. Ebenso war es bei den Kindern Israels: Die Brand- und Sühnopfer sowie die Speise- und Trankopfer waren bis in die Einzelheiten ihres Vollzugs hinein Entsprechungen, ebenso die Stiftshütte mit allem Drum und Dran, auch ihre Festzeiten, zum Beispiel das Fest der ungesäuerten Brote, das Laubhüttenfest und das Fest der Erstlingsfrüchte und genauso das Priestertum Aarons und der Leviten sowie ihre heiligen Gewänder. In den «Himmlischen Geheimnissen im Wort Gottes», die in London herausgegeben wurden, ist dargelegt worden, welchen geistigen Dingen die erwähnten Beispiele entsprachen. Hinzugefügt werden soll noch, dass zu den Entsprechungen auch alle Satzungen und Rechtsbestimmungen gehörten, die ihren Gottesdienst und ihr Leben betrafen. Da sich also die göttlichen Dinge in der Welt in Entsprechungen darstellen, ist auch das Wort Gottes in lauter Entsprechungen geschrieben, und deshalb bediente sich der Herr, der ja aus dem göttlichen Wesen heraus sprach, ebenfalls der Entsprechungen. Denn was aus dem göttlichen Einfluss hervorgeht, manifestiert sich in der Natur in Dingen, die den göttlichen entsprechen, die man auch himmlisch und geistig nennen kann, und die sie dann gleichsam in ihrem Schoß bergen. [WCR 201]

Im Menschen besteht eine ununterbrochen fortdauernde Entsprechung zwischen allem, was in natürlicher und in geistiger Weise in ihm geschieht, bzw. zwischen den Vorgängen in seinem Körper und denen in seinem Geist. Der Grund hierfür ist der, dass der Mensch in Bezug auf seine Seele als ein geistiges Wesen geboren und mit natürlichen Stoffen umkleidet worden ist, die seinen materiellen Körper bilden. Sobald dieser abgelegt wird, gelangt seine in einen geistigen Körper gekleidete Seele in eine Welt, in der alles geistig ist, und sich dort mit ihresgleichen zusammenfindet. [WCR 583]

Über die Realität sinnlicher Wahrnehmungen

Um das Grundprinzip der Entsprechugswissenschaft verstehen zu können, muss man bedenken, dass es eine geistige, jenseits von Raum und Zeit befindliche Welt gibt. Eine Welt, die sich völlig unserer sinnlichen Erfahrung entzieht, aber dennoch in unserem Leben allgegenwärtig ist.[15]

So findet auch beim Menschen ein ständiger Einfluss aus der jenseitigen Welt statt. Dies kann man relativ leicht an dem Verhalten eines Menschen beobachten, mit dem man ein angeregtes Gespräch führt. Durch seine Bewegungen, seine Gestik und seine Worte lässt er uns Anteil an dem haben, was ihn gerade innerlich bewegt. Unsere Sinneszellen registrieren seine Körperaktionen, und wir machen uns aus seinen Worten und seiner Körpersprache ein Bild darüber, was er uns so eigentlich mitteilen möchte.

Aufgrund dieser durch unsere Sinne aufgenommenen Informationen und dem Wissen darum, dass unser Gegenüber nur deshalb mit uns reden kann, weil sein Herz Blut durch alle Organe seines Körpers pumpt und sein Gehirn die notwendigen Signale an die Muskeln seines Sprechwerkzeuges sendet, haben wir das Empfinden, dass der Körper des Gesprächspartners der eigentliche Mensch ist. So ist es leicht nachzuvollziehen, dass die meisten Menschen davon ausgehen, dass sich das Bewusstsein des Menschen, also sein Wille und sein Verstand, im Gehirn befinden. Diese weitverbreitete Theorie führt leider dazu, dass sehr viele Menschen auf dieser Erde daran glauben, dass mit dem physischen Tod der Mensch zu existieren aufhört.

Moderne Hirnforscher wie Wilder Penfield[16] sind sich mit Emanuel Swedenborg darüber einig, dass das, was den eigentlichen Menschen

---

[15] Mehr Informationen über die Existenz einer jenseitigen Welt finden Sie am Ende des Buches auf der Seite 203.

[16] „Auf die eine oder andere Art ist die Frage nach der Natur des Geistes ein elementares Problem, vielleicht das schwierigste und bedeutendste aller Probleme. Ich habe mein ganzes Leben als Wissenschaftler damit verbracht, zu erforschen, wie das Gehirn das Bewusstsein steuert. Nun muss ich in dieser abschließenden Zusammenfassung meiner Ergebnisse

ausmacht, nicht sein materieller Körper, sondern sein nicht materielles Gemüt und seine Seele sind. Das Gemüt[17] als der Wohnsitz des Verstandes und des Willens entspricht dem Inneren des Menschen und ist bereits geistiger Natur. Dieses jenseits unserer Sinnenwelt befindliche Gemüt steuert über das Gehirn die Aktivitäten des menschlichen Körpers.

Man darf also ohne Übertreibung feststellen, dass der materielle Körper im Grunde genommen nichts weiter als eine höchst komplexe biologische Maschine ist, die über die Schaltstelle Gehirn von dem Gemüt des Menschen gesteuert wird. Auf diese Weise wird es dem eigentlichen Geistmenschen ermöglicht, über diese Erde zu wandeln. Verlässt der Geist den Körper, was gewöhnlich beim Sterben geschieht, dann weicht jegliches Leben aus dem Leib des Menschen und die "Maschine" fällt der Verwesung anheim, während der Geistmensch in der jenseitigen Welt weiterlebt.

Solange sich der Mensch noch in dieser Daseinsebene befindet, muss er seinen Körper benutzen, wenn er die aus seiner Liebe und Weisheit entspringenden Gefühle, Wünsche und Gedanken in irgendwelche Aktionen umsetzen will. Möchte er sich z. B. einem anderen Menschen mitteilen, dann verwendet er dazu in der Regel seinen Mund, seine Gesichtsmimik und seine Körpersprache.

Der Zuhörer empfängt über seine Sinnesorgane diese Informationen und bereitet sie in seinem Gehirn so auf, dass der eigentliche Geistmensch diese Informationen verwerten kann. In beiden Fällen stellt der Körper so eine Art modernes Smartphone dar, durch die Licht- und Schallwellen gesendet und empfangen werden. Wir sehen uns und wir hören uns, und dennoch erleben wir durch unsere Sinne nur die materielle Umkleidung eines jenseits von Raum und Zeit befindlichen Geistmenschen.

überrascht feststellen, dass die Hypothese des Dualismus (der Geist existiert getrennt vom Gehirn) die vernünftigere Erklärung ist."
Wilder Penfield in "The Mystery of the Mind: A Critical Study of Consciousness and the Human Brain", Princeton University Press, 1975
[17] Mehr Informationen über das Gemüt finden Sie am Ende des Buches auf der Seite 199.

Das Interessante dabei ist nun, dass die Kommunikation zwischen den beiden Geistmenschen über Entsprechungen geschieht. Warum dies so ist, möchte ich an dem folgenden Beispiel verdeutlichen.

Stellen Sie sich bitte einen Menschen vor, in dessen Gemüt das Gefühl von tiefer Traurigkeit aufkommt. Um dieses schmerzvolle Gefühl einem vertrauten Gesprächspartner mitteilen zu können, wird sein Verstand verzweifelt nach Worten suchen, die diesem Gefühl am ehesten entsprechen. Sein Körper und sein Gesicht bekommen über das Gehirn Nervenimpulse, um bestimmte Muskelpartien so anzuspannen, dass die darüber liegenden Hautpartien ein dem Gefühl entsprechendes optisches Signal aussenden. Das Sprechwerkzeug erhält vom Verstand die Signale, die es dazu veranlassen, den Mund, die Zunge und die Stimmbänder so zu bewegen, dass die Luft in eine dem Gefühl entsprechende Schwingung versetzt wird. Der Gesprächspartner nimmt über seine Sinnesorgane die akustischen und optischen Signale auf und wandelt sie im Gehirn so um, dass sein Verstand eine entsprechende Vorstellung davon entwickeln kann, welches Gefühl sein Gegenüber hat.

Mit anderen Worten, das jenseits unserer sinnlichen Erfahrung liegende Gemüt des Menschen nutzt seinen Körper, um die aus dem Willen und dem Verstand entspringenden Impulse in die Sinnenwelt zu transformieren. Von daher kommt es, dass wir mit unseren Sinnesorganen aus den Lebensäußerungen unseres Gegenübers immer nur Entsprechungen dessen aufnehmen können, was in seinem Inneren bzw. Innersten vor sich geht.

Die Tatsache, dass wir durch unsere Sinnesorgane lediglich eine Entsprechung dessen wahrnehmen, was im Gemüt des Gegenübers stattfindet, führt nicht selten dazu, dass wir die wahren Gefühle des anderen nicht wirklich nachempfinden können. Das kann daran liegen, dass die ausgesendeten Signale nicht der wirklichen Gefühlslage entsprechen, weil unser Gegenüber bewusst oder unbewusst schauspielert. Es kann aber auch daran liegen, dass es zwischen den durch unsere Sinnesorgane aufgenommenen Signalen und unserem Gemüt keine Entsprechung für das Gefühl des anderen gibt.

Ich hoffe, dass durch dieses Beispiel deutlich geworden ist, dass der Informationsaustausch zwischen dem unvergänglichen, geistigen Gemüt des Menschen und seiner natürlichen Umwelt durch Entsprechungen stattfindet. Es scheint zwar so, als ob der substanzielle Körper aus sich heraus leben würde, doch in Wahrheit sind seine Lebensäußerungen nichts weiter als Entsprechungen des im Jenseits angesiedelten Gemüts, welches das eigentliche Leben des Menschen ausmacht.

So wie der Informationsaustausch zwischen dem Gemüt und der Außenwelt des Menschen über Entsprechungen stattfindet, so findet auch der Informationsaustausch zwischen Gott und dem Menschen statt. Die jenseits von Raum und Zeit befindliche Gottheit kann sich den in der Sinnenwelt beheimateten Menschen nur über Entsprechungen mitteilen. Dies hat Gott natürlich auch in den Zeiten getan, als die Autoren der Bibel lebten. Von daher ist es sicherlich von Vorteil, wenn man sich ein wenig in der Wissenschaft von den Entsprechungen auskennt, um den tieferen Sinn der oftmals unverständlichen Bibeltexte verstehen zu können.

Wie bereits erwähnt, ist es dem im Jahre 1689 in Stockholm geborenen Naturwissenschaftler, Seher und Reformator Emanuel Swedenborg zu verdanken, dass die verloren gegangene Lehre der Entsprechungen wiederentdeckt wurde. Swedenborg war ein begnadeter Wissenschaftler, der bis zu seinem vierundfünfzigsten Lebensjahr viele Bücher in den unterschiedlichsten wissenschaftlichen Disziplinen wie z. B. Mathematik, Astronomie, Medizin, Philosophie usw. verfasst hat.

Im Jahre 1743 hatte er während eines Aufenthalts in London eine Christusvision, die sein ganzes weiteres Leben beeinflussen sollte. Die folgenden Jahre seines Lebens widmete er ganz den Studien der geistigen Welt. Auch in dieser Periode seines Lebens verfasste er wieder eine große Anzahl von Büchern, die sich mit den verschiedensten religiösen Themen befassten. Trotz dieses Wandels vom Vollblutwissenschaftler zum Seher und Reformator genoss er bis zu seinem Lebensende eine hohe Wertschätzung im Herrenhaus und bei den Mitgliedern der königlichen Akademie der Wissenschaften von Schweden, dessen Gründungsmitglied er war.

In seinen religiösen Werken weist Swedenborg unter anderem nach, dass die Bibel neben dem äußeren Buchstabensinn noch einen tiefergehenden geistigen Sinn hat. Ihm war es gegeben, die Erkenntnisse seiner sicherlich inspirierten Bibelstudien wissenschaftlich so aufzuarbeiten, dass er eine alte, in der Zeit verloren gegangene Wissenschaft dem Dunkel der Vergessenheit entreißen konnte. Eine Wissenschaft, die es dem Leser der Bibel ermöglicht, deren Inhalt besser zu verstehen. Bei dieser Wissenschaft handelt es sich um die Lehre von den Entsprechungen.

Um verstehen zu können, was die Entsprechungswissenschaft ausmacht, muss man bedenken, dass die ältesten Bücher der Bibel über 3000 Jahre alt sind und die neuesten Schriftteile auch schon ein Alter von fast 2000 Jahre haben. Dazu kommt noch, dass diese Schriften im orientalischen Raum verfasst wurden, in dem die Menschen ein ganz anderes Sprachverständnis hatten, als es in unserer vom Rationalismus beherrschten Zeit der Fall ist.

Nun könnte man sich natürlich fragen, was gehen mich diese alten Geschichten an? Was wussten denn die Alten, die da in einem fernen Land irgendwo in der Wüste lebten, schon von den Problemen des heutigen Menschen? Und überhaupt, was wussten denn die Menschen, die diese alte Schöpfungsgeschichte von Adam und Eva in die Welt gesetzt haben, schon von den Kräften, die unsere Welt zusammenhalten?

Ich denke, wir sollten die Menschen, die da vor drei- bis viertausend Jahren gelebt haben, nicht unterschätzen. Immerhin haben sie Bauwerke wie z. B. die Pyramiden hinterlassen, von denen wir Heutigen nur vermuten können, wie sie gebaut wurden. Schon in dieser Zeit waren die Namen der Tierkreiszeichen vergeben, und auch die Einteilung des Tages in 24 Stunden haben wir von den Alten übernommen. Ich möchte damit zum Ausdruck bringen, dass viele der uns so selbstverständlich erscheinenden Dinge aus einer Zeit stammen, wo der Raum des heutigen Deutschland noch nicht einmal von den alten Germanen besiedelt war.

Der älteste Autor der Bibel, Mose, hat im Ägypten der Pharaonen am Königshof eine umfassende Ausbildung genossen und war dadurch mit allen Wissenschaften seiner Zeit vertraut. Er wusste noch den tieferen Sinn der Bilderschrift zu deuten, wie wir sie heute noch an den Wänden der alten ägyptischen Tempelanlagen bestaunen können. Eine Schrift, in der die einzelnen Bilder noch Gefäße für geistige Inhalte waren.

Mose war sich darüber bewusst, dass Worte ihrem Ursprung nach nichts weiter als ein Transportmittel sind, um innere seelische oder geistige Empfindungen bzw. Gedanken von Mensch zu Mensch zu transportieren. So gesehen sind Worte eigentlich nur Behälter für geistige Inhalte. Diese Tatsache ist den meisten Menschen völlig unbewusst, und sie sind sich nicht darüber im Klaren, dass ein Wort nur dann einen Informationswert hat, wenn ihm ein geistiger Inhalt innewohnt.

Wie schwer es bisweilen ist, tiefe Empfindungen in Worte zu fassen, hat sicherlich schon jeder erlebt. Es ist unglaublich schwierig, manchmal sogar unmöglich, für die zarten Gefühle in unserer Brust Worte zu finden, die dem Gegenüber eine Ahnung von dem geben, was in uns vorgeht. Meist müssen wir Worte verwenden, die aus der natürlichen Welt entnommen sind, um sie als Gefäß für unsere Gefühle zu verwenden. Wie anders, als durch Worte des Wohlbefindens, will man denn seinem Gegenüber z. B. die ersten zarten aufkeimenden Liebesgefühle zu einem anderen Menschen beschreiben.

Nicht umsonst verwenden Dichter und Poeten in ihren Liebeswerken Worte aus der belebten Natur. Der liebliche Duft einer roten Rose, der warme Lufthauch einer lauen Sommernacht oder die zarten Blätter einer roten Mohnblüte sind doch sicherlich Formulierungen, die dem Leser eine Ahnung davon geben, welches Gefühl der Dichter ausdrücken wollte. Es werden Worte aus der natürlichen Welt verwendet, die dem auszudrückenden Gefühl, das ja mehr der geistigen Welt entspringt, am ehesten entsprechen.

Emanuel Swedenborg hat erkannt, dass die Menschen der alten Zeit dem wahren Ursprung der Worte wesentlich näher waren. Sie kannten noch die ursprünglichen Wortbedeutungen, sodass sie wesentlich besser in der Lage waren, geistige innermenschliche Empfindungen, Regungen und Antriebskräfte in Worte zu fassen, als es der aufgeklärte Mensch unserer Zeit kann. Sie wussten noch, dass zwischen den Dingen der geistigen Welt und denen der natürlichen Welt eine Entsprechung besteht.

Dieses Wissen um die Entsprechungen war den Schreibern des Alten Testaments noch voll bewusst. So sind auch die Bücher von Mose in der Entsprechungssprache geschrieben. Das bedeutet, dass Mose, der ja noch die Bedeutung der ägyptischen Bilderschrift kannte, auch das Entsprechungsverhältnis zwischen den Dingen, die in der geistigen Welt sind, und denen, die in der natürlichen Welt sind, kannte.

Bei dieser Wissenschaft der Entsprechung wird konsequent das Prinzip "Wie oben so auch unten" oder wie "Innen so auch Außen" angewandt. Im Grunde genommen soll hier eigentlich nur ausgesagt werden, dass Entsprechungen Vorbildungen geistiger und himmlischer Dinge im Natürlichen sind. So entsprechen laut Swedenborg in der Bibel großartige und prächtige Dinge in den Himmeln Neigungen der Liebe zum Guten und Wahren, die garstigen und unreinen Dinge in den Höllen dagegen Neigungen der Liebe zum Bösen und Falschen.

Anhand eines kleinen Beispiels möchte ich verdeutlichen, wie man sich in der Bibel die Anwendung der Entsprechungswissenschaft vorstellen kann:

Die ersten Worte in der Bibel lauten: „Im Anfang schuf Gott den Himmel und die Erde. Und die Erde war leer und öde".[18]

Mit diesen 16 Worten will Mose als der Schreiber dieser Worte sicherlich mehr als nur einen Schöpfungsmythos mitteilen. Denn es ist kaum anzunehmen, dass ein Mann, der mit den hoch entwickelten

---

[18] 1. Mose 1,1

astronomischen Kenntnissen der Ägypter vertraut war, den Weltenraum auf unsere Erde und den sie scheinbar umgebenen Himmel reduziert hat.

Um nachempfinden zu können, was Mose mit diesen Worten zum Ausdruck bringen wollte, muss man bedenken, dass er in die Wissenschaft der Entsprechungskunde eingeweiht war. Ihm war der tiefere Sinn dieser Worte, die er aus den Überlieferungen seines Volkes aufschrieb, noch durchaus geläufig. Außerdem hatte Mose ein wesentlich unverkrampfteres Verhältnis zu Gott als die scheinbar aufgeklärten Menschen der heutigen Zeit. Für ihn und die meisten Menschen seiner Zeit war es absolut normal und selbstverständlich, dass das Verhältnis zwischen Gott und Mensch, zwischen Schöpfer und Geschöpf, zwischen Himmel und Erde im alltäglichen Leben einen sehr hohen Stellenwert hatte. Für diese Menschen war es absolut wichtig, ihr Leben nach Gott auszurichten und dementsprechend war es für sie natürlich auch wichtig, ihre Religion so zu leben, dass sie diesem Ziel näher kamen.

Laut Emanuel Swedenborg zeugen die Bücher Mose von dem Versuch, das Verhältnis zwischen Gott und Mensch darzustellen. Und wenn die ersten Worte in der Bibel „Am Anfang schuf Gott den Himmel und die Erde" lauten, dann soll in der Sprache der Entsprechung zum Ausdruck gebracht werden, dass im Gemüt des neugeborenen Menschen die Fähigkeit angelegt ist, ein Engel oder ein Teufel zu werden. Oder anders ausgedrückt: Aufgrund der Willensfreiheit kann sich der Mensch zu Gott hin oder von Gott weg entwickeln. Die Worte "am Anfang" sollen den Leser darauf hinweisen, dass hier der Zustand eines jungen Menschen beschrieben wird, der aufgrund seines Alters noch keinerlei Wissen von den göttlichen Dingen des Himmels und den natürlichen Dingen der Erde haben kann.

Dies wird auch durch die nächsten Worte bekräftigt, in denen es heißt: „Und die Erde war leer und öde". Laut Swedenborg wird das Gemüt des Menschen mit dem Begriff "Erde" umschrieben. Die Erde wurde von den damaligen Menschen deshalb als Symbol für das Gemüt benutzt, weil sie, wie die im Gemüt enthaltene Lebensliebe, die Trägerin des Lebens ist. Und so wie in Abhängigkeit vom Samen aus der Erde gute und schlechte Pflanzen keimen können, so können im Gemüt des Menschen Wahrheiten oder Falschheiten aufkeimen.

So wie das Erdreich, in das der gute Samen gelegt wird, eine gute oder schlechte Qualität haben kann, so kann auch die Wahrheit, welche in das Erdreich des menschlichen Gemüts gelegt wird, durch eine Liebe zur Wahrheit gefördert und durch eine Liebe zur Welt bzw. durch eine gesteigerte Eigenliebe erstickt werden.

Natürlicherweise ist das Gemüt bei einem jungen Menschen, dessen Gemütsbildung noch gar nicht richtig begonnen hat, in Bezug auf die Wahrheiten und Gefühle zu Gott noch leer und öde. Das ist so wie bei einem frisch gepflügten Acker, er ist zwar bereit, jeglichen Samen, egal ob Weizen oder Unkraut, aufzunehmen, aber solange dies nicht geschieht, ist er öde und leer. Laut Swedenborg hat Mose unter der Erde, die öde und leer ist, das Gemüt des Menschen verstanden, in dem nichts Gutes und Wahres eingesät ist. Leer ist, wo nichts Gutes, und öde, wo nichts Wahres ist, d. h. Unwissenheit in allem, was zum Glauben an Gott und somit zum geistigen und himmlischen Leben gehört.

Soweit meine kleine Betrachtung der ersten sechzehn Bibelworte. Im Grunde genommen ist die Entsprechungswissenschaft ein Hilfsmittel, um die als einfache Worte getarnten Gefäße göttlicher Wahrheiten dem Leser der Bibel verständlich zu machen. Dabei ist es den Verfassern der Bibel gelungen, die Tiefen des menschlichen Gemüts und dessen Verquickung mit der göttlichen Liebe und Weisheit in kleine äußerlich recht harmlos klingende Geschichten zu verpacken, die allerdings oftmals in ihrem Buchstabensinn für den modernen Menschen etwas unlogisch erscheinen.

Die absolute Meisterschaft, was das Erzählen und Auslegen von Entsprechungsgeschichten anbelangt, hat Jesus Christus erlangt. Dies kann durch die verschiedensten Bibelstellen belegt werden, in denen Er vor Seinen Zuhörern in Gleichnissen sprach. Emanuel Swedenborg weist in seinen Werken mehrmals darauf hin, dass Jesus aufgrund seiner unmittelbaren Nähe zu Gott nur in Gleichnissen sprechen konnte.[19]

Die tiefe Verbindung, welche der Mensch Jesus mit Gott hatte, ermöglichten Ihm unvorstellbar innige Einblicke in das göttliche Sein. Das, was Er dort erfahren durfte, war so gewaltig, dass es in der menschlichen Sprache keine Worte gibt, um das Gesehene und Erlebte in Worte zu fassen. Wir würden als stoffliche Wesen die Sprache des göttlichen Geistes, welcher sich ja außerhalb von Raum und Zeit befindet, nicht verstehen können. Gott kann sich nur über den Kanal der Entsprechungen dem Menschen mitteilen.

Eine der unendlich vielen Möglichkeiten sich mitzuteilen, ist das Wort, so wie es Jesus zu Seinen Jüngern sprach. Ich schreibe bewusst eine der vielen Möglichkeiten, weil die göttliche Vorsehung eine sehr große Palette an Mitteilungsmöglichkeiten hat. Ich denke da an sehr persönliche Mitteilungen, wie z. B. Schicksalsschläge, Krankheiten, Träume usw. Unser Problem liegt meist darin begründet, dass wir nicht in der Lage sind, diese göttlichen Winke als solche zu erkennen, geschweige denn, richtig zu deuten.

Wenn ich z. B. an die Krankheiten der Menschen denke, die fast alle eine psychosomatische Komponente haben, dann versuchen wir zwar meist, die Symptome zu bekämpfen, aber an die vorwiegend in den Tiefen unseres Gemüts schlummernden Ursachen kommen wir erfahrungsgemäß nur äußerst selten heran. Und doch hat fast jede Krankheit eine tiefe Entsprechung, die uns, wenn wir sie deuten könnten, auf die Unzulänglichkeiten in unserem Gemüt aufmerksam machen würde.

Doch kommen wir auf Jesus Christus zurück, der laut Swedenborg sehr viel in der Entsprechungssprache redete. Ein kleines Beispiel

---

[19] Da sich also die göttlichen Dinge in der Welt in Entsprechungen darstellen, so ist auch das Wort in lauter Entsprechungen geschrieben worden; weshalb der Herr, weil Er aus dem Göttlichen sprach, in Entsprechungen sprach; denn was aus dem Göttlichen ist, das fällt in der Natur in Dinge, welche den göttlichen Dingen entsprechen, und die dann die göttlichen Dinge, welche die Himmlischen und geistigen heißen, in ihrem Schoße bergen. [WCR 201 IV]

hierfür soll das Gleichnis vom Sämann sein, wie es sich im 8. Kapitel des Evangeliums nach Lukas findet. Dort steht geschrieben:

„Ein Sämann ging aus, seinen Samen zu säen, und als er säte, fiel einiges auf den Weg und wurde zertreten, und die Vögel des Himmels fraßen es auf. Anderes fiel auf das Gestein, und als es aufging, verdorrte es, weil es keine Feuchtigkeit hatte. Anderes fiel mitten unter die Dornen, und die Dornen wuchsen mit auf und erstickten es. Anderes aber fiel auf gutes Erdreich, ging auf und gab hundertfältige Frucht." Als er dies gesagt hatte, rief er: „Wer Ohren hat zu hören, der höre!"

Da fragten ihn seine Jünger, was dieses Gleichnis bedeute. Er sprach (zu ihnen): „Euch ist es gegeben, die Geheimnisse des Gottesreiches zu verstehen; den Übrigen aber werden sie in Gleichnissen mitgeteilt, sodass sie sehend nicht sehen und hörend nicht verstehen".
Dies aber bedeutet das Gleichnis: „Der Same ist das Wort Gottes. Die auf dem Weg sind jene, die hören; dann kommt der Teufel und nimmt das Wort weg aus ihrem Herzen, sodass sie nicht glauben und gerettet werden. Die auf dem Gestein sind jene, die das Wort mit Freude annehmen, wenn sie es hören; aber sie haben keine Wurzel; für den Augenblick glauben sie, doch in der Stunde der Versuchung fallen sie ab. Was unter die Dornen fiel, das sind jene, die hören, aber dann hingehen und von den Sorgen, dem Reichtum und den Genüssen des Lebens erstickt werden und nicht zur Reife kommen. Das auf dem guten Erdreich, das sind jene, die das Wort mit einem edlen und guten Herzen hören und bewahren und Frucht bringen in Beharrlichkeit."

Bevor Jesus seinen Jüngern das Gleichnis entsprechungsmäßig ausgelegt hat, wies Er sie noch einmal darauf hin, dass Er den Menschen die Geheimnisse des Gottesreichs nur in Gleichnissen mitteilt, sodass sie Seine Taten zwar sehen, aber nicht erkennen können, welche Botschaft Er ihnen mitteilen möchte. Sie hören Seine Worte, aber sie verstehen sie nicht.

Mit diesen Worten will Jesus zum Ausdruck bringen, dass Menschen, die sich in den Begründungen der Welt verstrickt haben und somit für geistige Empfindungen verschlossen sind, meist nicht in der Lage sind, in Seinen Worten nur Gefäße für geistige Inhalte zu erkennen. Dies scheint mir überhaupt der Schlüssel zum Verständnis der Bibel zu sein. Nur wenn der Leser es schafft, sich von den kopflastigen Begründungen der Welt zu lösen und sein Gemüt für die göttliche Spiritualität zu öffnen, wird er unter Zuhilfenahme der Entsprechungskunde wirklich verstehen können, was die Bibel den Menschen im Allgemeinen und dem Leser ganz persönlich zu sagen hat.

Grundlagen der Entsprechungskunde

Emanuel Swedenborg ist es zu verdanken, dass die bereits wenige Jahrzehnte nach Jesu Tod verloren gegangene Entsprechungswissenschaft dem Vergessen entrissen wurde. Sicherlich gab es auch vor ihm schon erleuchtete Menschen, die den bildhaften Bibeltexten das eine oder andere Geheimnis entlocken konnten. Doch Swedenborg blieb es vorbehalten, ein System vorzustellen, das es dem interessierten Leser der Bibel ermöglicht, deren inneren Sinn mittels des Entsprechungscodes zu entschlüsseln.

Um nachempfinden zu können, wie es möglich ist, mit diesem Code die Bibel zu entschlüsseln, ist es sicherlich sinnvoll, erst einmal den Begriff "Entsprechung" so zu definieren, wie Swedenborg ihn verstanden hat. Dies scheint mir deshalb für das Verstehen seiner Lehre so wichtig, weil er dieses Wort in seinen Werken gar nicht verwendet hat. Erst die Übersetzer seiner Bücher haben für das ursprünglich von Swedenborg verwendete lateinische Wort[20] "correspondentia" den Begriff "Entsprechung" eingeführt. Dieses vor über einhundertfünfzig Jahren von den Übersetzern der Swedenborgschriften verwendete Wort hat sich im deutschsprachigen Raum bis heute gehalten, wobei es sicherlich im gegenwärtigen Sprachverständnis eine etwas andere Bedeutung hat, als es damals der Fall war. Um eventuellen Missverständnissen vorzubeugen, möchte ich Swedenborgs Definition für das Wort "correspondentia" (Entsprechung) zitieren. In seinem Werk "Himmel und Hölle" schreibt er:

„Zuerst also soll gesagt werden, was Entsprechung (correspondentia) ist: Die ganze natürliche Welt entspricht der geistigen Welt, und zwar nicht nur im Allgemeinen, sondern auch im Einzelnen. Deshalb heißt alles, was in der natürlichen Welt aus der geistigen Welt entsteht (existit), Entsprechendes. Man muss wissen, dass die natürliche Welt aus der geistigen Welt entsteht und besteht, ganz wie die Wirkung aus ihrer wirkenden Ursache. Zur natürlichen Welt gehört alles räumlich Ausgedehnte, das unter der Sonne ist und aus ihr Wärme und Licht empfängt, und zu dieser Welt gehört auch alles, was von

---

[20] Swedenborg hat alle seine Werke in Latein geschrieben

jener aus besteht. Die geistige Welt aber ist der Himmel und es gehört alles zu ihr, was in den Himmeln ist.“[21]

Das Wort “correspondentia“ bzw. Entsprechung beschreibt also die Korrespondenz bzw. die Verbindung zwischen der geistigen und der natürlichen Welt. Zwei Welten, die keine unmittelbare Verbindung haben, da die geistige Welt sich jenseits von Raum und Zeit befindet. Ein Zustand, der von dem in Raum und Zeit eingebundenen Menschen mit seinen fünf Sinnen nicht wahrgenommen werden kann.

Dennoch entsteht die Welt, in der wir leben, aus der für uns sinnlich nicht erfahrbaren geistigen Welt. So wie unser in der Sinnenwelt eingebetteter Körper seine Lebensimpulse von seinem in der geistigen Welt befindlichen Gemüt erhält, so bezieht letztendlich alle belebte Materie ihr Leben aus der Welt jenseits von Raum und Zeit.

Aus diesem Blickwinkel heraus betrachtet kann man sagen, dass der Himmel bzw. die geistige Welt nicht so sehr außerhalb, sondern vielmehr innerhalb des Menschen angesiedelt ist. Dieser Gedanke wird auch von Emanuel Swedenborg geteilt, wenn er schreibt:

„Der innere Mensch wurde nach dem Bilde des Himmels, der äußere nach dem der Naturwelt gestaltet. Darum ist der innere Mensch ein Himmel in kleinster Form und der äußere eine Welt in kleinster Form, ein Mikrokosmos.“[22]

Der innere Mensch (Himmel) korrespondiert ständig mit dem äußeren Menschen (Mikrokosmos). Dabei nehmen die körperlichen Sinne Außenbilder aller Art auf und erwecken die “entsprechenden“ Innenbilder, durch deren Anschauung der Verstand zur Erkenntnis von Wahrheiten gelangen kann. Auf diese Art und Weise wird im Gedächtnis des Menschen ein seiner Wahrnehmung entsprechendes Bild der natürlichen Welt gezeichnet. Natürlich gehen die Informationen, die der Mensch durch seine fünf Sinne zum Inhalt seines

---

[21] HH 89
[22] SK 40

Gedächtnisses macht, durch den Filter seiner Lebensliebe, denn was der Mensch liebt, das will er, das denkt er und danach strebt er.

So gesehen hat das, was der Mensch als Wahrheit akzeptiert immer zwei Aspekte, den abstrakten Begriff und das dazugehörige Gefühl. Wir fühlen in unserem Inneren, ob das, was uns von der Außenwelt zugetragen wird, mit unserer Liebe übereinstimmt oder nicht. Stimmt das dem äußeren Anlass entsprechende Gefühl mit unserer Lebensliebe überein, sind wir dazu geneigt, die Information selbst dann als wahr zu akzeptieren, wenn sie objektiv gesehen falsch ist. Stimmt das Erlebte nicht mit unserer Liebe überein, geschieht es nicht selten, dass wir objektive Wahrheiten als falsch einschätzen. Was häufig dazu führt, dass sich der Mensch in vielen Bereichen seines geistigen Lebens im Falschen begründet.

Dies wussten auch die inspirierten Schreiber sowohl des Alten als auch des Neuen Testaments der Bibel, und so kommt es nicht von ungefähr, dass die Erzählungen der Bibel mit Vorgängen im Gemüt des Menschen korrespondieren. Diese Korrespondenz zwischen der Bibel und dem menschlichen Gemüt ist deshalb möglich, weil die dort aufgezeichneten Geschichten aus einzelnen Worten bestehen. Diese Worte wiederum haben die Eigenschaft, dass sie einerseits etwas aus der natürlichen Welt beschreiben und andererseits Gefäße für geistige Inhalte sind.

Dass Worte einen äußeren und einen inneren Sinn haben, kann man bereits in der Alltagssprache beim Betrachten von Redewendungen beobachten.

So bedeutet das Wort Baum in seinem buchstäblichen Sinn eine Pflanze, die bisweilen recht stattliche Ausmaße annehmen kann. Der geistige Inhalt des Wortes "Baum" entspricht der Einsicht. In der Redewendung: "Du siehst wohl den Wald vor lauter Bäumen nicht?" wird ein Mensch umschrieben, der in der Wissensfülle das offensichtliche Ganze nicht erkennt. Mit dem Ausspruch: "Einen alten Baum soll man nicht verpflanzen" wird zum Ausdruck gebracht, dass man einen alten Menschen in seiner gewohnten Umgebung belassen soll. Hier ist der Baum ein Entsprechungsbild für die Kenntnisse eines Menschen, der sich in seiner vertrauten geistigen Umgebung auskennt; in einer fremden Umgebung fühlt er sich unwohl, und er kann keine neuen Wurzeln bilden.

Wein ist im buchstäblichen Sinne ein meist wohlschmeckendes Getränk, doch wer einmal zu viel davon trinkt, dem kann es passieren, dass er "in vino veritas" seinen Mitmenschen die ungeschminkte Wahrheit sagt. Und so entspricht Wein der Wahrheit. "Jemandem reinen Wein einschenken" bedeutet, ihm die reine, ungetrübte Wahrheit zu sagen.

Wind ist eine Bewegung der Luft und bezeichnet als Bild das Wirken des Geistes. "Sich den Wind um die Ohren wehen lassen" bedeutet demzufolge, Lebenserfahrung zu sammeln. Der Wind stellt hier die im Leben wirksame Kraft dar, die sich in allen Lebensverhältnissen zeigt, doch nirgends kann man sie festhalten, nur verstehen kann man sie, wenn man sich "den Wind um die Ohren wehen lässt". Es ließen sich noch viele Beispiele finden, in denen durch Redewendungen die Doppeldeutung von Worten aufgezeigt wird.

Die göttlich inspirierten Autoren des Alten Testaments und der Evangelien beherrschten noch die hohe Kunst, ihre Texte mit einem inneren Sinn zu versehen. Swedenborg vergleicht den Doppelsinn der dort verwendeten Worte mit dem Verhältnis von Leib und Gemüt. Dabei entspricht der buchstäbliche Sinn dem Leib und der innere Sinn dem Gemüt. So wie der Leib durch das Gemüt lebt, so wird der buchstäbliche Sinn des Wortes durch den inneren Sinn belebt.

Dieser innere Sinn der Bibelworte zeichnet sich dadurch aus, dass in ihm ein geistiger und ein himmlischer Sinn enthalten sind. Wobei das Geistige darin besteht, dass die Sachverhalte, für die der buchstäbliche Sinn als Träger dient, unabhängig vom Buchstaben aufgefasst werden, während das Himmlische darin besteht, dass man allein die Gefühlsseite der im inneren Sinn vorkommenden Dinge wahrnimmt. In den "Himmlischen Geheimnissen", Nr. 2275, schreibt Swedenborg dazu:

„Zweierlei ist im inneren Sinn der Bibel, nämlich ein Geistiges und ein Himmlisches.[23] Das Geistige ist, dass wegsehend vom Buchstaben Dinge befasst werden, denen der buchstäbliche Sinn als Träger dient, wie die Dinge, die das Auge sieht, wenn sie zu Trägern des Denkens über Höheres dienen. Das Himmlische besteht darin, dass man allein die Gefühlsanregung der im inneren Sinn enthaltenden Dinge innewird. In jenem sind die geistigen Engel, in diesem aber die himmlischen Engel. Die, welche in diesem oder in der Gefühlsanregung sind, werden sogleich inne, was der Buchstabe in sich schließt, wenn er vom Menschen gelesen wird, schon aus der bloßen Gefühlsregung, und aus ihr bilden sie sich himmlische Ideen, und zwar in unzähliger Mannigfaltigkeit und auf unaussprechliche Weise, gemäß der sich ergebenden Zusammenstimmung der himmlischen Dinge der Liebe, die in der Gefühlsanregung ist."

Mit anderen Worten, wer die Tiefen der Bibel mit dem Entsprechungscode ausloten will, muss dazu seinen Verstand und sein Herz benutzen. Eine reine Wort-für-Wort-Auslegung der Texte, wie sie der Verstand vornehmen würde, führt zu keinem vernünftigen Ergebnis. Die Texte wirken holperig und der tiefere Sinn verliert sich in der nicht nachvollziehbaren Syntax. Wer aber den Text mit dem Verstand aufschlüsselt und ihn dann als Ganzes mit dem Herzen als intuitiv erfasstes Gedankenbild wahrnimmt, der kann, wenn er sich innerlich mit dem Göttlichen verbindet, zu ungeahnten Erkenntnistiefen gelangen.

Es nutzt also nichts, wenn der Entsprechungscodeanwender ein starres Regelwerk anwenden würde. Durch reine Verstandesakrobatik

---

[23] „Der geistige Sinn ist nicht der, welcher aus dem Buchstabensinn hervorleuchtet, wenn jemand in der Bibel forscht und sie erklärt, um irgendeine Lehrbestimmung der Kirche zu begründen; dieser Sinn kann der buchstäbliche und kirchliche Sinn der Bibel genannt werden; der geistige Sinn aber erscheint nicht im Buchstabensinn, er ist inwendig in diesem, wie die Seele im Leib. Dieser Sinn macht es hauptsächlich, dass die Bibel geistig ist, nicht nur für die Menschen, sondern auch für die Engel; weshalb die Bibel durch diesen Sinn mit den Himmeln in Verbindung steht. Weil die Bibel inwendig geistig ist, so ist sie in lauter Entsprechungen geschrieben, und was in Entsprechungen geschrieben ist, das ist im untersten Sinn in einem Stil geschrieben, wie bei den Propheten, den Evangelisten, und in der Offenbarung, welcher, obwohl er als alltäglich erscheint, dennoch die göttliche und die ganze Engelsweisheit in sich birgt." [WCR 194 I]

würde er Gefahr laufen, sich in Gottesgelehrsamkeit zu verlieren. Dennoch ist es wichtig, einige Grundregeln der Entsprechungsdeutung zu kennen, bevor man sich darum bemüht, einen Bibeltext zu decodieren. Die wichtigsten Grundregeln möchte ich im Folgenden vorstellen:

1) In der Entsprechungslehre werden die Worte der menschlichen Sprache als Fundament oder als Gefäße für geistige Inhalte betrachtet. So entspricht z. B. das Wort Ägypten der Wissenschaft, Aschur[24] dem Vernünftigen, Ephraim dem Verständigen, Tyrus den Erkenntnissen, der König dem Wahren, der Priester dem Guten.

2) Der Nutzen, den der durch ein Wort bezeichnete Gegenstand bewirkt, ist ein Hinweis auf den geistigen Inhalt dieses Wortes. Dies ist deshalb so, weil die Ursache für das Wirken aller Dinge auf unserer Erde aus der geistigen Welt stammt. Alle Substanzen, aus denen die Materie besteht, stellen Formen dar, durch die geistige Kräfte zur Wirkung gelangen können. Der Nutzen, den ein Gegenstand in der natürlichen Welt ausübt, entspricht seiner Ursache in der geistigen Welt.[25]

Oder anders ausgedrückt, die Gegenwart des Geistes in der Materie ist der Nutzen, den ein Gegenstand auf seine Umgebung ausübt. Nehmen wir als Beispiel für die Gegenwart des Geistes, im Nutzen einer Sache, eine mechanische Taschenuhr. Die kunstvoll verarbeiteten Substanzen einer Taschenuhr sind keinesfalls nur eine willkürliche Ansammlung von Glas, Rubinen und Metall. Sie sind Träger eines Sinnes, einer geistigen Struktur, die ursprünglich – aller Materie ledig – im Geiste des Erfinders ruhte. Erst allmählich fand das Gedankenbild durch geeignete Substanzen in der natürlichen Welt einen "entsprechenden" Ausdruck. Das Geistige der "Taschenuhr"

---

[24] Der hebräische Name אַשּׁוּר 'aššûr ‚Assur' ist ursprünglich kein Personenname, sondern bezeichnet die Stadt Aššur, deren Stadtgott Aššur, das Land Assyrien und das Volk der Assyrer. [Wikipedia]

[25] Swedenborg schreibt dazu in seinem Werk "Himmel und Hölle": „Der Einfluss des Himmels geht in die Funktionen und Nutzwirkungen der Glieder ein. Weil die Nutzwirkungen aus der geistigen Welt stammen, nehmen sie durch die Stoffe der natürlichen Welt eine Form an, durch die sie wirken. Daher rührt das Entsprechungsverhältnis." [HH 96]

ist weder die Form, noch das Gewicht oder die Farbe; die Gegenwart des Geistes in der Form ist die Funktion oder der Nutzen, den die Uhr verrichten kann.

Als ein weiteres Beispiel für den Gedanken, dass der Nutzen einer Sache Rückschlüsse auf seinen Entsprechungssinn zulässt, möchte ich das Wort "Ackerboden" nehmen. Auf der natürlichen Ebene ist der Ackerboden eine Substanz, die für manchen Großstädter eine eher schmuddelige Angelegenheit darstellt. Besonders dann, wenn im Frühjahr der Boden vom Regen aufgeweicht ist. Dennoch besteht der Nutzen des Ackerbodens darin, einem eingelegten Samen optimale Voraussetzungen zum Wachsen und Gedeihen zu geben. Somit stellt der Ackerboden zum einen so eine Art Aufnahmegefäß für Samen aller Art dar, und zum anderen versorgt der Ackerboden den eingelegten Samen mit der Nahrung, die er braucht, um wachsen und gedeihen zu können.

Diese Eigenschaften entsprechen der Fähigkeit des menschlichen Gemüts, Wahrheiten aufzunehmen. Der Ackerboden symbolisiert den Bereich im Menschen, der die Wahrheitssamen aufnimmt und aufschließt. (Der Same ist das Wort Gottes.)[26] So wie ein Acker Samen von Weizen oder Unkraut aufnehmen kann, so kann der Mensch Wahrheiten oder Falschheiten in seinem Gemüt aufnehmen. Die Lehren, die er aus diesen Wahrheiten zieht, beeinflussen sein Leben. Im spirituellen Sinn ist die Lehre, d. h. die systematische Aufbereitung des Wortes Gottes, der Ackerboden, denn jede Lehre versucht, das Wort Gottes aufzunehmen und begreifbar zu machen.

3) Jedes Wort muss im Kontext entsprochen werden, denn es kann eine positive aber auch eine negative Bedeutung haben. So ist z. B. das Wort Salz im positiven Sinn ein Synonym für die Neigung zum Wahren. Wie in dem Ausspruch von Jesus: „Ihr seid das Salz der Erde".[27] Im entgegengesetzten Sinn entspricht es der Zerstörung der Neigung zum Wahren. Wie man in Gen. 19.26 nachlesen kann, wo die Frau von Lot zurückblickte und zu einer Salzsäule erstarrte.

---

[26] Lukas 8.11
[27] Matthäus 5.13

4) Laut Swedenborg ist es so, dass die innere Bedeutung der Wörter in den geschichtlichen wie auch in den prophetischen Büchern immer die gleiche ist, obgleich sie von verschiedenen Männern und zu ganz unterschiedlichen Zeiten geschrieben worden sind. Die Bedeutung der Wörter würde keineswegs so gleichbleiben, wenn die Bibel kein von Gott inspiriertes Buch wäre.[28]

5) Die Tatsache, dass die innere Bedeutung der Bibelwörter unabhängig vom Autor immer die gleiche ist, hat zur Folge, dass, um mit Luther zu sprechen, die Heilige Schrift "ihr eigener Ausleger" ist. Man kann die geistige Bedeutung eines Wortes dadurch entschlüsseln, dass man mehrere Bibelstellen auswertet, die dieses Wort enthalten. Bisweilen finden sich sogar Textstellen, die den geistigen Sinn dieses Wortes besonders leicht erkennen lassen.

Dazu ein Beispiel:
Das Schwert bedeutet das kämpfende Wahre. Im 45. Psalm können wir dazu lesen: „Gürte, du Held, dein Schwert um die Hüfte; kleide dich in Hoheit und Herrlichkeit! Zieh aus mit Glück, kämpfe für Wahrheit und Recht!" Hier wird das Schwert mit dem Kampf für Wahrheit und Recht in Verbindung gebracht. Was das Schwert im Zusammenhang mit dem Kampf bedeutet, kann man bei Jesaja nachlesen. Dort steht geschrieben: „Der Herr hat mich schon im Mutterleib berufen; als ich noch im Schoß meiner Mutter war, hat er meinen Namen genannt. Er macht meinen Mund zu einem scharfen Schwert".[29]

Es ist noch nie beobachtet worden, dass aus dem Mund ein scharfes Schwert gekommen ist, im Gegensatz dazu sind aus den Mündern der Menschen schon viele scharfe Worte entwichen. Jedes streitbare und argumentierende Wort ist wie ein scharfes Schwert, wenn es im Kampf für Recht und Wahrheit gesprochen wird.

Wie dieses Beispiel zeigt, reicht oftmals eine Bibelkonkordanz aus, um den inneren Sinn eines Wortes finden zu können. Die Zusammenschau von Stellen aus verschiedenen Büchern der Bibel, die

---

[28] Himmlische Geheimnisse, Nr, 2607 (Emanuel Swedenborg)
[29] Jesaja 49.1-2

natürlicherweise aus verschiedenen Jahrhunderten stammen, mag im Lichte der historisch-kritischen Methode sehr bedenklich sein, denn gleiche Worte können zu verschiedenen Zeiten verschiedene Bedeutungen haben. Dieser Einwand ist jedoch bei der Suche nach dem inneren und somit überzeitlichen Sinn bedeutungslos, denn im inneren Sinn haben die Worte eine "konstante Bedeutung".[30] Sie haben - wie Swedenborg betont - immer die gleiche innere Bedeutung, sowohl in den historischen als auch in den prophetischen Büchern, obwohl sie von verschiedenen Verfassern und zu unterschiedlichen Zeiten geschrieben wurden.[31]

Diese Aussage zeigt, dass, obwohl sich die historische Bibelwissenschaft damals noch in den Kinderschuhen befand, Swedenborg sich der historischen Fragestellung durchaus bewusst war. Für die Wissenschaft der Entsprechungen ist sie allerdings nebensächlich. Die Feststellung, dass die Wörter eine "konstante Bedeutung" haben, ist auch deswegen wichtig, weil sie jenen die Argumente nimmt, die behaupten, die Entsprechungswissenschaft sei ein Rückfall in die sinnbildlichen Willkürauslegungen vergangener Zeiten. Wenn den Bildern und Worten der Bibel eine konstante Grundbedeutung innewohnt, kann von exegetischem Wildwuchs keine Rede sein.[32]

Soweit die wichtigsten Grundregeln der Entsprechungslehre.

Unter Berücksichtigung der bisherigen Informationen sollte es nun möglich sein, einen Bibeltext zu decodieren. Im folgenden Kapitel möchte ich Sie einladen, mit mir zusammen aus dem 14. Kapitel des zweiten Buch Mose die Verse 21-30 zu decodieren.

---

[30] HG 2333
[31] HG 2607
[32] Siehe den Aufsatz von Thomas Noack mit dem Titel "Kleine Entsprechungskunde" veröffentlicht in: Offene Tore 1 (1993) 26-38, 5 (1992) 176-192, 6 (1992) 210-219 (Swedenborgverlag Zürich)

Über die Wahrheiten in der Bibel von Emanuel Swedenborg

Die Bibel ist in ihrem buchstäblichen Sinn der Herr[*] selbst. Inwendig in der Bibel ist der Geist und das Leben; der geistige Sinn ist sein Geist, und der himmlische Sinn ist sein Leben. Dies ist es, was Jesus sagt: „Die Worte, die Ich zu euch rede, sind Geist und Leben": Joh.6/63. Jesus sprach Seine Worte in der Welt im natürlichen Sinn. Ohne den natürlichen Sinn, welcher der buchstäbliche Sinn ist, hätte die Bibel weder einen himmlischen Sinn noch einen geistige Sinn. Das wäre wie der Geist und das Leben ohne Körper.

Die Wahrheiten des buchstäblichen Sinnes der Bibel sind zum Teil keine nackte Wahrheiten, sondern der äußere Schein des Wahren, und wie die Gleichnisse und Vergleiche, die aus Dingen in der Natur genommen sind. Sie sind daher der Fassungskraft der Einfältigen und auch der Kinder angepasst und angemessen. Weil sie aber Entsprechungen sind, so sind sie Behältnisse und Wohnungen des echten Wahren, und gleichsam Gefäße, die es in sich schließen und enthalten, wie der kristallene Becher den edlen Wein, und wie die silberne Schale die essbaren Speisen in sich enthält. Sie sind gleichsam Kleider, die wie die Windeln das Kind, und wie das anständige Gewand die Jungfrau bedecken. Sie gleichen auch den Kenntnissen des natürlichen Menschen, welche die Wahrnehmungen und Neigungen des Wahren in sich fassen, das dem geistigen Menschen angehört. Die nackten Wahrheiten selbst, welche eingeschlossen, enthalten, bekleidet und umfasst sind, befinden sich im geistigen Sinn des Wortes, und das nackte Gute in seinem himmlischen Sinn

Jesus sagte: „Wehe euch, ihr Schriftgelehrten und Pharisäer! Das Äußere des Bechers und der Schale reinigt ihr, das Innere aber ist voll Raubes und Unmäßigkeit. Du blinder Pharisäer! Reinige zuerst das Innere des Bechers und der Schale, damit auch das Äußere rein sei": Matth.23,25,26. Hier drückte sich der Herr durch das Letzte aus, welches das Enthaltende ist. Er nannte den Becher und die Schale. Unter dem Becher wird der Wein, und unter dem Wein das Wahre des Wortes verstanden; und unter der Schale wird die Speise, und unter der Speise das Gute des Wortes verstanden. Das Innere des Bechers und der Schale reinigen heißt, das Innere, welches im Willen und Gedanken, also in der Liebe und im Glauben ist, durch das Wort reinigen. Unter dem, dass so auch das Äußere rein sei, wird verstanden, dass auf diese Weise das Äußere, das heißt die Werke und Reden gereinigt seien, denn diese nehmen ihr Wesen aus jenem.
[4HL/LS 39, 40]

Und die Wasser teilten sich

In den vorangegangenen Kapiteln habe ich Ihnen die wichtigsten Grundlagen für die Entschlüsselung von biblischen Texten vorgestellt. In diesem Kapitel möchte ich Ihnen an einem praktischen Beispiel Schritt für Schritt zeigen, wie Sie selbst einen beliebigen Bibeltext decodieren können. Dazu habe ich mir aus dem Alten Testament die Geschichte von der Durchquerung des Roten Meeres durch die Israeliten herausgesucht.

Hierzu gibt es eine kleine Geschichte zum Schmunzeln, die ich ihnen nicht vorenthalten möchte:

An einem schönen Spätsommertag spazierte während der Mittagszeit ein Theologiestudent im achten Semester durch den Stadtpark, um sich dort mental für eine bevorstehende Klausur einzustimmen. Plötzlich wurde er aus seinen Gedanken herausgerissen, als er von einer Knabenstimme ziemlich laut die Worte „Halleluja! Gott ist groß!" vernahm. Etwas irritiert blickte er auf und sah vor sich auf einer am Wegesrand stehenden Parkbank einen etwa zehnjährigen Jungen sitzen, der eine Bibel in der Hand hielt und darin las. Natürlich wollte unser Studiosus wissen, was den Knaben zu solch einem Ausruf veranlasst hatte. Er sprach den Jungen an und fragte nach dem Grund seines Jubels.

„Ja", sagte dieser mit einem breiten Lächeln im Gesicht. „Weißt du, ich las gerade, wie Gott das Wasser des Roten Meeres teilte und das ganze Volk Israel trockenen Fußes hindurchleitete."

Dies trieb unserem Studiosus ein mildes Lächeln in sein bleiches Antlitz, denn gerade mit diesem Thema beschäftigte er sich zurzeit recht ausführlich. Und so setzte er sich neben den Jungen auf die Bank und versuchte, den Knaben über die "Realität" dieses Wunders aufzuklären. „Die moderne Wissenschaft hat festgestellt, dass das Rote Meer in diesem Gebiet nur 25 cm tief ist!", belehrte er den Jungen. „Von daher war es wirklich kein Problem für die Israeliten dort hindurchzugehen."

Leicht irritiert wanderten die Augen des Jungen von dem Mann zurück zu der Bibel in seiner Hand. Unser Student aber stand mit dem Gefühl auf, einen naiven Jungen etwas klüger gemacht zu haben, indem er ihn in die Feinheiten wissenschaftlicher Erkenntnis einweihte, und ging weiter. Kaum war er drei Schritte gegangen, als der Junge erneut ein „Halleluja!" ausrief. Unser Studiosus wandte sich um, ging zurück und fragte nach dem erneuten Grund seiner Freude. „Es ist wunderbar!", rief der Junge aufgeregt. „Gott ist größer als ich dachte. Er leitete nicht nur eine ganze Nation durch das Rote Meer. Es gelang ihm sogar, die gesamte ägyptische Armee in nur 25 cm tiefem Wasser zu ertränken!"

Diese kleine Geschichte soll Sie dazu einstimmen, mit mir gemeinsam den folgenden Bibeltext aus dem zweiten Buch Mose, Kapitel 14, Vers 21-30, zu decodieren. Dort steht geschrieben:

„21. Und Mose reckte seine Hand aus über das Meer, und Jehova ließ das Meer weggehen durch einen starken Ostwind, während der ganzen Nacht, und Er legte das Meer trocken, und die Wasser zerteilten sich.

22. Und die Söhne Israels gingen mitten durch das Meer im Trockenen; und das Wasser war ihnen eine Mauer zu ihrer Rechten und zu ihrer Linken.

23. Aber die Ägypter verfolgten sie und gingen hinein hinter ihnen, alle Pferde Pharaos, seine Wagen und seine Reiter, bis mitten in das Meer.

24. Und es geschah um die Morgenwache, da schaute Jehova auf das Heer der Ägypter aus der Feuer- und Wolkensäule, und verwirrte das Heer der Ägypter.

25. Und stieß die Räder von ihren Wagen und brachte sie ins Gedränge; da sprachen die Ägypter: Lasset uns fliehen vor Israel, denn Jehova streitet für sie gegen die Ägypter.

26. Und Jehova sprach zu Mose: Recke Deine Hand aus über das Meer, dass die Wasser zurückkehren über die Ägypter, über ihre Wagen und über ihre Reiter.

27. Und Mose reckte seine Hand aus über das Meer, und das Meer kehrte zurück bei Anbruch des Morgens zur Stärke seiner Flut. Aber die Ägypter flohen ihm entgegen, und Jehova stieß die Ägypter mitten in das Meer.

28. Und die Gewässer kehrten zurück und bedeckten die Wagen und die Reiter, samt dem ganzen Heere Pharaos, das ihnen nachgezogen war in das Meer; sodass nicht einer von ihnen übrig blieb.

29. Aber die Söhne Israels gingen im Trockenen mitten durch das Meer, und das Wasser war ihnen eine Mauer zu ihrer Rechten und zu ihrer Linken.

30. Und so rettete Jehova an diesem Tage Israel aus der Hand der Ägypter, und Israel sah die Ägypter tot am Gestade des Meeres."

Um den inneren Sinn eines biblischen Textes wirklich verstehen zu können, ist es notwendig, den Kontext zu kennen, in dem der Text geschrieben steht. In unserem Fall war es, laut Bibel, damals so, dass das israelitische Volk, obwohl es 430 Jahre in ägyptischer Knechtschaft leben musste,[33] zu einer stattlichen Anzahl von fast 600000 Männern herangewachsen war. Was mit den dazugehörigen Frauen und Kindern mehr als eine Million Menschen ausmachte. In jener Zeit trug Gott dem Mose auf, sein Volk aus Ägypten in das verheißene Land zu führen. Natürlich hatte der damals regierende Pharao kein besonderes Interesse daran, die gut ausgebildeten Israeliten ziehen zu lassen, sodass er den Israeliten den Wunsch nach einer kollektiven Auswanderung verwehrte.

Um den in seinem Herzen verhärteten König von Ägypten umzustimmen, musste Mose mehrmals beim Pharao vorstellig werden, um ihn davon in Kenntnis zu setzen, dass Gott im Falle einer Weigerung über das Land Plagen schicken würde. Leider weigerte sich der Pharao und so kamen nacheinander zehn Plagen (Frösche, Stechmücken, Hagel, Heuschrecken usw.) über das Land. Erst bei der zehnten Plage, die darin bestand, dass alle Erstgeburten sterben mussten - darunter auch der Sohn des Pharao - ließ der Herrscher Ägyptens die Israeliten ziehen.

---

[33] 2. Mose. 12,40

Als Mose sein Volk aus der Gefangenschaft führte, gebot ihm der Herr, dass die Israeliten bei Pi Hahiroth[34] zwischen Migdol[35] und dem Meer lagern sollten. Zur gleichen Zeit begann das Herz des Pharaos so zu verstocken, dass dieser sich darüber bewusst wurde, dass er eine große Anzahl von billigen Arbeitskräften verloren hatte. Und so ließ er seinen Streitwagen anspannen und nahm sein Kriegsvolk mit sich. Er nahm sechshundert auserlesene Kriegswagen und was sonst noch so an Kriegswagen in Ägypten vorhanden war, und ließ sie von seinen besten Kämpfern gegen die Israeliten lenken. Denn der Herr verstockte das Herz des Pharaos so sehr, dass er den Kindern Israels nachjagte.

Es dauerte nicht lange, bis die Kriegswagen sich den Israeliten so weit genähert hatten, dass diese das mächtige Heer bemerkten und sich die blanke Angst ihrer bemächtigte. Wie es bei den Menschen allgemein üblich ist, begannen sie zu murren und sprachen zu Mose: „Hast du uns etwa deshalb mitgenommen, weil es in Ägypten keine Gräber gab und wir nun in der Wüste sterben sollen? Warum hast du uns das angetan, dass du uns aus Ägypten weggeführt hast?"[36]

Haben wir dir nicht schon in Ägypten gesagt: „Lass uns in Ruhe! Wir wollen den Ägyptern dienen! Denn es ist besser für uns, den Ägyptern zu dienen, als hier in der Wüste zu sterben!"

Mose antwortete ihnen: „Fürchtet euch nicht! Haltet nur stand, so werdet ihr sehen, welche Rettung euch der Herr heute noch schaffen wird! Denn diese Ägypter, die ihr heute sehet, werdet ihr nimmermehr sehen ewiglich."

Da sprach Gott zu Mose: „Befiehl den Israeliten aufzubrechen. Du aber hebe deinen Stab empor, strecke deine Hand über das Meer und teilte es, damit die Israeliten mitten durch das Meer hindurch auf

---

[34] Der Ort Pi Hahiroth konnte bisher noch nicht sicher lokalisiert werden.
[35] Migdol (hebräisch migdäl für Turm) ist die westsemitische Bezeichnung von Befestigungstürmen oder von kleinen Befestigungsanlagen. Im Alten Ägypten hießen die zumeist in Grenznähe errichteten Befestigungsanlagen Mekter. Daneben fungierte ein Migdol beziehungsweise Mekter auch als Grenzkontrollpunkt für Reisende, Händler, umherziehende Nomaden und Boten. [Wikipedia]
[36] 2. Mose 14,11 ff

trockenen Boden ziehen können. Ich aber will das Herz der Ägypter so verhärten, dass sie hinter ihnen herziehen, und will mich am Pharao und an seiner ganzen Heeresmacht, an seinen Wagen und Reitern verherrlichen. Und die Ägypter sollen erkennen, dass ich der Herr bin, wenn ich mich am Pharao, an seinen Wagen und Reitern verherrlicht habe."

Soweit das Geschehen, welches zu den im 2. Buch Mose, Kap.14, Verse 21-30 beschriebenen Ereignissen führte, in denen das israelitische Volk trockenen Fußes durch das Rote Meer vor den Ägyptern floh. Bevor ich diesen Text unter Zuhilfenahme der Entsprechungswissenschaft decodiere, möchte ich noch kurz erläutern, was es entsprechungsmäßig für das menschliche Gemüt[37] bedeutet, wenn das noch kleine israelische Volk nach Ägypten geht und dort in Gefangenschaft gerät.

Israel bezeichnet die Bereiche des menschlichen Gemüts, in denen das geistig Gute oder das Gute des Wahren gelebt wird. Von daher bezeichnet Israel einen himmlisch-geistigen Menschen im Natürlichen, der seinen Nächsten liebt und sich mit den göttlichen Wahrheiten, wie man sie z. B. in der Bibel finden kann, auseinandersetzt.[38] Ägypten hingegen bezeichnet natürliche, aus der Sinnenwelt stammende Wahrheiten und die daraus entstehende Weisheit. Das, was der Mensch im Allgemeinen als wissenschaftlich begründete Weisheit bezeichnet, entspricht dem Ägypten[39] in unserem Gemüt.

Bekanntlich kommt der Mensch ohne jegliches Wissen auf diese Welt, und so sind natürlich auch das Israel und das Ägypten in seinem Gemüt noch recht unterentwickelt. Nun hat es aber die göttliche Vorsehung im Leben des Menschen so eingerichtet, dass er mit zwei Neigungen geboren wird. Da ist zum einen die Neigung, sich Wis-

---

[37] Nach Swedenborg besteht der natürliche Mensch aus einer Dreiheit, der Seele, dem Gemüt und dem Körper. Die Seele einspricht dem Innersten, das Gemüt dem Inneren und der Körper entspricht dem Äußersten. Das Gemüt wiederum besteht aus dem Willen und dem Verstand. Der Wille ist das Gefäß für die Liebe und der Verstand ist das Gefäß für die Weisheit des Menschen.

[38] HG 4282

[39] HG 1462

sen anzueignen und die Befähigung, aus dem Verstehen des Wissens heraus Weisheit zu erlangen. Diese Fähigkeit würde dem Verstand bzw. dem Gemüts-Ägypten entsprechen. Die zweite dem Menschen eigene Neigung ist die, dass er lieben kann, und zwar nicht nur das, was sein und der Welt, sondern auch das, was Gottes und des Himmels ist. Die Fähigkeit, Gott zu lieben, würde dem Gemüts-Israel entsprechen.

Bevor der Mensch allerdings Gott lieben kann, muss er zunächst einmal etwas über Gott wissen, denn was er nicht kennt, kann er nicht lieben. Das hat zur Folge, dass er in den Dingen des Glaubens Unterricht erhalten muss, damit er Gott kennen, schätzen und lieben lernen kann. Und weil die Fähigkeit, sich Wissen anzueignen, dieses zu verstehen und daraus Weisheit zu erlangen, dem Ägypten des inneren Menschen entspricht, ist es sicherlich folgerichtig, wenn sich das noch sehr kleine Gemüts-Israel nach Ägypten begibt, um dort die geistige Nahrung zu erhalten, die es benötigt, um wachsen zu können.

Wenn man sich die Entwicklung eines Menschen anschaut, dann ist es so, dass er sich bereits als kleines Kind die notwendigen Kenntnisse aneignen muss, um in dieser Welt bestehen zu können. Sein Ägypten muss lernen, wie und was der Mensch essen und trinken kann, welche Kleidung zweckmäßig ist, wie er mit seinem sozialen Umfeld kommunizieren kann und vieles mehr. Er muss sich das notwendige Wissen aneignen, um in dieser Welt selbstständig leben zu können.

Irgendwann einmal werden die äußeren Rahmenbedingungen so sein, dass sich das unterentwickelte Israel im Gemüt des Menschen bemerkbar macht, was sich im Verstand durch Fragen nach dem Woher, dem Wohin und nach dem Warum äußern kann. Und so wird der Verstand des Menschen nach Mitteln und Wegen suchen, um Antworten auf die aus seinem Inneren aufsteigenden existenziellen Fragen zu finden. Setzt sich der Mensch ernsthaft mit diesen Fragen auseinander, dann wird der Teil seines Gemüts, der durch Israel symbolisiert wird, wachsen und an Kraft zunehmen.

Ein Zustand, der dem Ägypten des Menschen nicht sonderlich gefällt, werden doch die bisher als sicher geglaubten Lebensbegründungen infrage gestellt. Und so geschieht es nicht selten, dass der israelitische Teil des menschlichen Gemüts, der nach göttlichen Wahrheiten und der Abkehr von den natürlichen Wahrheiten strebt, dem Ägypten, also der natürlichen Weisheit, Angst und Bange macht. Wer möchte sich schon selbst in den Grundfesten seines Seins infrage stellen? Schließlich wird dem Menschen doch von allen Seiten glaubhaft versichert, dass die Sache mit Gott ein altes Märchen ist, welches von den Mächtigen der Welt verbreitet wurde, um das Volk gefügig zu machen.

Was macht nun der Verstand des Menschen, wenn er Ängste verspürt? Nun, er wird, wenn er die Ursache seiner Angst nicht beheben kann, versuchen, die Angst zu unterdrücken. Das geschieht z. B. dann, wenn aus dem Inneren des Gemüts Impulse aufsteigen, die dem Menschen unangenehm sind. Mit anderen Worten, das Ägypten des Gemüts nimmt das aufstrebende Israel gefangen und verhindert so, dass die in Raum und Zeit begründeten Wahrheiten infrage gestellt werden können.

Diese Unterdrückung Israels durch Ägypten kann über viele Jahre lang gut gehen. Doch irgendwann einmal kommt der Tag, wo sich das Gemüts-Israel aus der ägyptischen Gefangenschaft befreien will, um sich auf den Weg in das Gelobte Land begeben zu können.

Soweit die Vorgeschichte unseres zu decodierenden Bibeltextes. Nachdem Sie lieber Leser ein Gefühl dafür entwickeln konnten, welchen Gemütskräften Israel und Ägypten entsprechen, möchte ich mich nun der Entschlüsselung von den Versen 21-30 aus dem 14. Kapitel des zweiten Buches Mose zuwenden.

Es hat sich als vorteilhaft erwiesen, wenn man den zu entsprechenden Bibeltext Vers für Vers decodiert. Wobei ich es mir angewöhnt habe, zunächst einmal die Schlüsselworte des jeweiligen Verses entsprechungsmäßig auszulegen, um dann die Schlüsselworte (im Vers **fett** gedruckt) gegen die decodierte Wortbedeutung auszutauschen.

Meist bekommt man schon bei dieser wörtlichen Entsprechung ein Gefühl dafür, was einem der Text sagen möchte. Erst danach versuche ich, mich in den Text so hineinzufühlen, dass ich ein Gespür dafür bekomme, was er mir persönlich zu sagen hat.

Beginnen möchte ich mit dem 21. Vers, der da lautet:

„Und **Mose** reckte seine **Hand** aus über das **Meer**, und **Jehova** ließ das **Meer** weggehen durch einen starken **Ostwind**, während der ganzen **Nacht**, und Er legte das **Meer trocken**, und die **Wasser zerteilten** sich."

Die Schlüsselworte entsprechen:

Wort	Entsprechung
Mose	Mose entspricht dem innewerden der göttlichen Wahrheiten aus dem Gesetz, welches ihm auf dem Berg Sinai in Form der Zehn Gebote gegeben wurde. [EO 624], [1.Kön. 2/3] Auf der natürlichen Ebene bildet Mose das wisstümliche Wahre (die erlernten Wahrheiten) vor, welche das Wahre der äußeren Kirche ist. Dieses Wahre hat sein Dasein von dem Wahren, das dem vom Göttlichen stammenden Gesetz (10 Gebote) angehört, welches ebenfalls Mose bezeichnet. [HG 6789]
Hand	Der Leib übt seine Kräfte und Mächte durch Arme und Hände aus. Von daher kommt es auch, dass in der Bibel durch Hände, Arme und Schultern Mächte bezeichnet werden. [HG 4933] Die Hand bezeichnet Kraft, dann Gewalt, und daher Zuversicht. [HG 878], [Jes. 10/12-13]
Meer	Das Meer bezeichnet das Wisstümliche (die im Gedächtnis gespeicherten Wahrheiten) im Allgemeinen, das im natürlichen Menschen ist, mithin den natürlichen Menschen in Ansehung seiner geistigen Wahrheiten. Dass das

Meer dies bedeutet, kommt daher, weil Wasser das Wahre bedeutet, und das Wahre im natürlichen Menschen das Wisstümliche genannt wird. [EO 511] Im vorliegenden Fall sind die Wahrheiten durch Ägypten geprägt und somit keine geistigen- sondern natürliche Wahrheiten.

Jehova   Jehova (bzw. Jehovah) ist seit vielen Jahrhunderten der gebräuchlichste Name des jüdisch-christlichen Gottes im westeuropäischen Sprachraum. Er stützt sich auf die vier hebräischen Konsonanten JHWE. In dieser Form ist der Name Gottes in den ältesten hebräischen Thorahandschriften enthalten. Die ursprüngliche Aussprache des Namens ist nicht überliefert.

Ostwind   Ostwind bezeichnet die Zerstreuung bzw. Zerstörung des Falschen und Bösen. Der Ostwind bezeichnet ein Mittel der Zerstörung. Der Ostwind hat diese Bedeutung, weil er trocken war und stürmisch, und deshalb die Erzeugnisse jenes Landes austrocknete, auch durch seine Gewalt die Bäume zertrümmerte, und im Meere die Schiffe. [HG 7679], [Jer. 18/16,17]

Nacht   Nacht bezeichnet in der Bibel Falsches aus dem Bösen; denn die aus dem Bösen im Falschen sind, befinden sich im Dunkel der Nacht. [HG 6000]
„Während der ganzen Nacht", 2.Mose 14/20, bedeutet im dunklen Zustand.
Dies erhellt aus der Bedeutung der Nacht, insofern sie einen dunklen Zustand in Ansehung des Wahren und Guten des Glaubens bezeichnet. [HG 8199]

Trocken   Trocken bezeichnet: ohne Falsches. Dasselbe bedeutet trocken und trocken machen. [HG 8185] Trocknen entspricht der Verödung durch Entzug des Falschen. Im Geistigen werden die negativen Eigenschaften des Gemüts dadurch verödet, indem man ihnen die im Falschen begründeten Scheinwahrheiten entzieht.

Wasser	Wasser symbolisiert hier das Wahre des natürlichen oder äußeren Menschen. [WCR 144]
Zerteilen	entspricht der Zerstreuung des Falschen. Die Zerteilung des Meeres bezeichnet die Zerstreuung oder Zerstörung des Falschen. [HG 8184]

Soweit die wichtigsten Schlüsselworte des 21. Verses. Wenn ich nun die decodierten Worte in den Text einsetze, dann liest sich - und Mose reckte seine Hand aus über das Meer, und Jehova ließ das Meer weggehen, während der ganzen Nacht, und Er legte das Meer trocken, und die Wasser zerteilten sich - in etwa so:

Und die Innewerdungen der göttlichen Wahrheiten aus dem Gesetz (Mose) reckte seine Macht (Hand) über die natürlichen Wahrheiten (Meer), und Gott (Jehova) ließ die natürlichen Wahrheiten (Meer) weggehen durch die Zerstreuung des Falschen und Bösen (Ostwind) während Falsches aus dem Bösen vorherrscht (Nacht), und Er entzieht den natürlich-geistigen Wahrheiten (Meer) das Falsche (trocken legen) und die natürlichen Wahrheiten (Wasser) werden zerstreut (zerteilen sich).

Wenn man sich diesen wörtlich übersetzten Text anschaut, dann wirkt er sehr holperig und ist kaum zu verstehen. Dies liegt daran, dass es nicht möglich ist, die spirituellen Inhalte der biblischen Texte mit raumzeitlichen Begriffen so zu decodieren, dass eine reine Wort-für-Wort-Übersetzung möglich ist. Es gibt keine buchstäbliche Übersetzung, die in der Lage wäre, im Gemüt des Lesers die Assoziationen aufkommen zu lassen, wie sie von den göttlich inspirierten Schreibern der Bibel gemeint waren.

Von daher bleibt es nicht aus, dass sich derjenige, der diese Texte entschlüsseln will, mit dem Inneren seines Gemüts verbinden muss. Das heißt, es muss zu einer Resonanz zwischen dem spirituellen Inhalt des grob decodierten Textes und dem Inneren des Lesers kommen. Wenn dies geschieht, dann löst sich für den Leser der scheinbar wirre Text so auf, dass er eine für sich ganz individuell abgestimmte Textentsprechung finden kann.

Die Tatsache, dass bei der Decodierung von Bibeltexten immer eine vom Leser abhängige individuelle Textentsprechung herauskommt, könnte als ein Hinweis dafür gesehen werden, dass bei der Entsprechung Willkür angewendet wird.

Dass dem aber nicht so ist, begründet Swedenborg damit, dass der innere Sinn eines Textes durch das Gefühl bestimmt wird, welches in den Worten verborgen liegt.[40] Und weil es keine zwei Menschen gibt, die genau die gleiche Gefühlslage haben, kann es gar nicht anders sein, dass die Ergebnisse der Textauslegungen mehr oder weniger differieren. Andererseits empfinde ich diese Differenzen als ein Beleg dafür, dass die Bibel als ein göttlich inspiriertes Buch jedem Menschen individuelle Lebenswahrheiten vermitteln kann.

So kann die nun folgende Decodierung des wörtlich übersetzten Textes auch nur das innere Empfinden des Autors wiedergeben. Dennoch möchte ich versuchen, meine Empfindungen in eine gewisse Chronologie zu bringen, damit Sie, lieber Leser, eine Idee davon bekommen, wie man an die Decodierung dieses Textes herangehen kann.

Für mich hat es sich als vorteilhaft erwiesen, wenn ich mich an einen ruhigen Platz begebe und dort versuche, dem äußeren aber auch dem inneren Lärm der Welt zu entfliehen. Einen kleinen Moment in die Stille zu gehen hat sich dabei als sehr hilfreich herausgestellt, da ich auf diese Weise schneller einen Zugang zu meinem inneren Israel finde. Wenn ich diese Vorbereitungen abgeschlossen habe, konzentriere ich mich auf den wörtlich decodierten Text und versuche, auf die aus meinem Inneren aufsteigenden Gedanken und Gefühle zu achten.

---

[40] Der innere Sinn ist von der Art, dass die Stimmung selbst, die in den Worten verborgen liegt, es ist, die den inneren Sinn bestimmt. Auf die Worte des Buchstabens wird nicht geachtet; es ist, als ob sie nicht da wären. Die Stimmung, die in diesen Worten liegt, ist gleichsam der Unwille des Wissens, und das wehmütige Gefühl des Herrn, und zwar das wehmütige Gefühl darüber, dass so das Wisstümliche zerstört würde, das Er mit Lust und Freude in sich aufgenommen hatte. Es verhält sich damit, wie wenn Kinder etwas lieben, das die Eltern als ihnen schädlich ansehen, sobald es ihnen weggenommen wird, so tut es ihnen weh. [HG 1492]

Zuerst lese ich sehr konzentriert den ganzen 21. Vers:

Und die Innewerdungen des Göttlichen Wahre aus dem Gesetz (Mose) reckte seine Macht (Hand) über die natürlich-geistigen Wahrheiten (Meer), und Gott ließ die natürlich-geistigen Wahrheiten (Meer) weggehen durch die Zerstreuung des Falschen und Bösen (Ostwind) während der Finsternis des Bösen (Nacht), und Er entzieht den natürlich-geistigen Wahrheiten (Meer) das Falsche (trocken legen) und die natürlich-geistigen Wahrheiten (Meer) werden zerstreut (zerteilen sich).

Wenn ich den Text einige Male gelesen habe und aus meinem Inneren noch keine Impulse aufsteigen, um ihn im Ganzen entsprechen zu können, beginne ich damit, über den Text zu meditieren.

Es geht ja im vierzehnten Kapitel des zweiten Buchs Mose darum, dass der Teil des menschlichen Gemüts, in dem sich das Gute aus den göttlichen Wahrheiten entwickeln soll (Israel), aus der Gefangenschaft der im Falschen begründeten Wahrheiten (Ägypten) herausgeführt werden muss, um sich frei entwickeln zu können. Das Problem ist nun, dass weder der Verstand noch der Wille des Menschen ein wirkliches Interesse daran haben, den bestehenden Zustand zu verändern. Denn in einer Welt, wo der in Raum und Zeit begründete Schein oftmals mehr zählt als irgendwelche "diffusen" Gottesgefühle, verspüren weder Verstand noch Wille wirklich Lust dazu, die breiten Prachtstraßen gut begründeter Wahrheiten und die reichen Pfründe sicherer Gefühlslagen zu verlassen.

Diese in der Weltliebe begründete Zweckgemeinschaft des Verstandes mit dem weltzugewandten Willen hat zur Folge, dass die Neigung zum Guten aus dem Wahren (Israel) starken Versuchungen ausgesetzt ist. Ständig gaukelt die Weltweisheit den Söhnen Israels (geistige Wahrheiten aus dem geistig Guten) eine vermeintliche Sicherheit vor. Nicht umsonst wird in der Bibel darauf hingewiesen, dass die Söhne Israels murrten, als sie das Heer des Pharaos sahen.

Nun ist es aber von der göttlichen Vorsehung so eingerichtet, dass aus den jenseits von Raum und Zeit angesiedelten Tiefen des menschlichen Seins Impulse in das Bewusstsein dringen, die den Menschen zum Nachdenken über seine Lebensperspektiven anregen sollen. Dabei kann es sich um das Gewissen handeln, dass die eigenen Handlungsweisen infrage stellen, es können aber auch scheinbar zufällige Ereignisse wie Krankheit, Not, Leid usw. sein, die den Menschen dazu ermuntern sollen, seine bisherige Lebensweise zu überdenken. Meist führen diese "Plagen" früher oder später dazu, dass in unserem Gemüt das natürliche Weisheiten liebende Ägypten das nach himmlischen Wahrheiten strebende Israel ziehen lässt. Dazu bedarf es allerdings eines Führers, der unser Israel aus Ägypten hinaus in das verheißene Land führen kann.

Dieser Führer (Mose) im menschlichen Gemüt wird in der Regel aus der Beschäftigung mit der Religion geboren. Wenn der Mensch in den heiligen Schriften liest oder Gespräche mit weisen Menschen führt, lernt der innere Mose, dass es Wahrheiten gibt, die weit über das hinausgehen, was der Weltverstand zu erkennen vermag. Er spürt, dass die Welt mit ihren vermeintlich erstrebenswerten Notwendigkeiten wie Ansehen, Reichtum und Macht, dem Gemüt nicht den Frieden geben kann, wie man ihn bei Gott findet.

Die Erkenntnis, dass nur die Verbindung mit Gott zu einem wirklich erfüllten Leben führen kann, bewirkt, dass der Mose im menschlichen Gemüt an Stärke zunimmt und die Innewerdung göttlicher Wahrheiten intensiver werden. Irgendwann ist es dann so weit und Mose wird beim Pharao (das Wahre des natürlichen Menschen) vorstellig, um ihm mitzuteilen, dass sich das Gemüts-Israel von der im natürlichen begründeten Weltweisheit (Ägypten) lösen will.

Genau dieser Loslösungsprozess wird in den zu decodierenden Versen beschrieben. Wenn es heißt, „Und Mose reckte seine Hand aus über das Meer", dann soll damit zum Ausdruck gebracht werden, dass die Innewerdung von göttlichen Wahrheiten, welche durch Mose symbolisiert wird, immer mehr Macht über die in Raum und Zeit begründeten Wahrheiten bekommen.

Das aus der göttlichen Weisheit entspringende Wahre hat die Kraft, die im Falschen begründeten Lebenswahrheiten so sehr infrage zu stellen, dass der ganze Mensch in Aufruhr geraten kann. Ein Zustand, den der Weltverstand in der Regel nicht zu akzeptieren vermag, sind doch die entstehenden Irritationen mit allerlei Unannehmlichkeiten verbunden. Und so sammelt der Verstand seine gesamten natürlichen Weisheitskräfte, um dem Treiben Israels ein Ende zu setzen.

Glücklicherweise hat es die göttliche Vorsehung so eingerichtet, dass der Mose im Gemüt des Menschen durch die Auseinandersetzung mit den göttlichen Wahrheiten, wie man sie z. B. in der Bibel finden kann, irgendwann einmal so stark wird, dass er die Kinder Israels aus dem Ägypten der Weltweisheit herausführen kann.

Es gibt nur zwei kleine Detailprobleme. Da sind auf der einen Seite die ägyptischen Weltweisheitskrieger, welche die Israeliten zurückhalten wollen, und auf der anderen Seite das Meer, welches die Kinder Israels mit im Falschen begründeten Wahrheiten ertränken will. Mit anderen Worten, das nach Freiheit strebende Israel ist von allen Seiten Versuchungen ausgesetzt. Doch dank der göttlichen Fürsorge, die das Israel im Gemüt des Menschen erfährt, kann der erstarkte Mose seine Hand über das Meer strecken, sodass mit der Hilfe Gottes ein starker Ostwind aufkommt, der die Kraft hat, das Meer weggehen zu lassen.

Hier stellt sich natürlich die Frage, was entspricht dem Ostwind im menschlichen Gemüt?

Nun, der Wind ist eine Kraft, die bei entsprechender Stärke alles zerstreut, was ihr in den Weg kommt. Die gleiche Kraft hat auch die göttliche Wahrheit in Bezug auf die im Falschen begründeten Lebensweisheiten des Menschen. Der Osten wird in der Bibel sehr häufig als ein Synonym für das Gute der Liebe und der Liebtätigkeit[41] bezeichnet, weil Osten im höchsten Sinn den Herrn bedeutet. Verbindet man beide Begriffe zu einem Ganzen, dann entspricht der

---

[41] Liebtätigkeit bezeichnet alles, was der Mensch aus seiner Lebensliebe heraus tut. Je nach seiner Liebe kann er Gutes tun, z. B. in der Form von Nächstenliebe oder Böses tun, z. B. in der Form von Hass, Habgier etc.

Ostwind der aus der Liebe zu Gott inspirierten Tätigkeit, welche die Kraft hat, das Falsche und Böse der Welt zu zerstreuen. Die auf Gott ausgerichtete Weisheit des Menschen hat die Macht, die Ursachen für die aus der Eigenliebe und der im Falschen begründeten Weisheit nicht nur zu erkennen, sondern auch zu bekämpfen.

Dass dieser innere Kampf der Glaubensversuchungen die ganze Nacht dauert, ist, wie so oft in der Bibel, keine Zeitangabe, sondern vielmehr eine Zustandsangabe. Solange im Gemüt des Menschen die Weltliebe mit ihrem Bruder, der Weltweisheit, die Oberhand haben, solange entspricht dies dem Zustand der Nacht oder, um mit Swedenborg zu sprechen, der Finsternis des Bösen.

Doch in dem zu decodierenden Vers wird uns versichert, dass der Ostwind die ganze Gemütsnacht hindurch weht, das heißt, der innere Kampf gegen die Finsternis des Bösen wird mit der Hilfe Gottes so lange gefochten, bis es zu einer Zerstreuung des Wisstümlichen (der erlernten Weltwahrheiten) kommt.

Im Laufe dieser inneren Auseinandersetzungen legt der heiße Ostwind das Meer der natürlichen Wahrheiten trocken, in dem er die sich auf Falschem begründeten Gedanken und Gefühle nach und nach verflüchtigen lässt. Früher oder später kommt es dann zu einer Zerteilung des Wassers. Das heißt, die im Falschen begründeten Wahrheiten werden als solche erkannt und aus dem Leben verbannt. Was kann dazu besser geeignet sein als der aus der wahren Liebtätigkeit gespeiste Ostwind?

Soweit **meine** meditative Auslegung des 21. Verses, die, wie bereits erwähnt, einer der unendlich vielen Auslegungsebenen entspricht.

Im 22. Vers des 14. Kapitels aus dem zweiten Buch Mose, heißt es: „Und die **Söhne Israels** gingen mitten durch das **Meer** im **Trockenen**; und das **Wasser** war ihnen eine **Mauer** zu ihrer Rechten und zu ihrer Linken."

Was bedeuten die Schlüsselworte?

Wort	Entsprechung
Söhne	Die Söhne, die aus der Verbindung des Guten mit dem Wahren (Frau und Mann) hervorgehen, bezeichnen Wahrheiten und Neigungen zum Wahren, und, im entgegengesetzten Sinn, das Falsche und die Neigung zum Falschen. [HG 9325], [EO 175]
Israel	Israel bezeichnet die Bereiche des menschlichen Gemüts, in denen das geistig Gute oder das Gute des Wahren gelebt wird. [HG 6426] Von daher bezeichnet Israel einen himmlisch-geistigen Menschen im Natürlichen, der seinen Nächsten liebt und sich mit den göttlichen Wahrheiten, wie man sie z. B. in der Bibel finden kann, auseinandersetzt. [HG 4282] Das geistig Gute, das Israel vorbildet, ist das Gute des Wahren, d. h. das Wahre im Willen und Tun. [HG 5826]
Meer	Das Meer bezeichnet das Wisstümliche (erlernte Wahrheiten) im Allgemeinen, das im natürlichen Menschen ist, mithin den natürlichen Menschen in Ansehung seiner geistigen Wahrheiten. (s. Vers 21)
Trocken	Trocken entspricht hier der Verödung durch Entzug des Falschen. (s. Vers 21)
Wasser	Wasser bezeichnet Wahrheiten des Glaubens, Wahrheiten der Lehre und auch Erkenntnisse des Wahren oder Wahrheiten des Wortes. [EO 71]
Mauer	Die Mauer bedeutet Wahrheiten, die gegen Falsches und Boeses schützen. [EO 430] Im Gemüt des Menschen stellen die Wahrheiten, wie man sie z. B. in der Bibel finden kann, eine schützende Mauer gegenüber dem Falschen und Bösen der Welt dar. [HG 8206]

Soweit die wichtigsten Schlüsselworte des 22. Verses. Wenn ich die decodierten Worte in den Text einsetze, dann liest sich - Und die

Söhne Israels gingen mitten durch das Meer im Trockenen; und das Wasser war ihnen eine Mauer zu ihrer Rechten und zu ihrer Linken. - in etwa so:

Und die Neigungen zum Wahren (Söhne), welche den inneren geistig Guten Bereichen des Menschen (Israel) angehören, gingen mitten durch die im natürlichen begründeten Wahrheiten (das Meer), dem die Scheinwahrheiten entzogen wurden (im Trockenen); und die Glaubenswahrheiten (das Wasser) war ihnen ein Schutz gegen das Falsche und Böse (Mauer) zu ihrer Rechten und zu ihrer Linken.

Wie bereits erwähnt, geht es im 14. Kapitel des 2. Buches Mose darum, dass der Teil des menschlichen Gemüts, der sich mit den göttlichen Wahrheiten verbinden soll (Israel), aus der Gefangenschaft des natürlichen Verstandes (Ägypten) herausgeführt werden muss, um sich frei entwickeln zu können. Im 21. Vers des 14. Kapitels werden die inneren Kämpfe angesprochen, welche aus der Loslösung von den im Falschen begründeten Wahrheiten resultieren. Als adäquates Mittel, diesen Loslösungsprozess zu bewerkstelligen, wurde die dem Ostwind entsprechende Zerstreuung des Falschen und Bösen empfohlen.

Dies kann der Mensch aber nur dann, wenn er sich innerlich mit der göttlichen Liebe und Weisheit verbunden hat. Denn die Blume der gelebten göttlich geprägten Liebtätigkeit erwächst aus den im Gemütsgrund des Menschen verstreut liegenden Keimen göttlicher Wahrheiten. Wahrheiten, die nichts mit den von allen möglichen Medien an uns herangetragenen Wahrheiten zu tun haben, da sich diese bei genauerer Betrachtung meist als Lügen und Halbwahrheiten entpuppen.

Damit der Mensch durch das Meer der Weltmeinungen hindurch zum Ufer der göttlichen Wahrheiten gelangen kann, hat es die göttliche Vorsehung so eingerichtet, dass immer wieder Lebenssituationen eintreten, aus denen der Mensch von dem frischen Quellwasser göttlicher Wahrheiten trinken darf. Sei es, dass er in einer göttlich inspirierten Schrift liest, sei es, dass er sich mit weisen Menschen austauscht, oder sei es, dass ihm Gott in der Natur begegnet. Es gibt unglaublich viele Gelegenheiten, wo der Mensch göttlichen Wahrheiten begegnen kann. Es liegt am Menschen selbst, ob er sich für den ständigen Einfluss der göttlichen Wahrheit öffnet oder ob er lieber mit den bequemen Scheinwahrheiten der Welt leben will.

In Bezug auf den zu decodierenden Text ist es so, dass dort ein Mensch beschrieben wird, in dessen Gemüt bereits die aus der Neigung zum Guten und Wahren gezeugten Söhne Israels geboren sind. Die ernsthaften Auseinandersetzungen mit der göttlichen Wahrheit, in der Kombination mit der gelebten Neigung zum Guten und Wahren, führen dazu, dass der Mensch die Fähigkeit erlangt, Falsches von Wahrem zu unterscheiden. Und wo das Falsche keine Chance zur Verbreitung hat, können die Söhne Israels trockenen Fußes durch das Meer der Weltwahrheiten gehen. Es ist, als ob die Scheinwahrheiten der Welt wie durch eine Mauer von den Glaubenswahrheiten abgehalten werden.

Aus diesem Blickwinkel gesehen, beschreibt der 22. Vers einen Menschen, dessen Verstand durch die Liebe zu Gott göttliche Wahrheiten verinnerlicht hat. Solange er bei dieser Wahrheit bleibt, ist er vor den geistigen Angriffen der Welt mit ihren lebensfeindlichen Wahrheiten geschützt. Die angeblich wissenschaftlich fundierten Erkenntnisse, welche die Existenz Gottes infrage stellen, prallen an den gelebten Glaubenswahrheiten wie an einer Mauer ab.

Natürlich gefällt das der erlernten Schulweisheit nicht. Und so kann man im 23. Vers des 14. Kapitels aus dem zweiten Buch Mose lesen: „Aber die Ägypter **verfolgten** sie und gingen hinein hinter ihnen, alle **Pferde** des **Pharaos**, seine **Wagen** und seine **Reiter**, bis mitten in das **Meer**."

Der Entsprechungssinn der Schlüsselworte lautet:

Wort	Entsprechung
Ägypter	Ägypter bezeichnet diejenigen, welche sich im falschen Wisstümlichen begründen, was dem natürlichen Gemüt angehört. Alles was diesem Gemüt angehört, wird Wisstümliche genannt. [HG 6915] Diese haben einen von der

Liebtätigkeit getrennten Glauben und sind gegen die Wahrheiten der Kirche (Glaubenswahrheiten). [HG 8096]

Verfolgen   Sicherlich werden Menschen aus unterschiedlichsten Gründen verfolgt. Im 23. Vers werden die Söhne Israels zum Zwecke der Unterwerfung verfolgt. Der Stolz des Pharaos war so sehr verletzt, dass er die billigen Arbeitskräfte nicht ziehen lassen wollte. So gesehen stellt unter diesem Vorzeichen die Verfolgung das Streben nach Unterjochung dar. [HG 8136]

Pferde   Pferde des Pharaos bezeichnen die wisstümlichen Kenntnisse aus dem verkehrten Verständnis der Lehre. [HG 8210]

Wagen   In der Bibel werden Wagen sehr häufig als ein Synonym für die Lehre des Guten und Wahren verwendet. Im negativen Fall symbolisieren Wagen die Lehre des Bösen und Falschen. [HG 5321]

Reiter   In der Entsprechungssprache bedeutet Ägypten das Wissen, das Ross den aus ihm gebildeten Verstand, der Wagen die Lehre und der Reiter die aus ihr entspringende Einsicht. [HG 2761]

Meer   Das Meer bezeichnet das Allgemeine des Wahren oder die Wahrheiten des natürlichen Menschen. (s. Vers 21)

Mit den wichtigsten Schlüsselworten des 23. Verses sollte es nun möglich sein, die folgenden Worte zu decodieren: „Aber die Ägypter verfolgten sie und gingen hinein hinter ihnen, alle Pferde des Pharaos, seine Wagen und seine Reiter, bis mitten in das Meer".

Aber diejenigen, welche sich im falschen Wisstümlichen begründen (Ägypter) strebten danach die Neigung zum Wahren zu unterjochen (verfolgten sie) und strebten nach Einfluss (gingen hinein hinter ihnen),[42] alle die wisstümlichen Kenntnisse aus dem verkehrten Ver-

---

[42] „und gingen hinein hinter ihnen" bedeutet das Streben nach Einfluss. [HG 8207]

ständnis (Pferde des Pharao), seine im Falschen und Bösen begründeten Lehren (Wagen) und seine falschen Einsichten (Reiter), bis mitten in die Wahrheiten des natürlichen Menschen (das Meer).

In diesem Vers wird zum Ausdruck gebracht, dass die im falschen Wisstümlichen begründeten Wahrheiten des Verstandes (Ägypter) alles versuchen, um das aufstrebende Verlangen nach göttlichen Wahrheiten (Israel), zu unterjochen. Da versuchen alle möglichen "wissenschaftlich bewiesenen" Wahrheiten das Herz des Menschen zu verunsichern, indem sie ihm vorgaukeln, dass nur die sinnlich erfahrbare Welt real ist. Und so werden die Pferde des erlernten Wissens vor den Wagen der im Natürlichen begründeten Schulweisheit gespannt und von dem Reiter der im Falschen begründeten Einsichten verfolgt.

Wie oft geschieht es, dass der Mensch spirituelle Erkenntnisse und Wahrheiten unterdrückt, um vor seinen Mitmenschen nicht als Fantast dazustehen. Wissenschaftler, Lehrer, Theologen usw. lassen sehr häufig den Glauben an eine transzendente Welt nicht zu, um einerseits ihrer gesellschaftlichen Stellung gerecht zu werden und andererseits ihren Arbeitsplatz zu erhalten. Ein Evolutionsbiologe kann nun einmal schlecht an einen Schöpfergott glauben, wenn er vor sich und der Welt die Meinung vertritt, dass das Leben auf dieser Erde durch den blinden Zufall entstanden ist.

Und so hetzt im Menschen das gesamte Heer sinnlich fassbarer Wahrheiten hinter den nach geistigen bzw. göttlichen Wahrheiten strebenden Söhnen Israels bis zum Zentrum des Weltweisheitsmeeres her. So gesehen deutet der 23. Vers die Versuchungen an, welchen der nach spiritueller Wahrheit strebende Mensch durch die Sinnenwelt ausgesetzt ist.

Weiter geht es mit dem 24. Vers, der da lautet: „Und es geschah um die **Morgenwache**, da **schaute Jehova** auf das **Heer** der **Ägypter** aus der **Feuer- und Wolkensäule**, und **verwirrte** das Heer der Ägypter".

Die Schlüsselworte bedeuten:

Wort	Entsprechung
Morgen-wache	Das Wort Morgenwache hat zwei Bedeutungsebenen. Die erste Bedeutungsebene, welche durch die Nacht symbolisiert wird, bedeutet Finsternis in Bezug auf die göttlichen Wahrheiten, welche aus der Hinwendung zu den sinnlichen Wahrheiten resultiert. (s. Nacht). Die zweite Bedeutungsebene, welche durch den Tag symbolisiert wird, bedeutet den Zustand der Erleuchtung und Erlösung derer, die sich im Wahren und Guten befinden. [Ps. 143/8,9]
Jehova	Jehova ist seit vielen Jahrhunderten der gebräuchlichste Name des jüdisch christlichen Gottes. (s. Vers 23)
Heer der Ägypter	„Heer der Ägypter" bedeutet, die Ausbreitungen des Falschen aus dem Bösen. [HG 8214]
Feuer- und Wolken-Säule	Die Gegenwart des göttlich Guten und Wahren gelegentlich in der Bibel durch eine Wolkensäule am Tage und eine Feuersäule in der Nacht symbolisiert. Die Gegenwart des Herrn findet sowohl bei denen statt, die im Guten und Wahren, als auch bei denen, die im Bösen und Falschen sind. [HG 7989] Die Feuersäule bei Nacht bedeutet den Zustand der Verdunklung des Wahren, gemildert durch die Erleuchtung vom Guten. [HG 8197]
Verwirrte	Verwirren bedeutet im inneren Sinne nicht bloß verfinstern, sondern auch verwischen und zerstreuen, sodass nichts Wahres mehr vorhanden ist. Wenn die Selbstverehrung an die Stelle der Verehrung des Herrn tritt, dann wird nicht nur alles Wahre verkehrt, sondern auch abgeschafft, und zuletzt wird das Falsche als wahr anerkannt, und das Böse als gut; denn alles Licht der Wahrheit ist vom Herrn, und alle Finsternis ist vom Menschen. [HG 1321]

Mit den Schlüsselworten des 24. Verses möchte ich nun die folgenden Worte decodierten: „Und es geschah um die Morgenwache, da schaute Jehova auf das Heer der Ägypter aus der Feuer- und Wolkensäule, und verwirrte das Heer der Ägypter."

Und es geschah im Zustand Erleuchtung und Erlösung (Morgenwache), da ließ Gott durch Innewerden Gutes und Wahres einfließen (schaute Jehova) auf das Ausbreiten des Falschen aus dem Bösen (Heer der Ägypter)[43] aus der Gegenwart des göttlich Guten und Wahren (Feuer- und Wolkensäule), und die Finsternis der falschen Begründungen fiel auf sie zurück (verwirrte) die Ausbreitungen des Falschen aus dem Bösen.

Diese doch recht schwer zu lesende Wort-für-Wort-Übersetzung des 24. Verses stellt gewissermaßen die Antwort Gottes auf die Anfechtungen dar, denen der nach spiritueller Wahrheit strebende Mensch ausgesetzt ist.

Wenn die Gemütsbereiche, die dem inneren Israel entsprechen, ernsthaft nach der Befreiung aus dem Joch der Weltweisheit streben, dann kommt es oftmals zu einem Zwiespalt, der in der Bibel mit dem Begriff Morgenwache umschrieben wird. Der Weltverstand befindet sich aus einer höheren spirituellen Sichtweise gesehen in der Nacht, während die nach Freiheit strebenden geistigen Bereiche des Menschen schon das warme Licht des Morgenrots in sich wahrnehmen.

In dieser Situation hat es die göttliche Vorsehung so eingerichtet, dass aus der natürlichen Welt Impulse auf den Menschen einwirken, die ihm bei seiner Weiterentwicklung sehr hilfreich sein können. Wenn es also im 24. Vers heißt: „Da schaute Jehova auf das Heer der Ägypter", dann sind damit die Bücher, Filme, Gespräche, Schicksalsschläge usw. gemeint (Da schaute), die Gott zulässt (Jehova), um den aus der Weltweisheit gespeisten Kräften (Heer der Ägypter) ihre Begrenztheit aufzuzeigen. Es ist für die spirituelle

---

[43] „da schaute Jehova auf das Heer der Ägypter" bedeutet die daher kommende Ausbreitung des Einflusses des Göttlichen auf diejenigen, die durch Falsches Gewalt anzutun suchten. [HG 8212]

Weiterentwicklung des Menschen sehr wichtig, dass er in seinem tiefsten Inneren erkennt, dass die Schulweisheit, wie sie die Sinnenwelt zu geben vermag, nicht in der Lage ist, befriedigende Antworten auf die existenziellen Fragen des Lebens zu geben.

Durch die meist unbemerkte Gegenwart Gottes (Feuer- und Wolkensäule) erfährt der Weltverstand des Menschen einen ziemlichen Rückschlag, muss er doch erkennen, dass er aus der Sinnenwelt keine befriedigenden Antworten auf die Fragen nach dem Woher, Wohin und Warum erhalten kann. Gleichzeitig erfährt der geistig spirituelle Part des Menschen eine Stärkung, spürt er doch die Liebe Gottes. Es ist sicherlich leicht einzusehen, dass die emotionale Hinwendung zu Gott für den Weltverstand ein wenig verwirrend ist, zumal er mit ansehen muss, wie die Fundamente seiner bisherigen Lebensbegründungen zu bröckeln beginnen.

So gesehen deutet der 24. Vers den vorsichtigen Einfluss der göttlichen Vorsehung an, die ohne jeglichen Eingriff in die Willensfreiheit des Menschen der Weltweisheit (Ägypten) Wahrheitssteine in den Weg legt, während sie die Gemütsbereiche stärkt, welche sich dem Göttlichen zuwenden (Israel).

Dies wird auch im 25. Vers bestätigt, wo es heißt: „und **stieß** die **Räder** von ihren **Wagen** und brachte sie ins **Gedränge**; da **sprachen** die **Ägypter**: Lasset uns **fliehen** vor **Israel**, denn **Jehova streitet** für sie gegen die Ägypter."

Um diesen Vers decodieren zu können, beginne ich, wie immer, mit den Schlüsselworten:

Wort   **Entsprechung**

stieß   Das Wort "stieß" im Sinne von "abstoßen" bedeutet so viel wie entfernen bzw. wegnehmen. [HG 8215]
„und stieß die Räder von ihren Wagen" bedeutet, dass die Macht, Falsches beizubringen, genommen wurde. [HG 8207)

Räder	Wie bereits im Vers 23 erläutert, werden Wagen sehr häufig als ein Synonym für die Lehre des Guten und Wahren bzw. des Bösen und Falschen verwendet. Natürlich benötigt jeder Wagen Räder, durch die sich der Wagenkasten fortbewegen kann. Auf der Entsprechungsebene bedeuten Wagenräder die Macht des Verstandes, sich weiter zu entwickeln bzw. voranzuschreiten. Denn wie der Wagen seine Bewegung und sein Fortschreiten durch die Räder erzielt, so hat das Wahre bzw. das Falsche der Lehre ein Fortschreiten durch die Entwicklung des Verstandes. [HG 8215]
Wagen	In der Bibel werden Wagen sehr häufig als ein Synonym für die Lehre des Guten und Wahren verwendet. Im negativen Fall symbolisieren Wagen die Lehre des Bösen und Falschen. (s. Vers 23)
Gedränge	Im Zusammenhang mit den Rädern, die im 25. Vers als ein Symbol für die Macht des Verstandes seine im Falschen begründete Weisheit als Wahrheit zu verkünden, entspricht das Wort "Gedränge" den spirituellen Impulsen, welche den Verstand daran hindern, das Falsche zu verbreiten.
sprachen	Die Sprache ist ein Medium, durch das der Mensch denken kann. Durch das gesprochene Wort kann man einerseits innewerden, was einem das Gegenüber mitteilen möchte. Andererseits kann der Mensch anderen Menschen durch das Sprechen seine Gedanken mitteilen. Sprechen wird in der Bibel oft als ein Symbol für Innewerden, Denken und Mitteilung verwendet. [HG 1822], [HG 8217]
Ägypter	Ägypten ist ein Synonym für natürliches Wissen und Erkenntnisse jeglicher Art. (s. Vers 23)
fliehen	Wer vor irgendetwas flieht, der will sich so schnell wie möglich von dem trennen, was ihn zur Flucht veranlasst.

66

Von daher wird das Wort "fliehen" sehr häufig als Synonym für die Trennung verwendet.
[HG 4113], [HG 8218]

Israel   Israel bezeichnet die Bereiche des menschlichen Gemüts, in denen das geistig Gute oder das Gute des Wahren gelebt wird. [HG 6426] (s. Vers 22)

Jehova   Jehova ist seit vielen Jahrhunderten der gebräuchlichste Name des jüdisch christlichen Gottes. (s. Vers 21)

streitet   Hier wird das Wort "streiten" im Sinne von Kämpfen gegen das Böse und Falsche verwendet.
[HG 8219], [HG 9024]

Nachdem ich die wichtigsten Schlüsselwörter des 25. Verses zusammengetragen habe, möchte ich nun die folgenden Worte decodierten: „und stieß die Räder von ihren Wagen und brachte sie ins Gedränge, da sprachen die Ägypter: Lasset uns fliehen vor Israel, denn Jehova streitet für sie gegen die Ägypter."

Und Gott entfernte (und stieß) dem Verstand die Möglichkeit voranzuschreiten (die Räder) in der Lehre des Bösen und Falschen (von ihren Wagen) und brachte die Fundamente der Lehre ins Wanken (Gedränge); da dachte (sprachen) der weltzugewandte Verstand (Ägypter): „Lasset uns trennen (fliehen) von den gottzugewandten Gemütsbereichen (Israel), denn Gott (Jehova) kämpft für sie gegen die Weltweisheit (Ägypter)".

Als Fortsetzung des 24. Verses bestätigt der 25. Vers noch einmal das Wirken der göttlichen Vorsehung. In dem Maße, wie sich das Israel des Menschen für den Einfluss spiritueller Wahrheiten öffnet, in dem Maße erfährt das Ägypten des Menschen Einschränkungen. Der Verstand muss erkennen, dass die Fundamente seiner aus der Sinnenwelt gespeisten Wahrheit angesichts der geistigen Wahrheiten auf sandigem Boden gebaut sind.

Wahrscheinlich hat jeder nach der Wahrheit suchende Mensch schon einmal das Gefühl erlebt, wie es ist, wenn sich Jahre lang als richtig geglaubte Begründungen im Lichte höherer spiritueller Einsichten als falsch und nichtig herausgestellt haben. Bisweilen ist es sogar recht schmerzhaft, vor sich selbst einen Irrtum einzugestehen, sodass man mehrere Anläufe nehmen muss, bis die Räder von unserem Lehrmeinungswagen weggestoßen werden.

Ist es dann soweit, dass höhere Wahrheiten in uns einfließen können, dann kommt es zu einer Trennung zwischen den als falsch erkannten Begründungen und den Wahrheiten, welche aus der Liebe zu Gott entspringen. Hier dämmert es dem Menschen, dass er ohne die Hilfe Gottes nicht in der Lage ist, das aus der Weltliebe entspringende Falsche und Böse zu bekämpfen.

Soweit die Decodierung des 25. Verses.

Weiter geht es mit dem 26. Vers, der da lautet: „Und **Jehova sprach** zu **Mose**: Recke Deine **Hand** aus über das **Meer**, dass die **Wasser** zurückkehren über die **Ägypter**, über ihre **Wagen** und über ihre **Reiter**."

Um diesen Vers decodieren zu können, entspreche ich zunächst die Schlüsselworte:

Wort	Entsprechung
Jehova	Jehova ist seit vielen Jahrhunderten der gebräuchlichste Name des jüdisch- christlichen Gottes. (s. Vers 21)
sprach	Wenn in der Bibel geschrieben steht: „Und Gott sprach ..." dann ist damit meist das Einfließen bzw. das Innewerden der göttlichen Liebe und Weisheit in das menschliche Gemüt gemeint. [HG 8221], [HG 2032]
Mose	Mose bildet das Gesetz vor, unter welchem das göttlich Wahre verstanden wird. (s. Vers 21)
Hand	Die Hand bezeichnet Macht bzw. Kraft. (s. Vers 21)

Meer	Das Meer bezeichnet das Wisstümliche im Allgemeinen, das im natürlichen Menschen ist, mithin den natürlichen Menschen in Ansehung seiner geistigen Wahrheiten.
Wasser	Wasser symbolisiert hier das Wahre des natürlichen oder äußeren Menschen.
Ägypter	Ägypter bezeichnet diejenigen, welche sich im falschen Wisstümlichen begründen, was dem natürlichen Gemüt angehört. (s. Vers 23)
Wagen	Wagen werden häufig als ein Synonym für die Lehre des Guten und Wahren verwendet. Im negativen Fall symbolisieren Wagen die Lehre des Bösen und Falschen.
Reiter	Der Reiter bezeichnet die aus der Lehre entspringende Einsicht. [HG 2761]

Soweit die wichtigsten Schlüsselworte des 26. Verses.

Die Wort für Wort Decodierung für „Und Jehova sprach zu Mose: Recke Deine Hand aus über das Meer, dass die Wasser zurückkehren über die Ägypter, über ihre Wagen und über ihre Reiter." lautet:

Und Gott (Jehova) ließ Innewerden (sprach) das göttliche Wahre (Mose): „Recke deine Macht (Hand) über die allgemeinen natürlichen Wahrheiten (Meer),[44] dass das Wahre des natürlichen oder äußeren Menschen (Wasser) über die zurückkehren[45] welche sich im falschen Wisstümlichen begründen (Ägypter), über ihre falschen Lehren (Wagen) und über ihre falschen Einsichten (Reiter)".

Natürlich liest sich die Formulierung - Und Gott ließ Innewerden das göttliche Wahre - auf dem ersten Blick ein wenig merkwürdig. Um den tieferen Sinn dieser Worte besser erspüren zu können, sollte

---

[44] „Und recke Deine Hand aus über das Meer", 2.Mose 14/16, bedeutet, die Herrschaft der Macht da, wo die Hölle des Falschen aus dem Bösen ist. [HG 8183]

[45] „Dass die Wasser zurückkehren über die Ägypter", bedeutet, das Falsche aus dem Bösen solle wieder auf sie zurückfluten und diejenigen bedecken (oder überfluten), die im Falschen aus dem Bösen sind. [HG 8223]

man bedenken, dass Mose im Gemüt des Menschen den Führer der Söhne Israels (Neigungen zum Wahren in den gottzugewandten Gemütsbereichen des Menschen) symbolisiert. Das heißt, Mose entspricht den tieferen, gottnahen Schichten des menschlichen Gemüts, durch welche das Licht der göttlichen Wahrheiten (Gesetz) in das Gemüt einströmen kann. Diese Wahrheiten sind es, die dem Gemüts-Israel die Kraft geben, durch das Meer der im Falschen begründeten Weltmeinungen zu gehen.

Und weil die göttliche Wahrheit das Maß ist, an dem sich alle anderen Wahrheiten messen lassen müssen, bekommt der Mose im Gemüt des Menschen die Macht (Hand), Einfluss auf das im Falschen begründete Weltweisheitsmeer auszuüben. Ihm ist es gegeben, alles so zu lenken, dass den im Sinnlichen verhafteten Weltverstand (Ägypten) früher oder später die Erfahrung lehrt, dass die Versuche, den Egoismus und die Eigenliebe zum Maßstab aller Dinge zu machen, auf ihn selbst zurückfallen. Fast alle Lehren (Wagen) mit ihren im Falschen begründeten Einsichten (Reiter), welche das Gemüts-Ägypten bisher als wahr und richtig angesehen hat, stürzen angesichts der Macht des göttlich Wahren in sich zusammen.

Durch den voranschreitenden Einfluss spiritueller Wahrheiten erkennt der Mensch immer mehr, dass die allgemein anerkannten Wertvorstellungen wie Statussymbole, Geld, Macht und Ruhm nicht wirklich glücklich machen. Alle Werte, nach denen der auf die Sinnenwelt orientierte Mensch bisher gestrebt hat, brechen im Hinblick auf die zunehmende Unzufriedenheit und die innere Leere nach und nach zusammen. Auf diese Weise wird der dem Mose entsprechende Gemütsbereich auf die Zurückdrängung der Weltweisheit vorbereitet.

Dies wird in den Versen 27 und 28 bestätigt. Dort heißt es: „Und **Mose** reckte seine **Hand** aus über das **Meer**, und das **Meer** kehrte zurück bei Anbruch des **Morgens** zur Stärke seiner **Flut**. Aber die **Ägypter** flohen ihm entgegen, und **Jehova** stieß die Ägypter mitten in das Meer. Und die **Gewässer** kehrten zurück und bedeckten die **Wagen** und die **Reiter**, samt dem ganzen **Heere Pharaos**, das ihnen nachgezogen war in das Meer; sodass nicht einer von ihnen übrigblieb."

Die Schlüsselworte lauten:

Wort	Entsprechung
Mose	Mose bildet das Gesetz vor, unter welchem das göttlich Wahre verstanden wird. (s. Vers 21)
Hand	Die Hand bezeichnet Kraft, Macht, Gewalt, und daher Zuversicht. (s. Vers 21)
Meer	Das Meer bezeichnet das Wisstümliche im Allgemeinen, das im natürlichen Menschen ist, mithin den natürlichen Menschen in Ansehung seiner geistigen Wahrheiten. (s. Vers 21)
Morgen	Nach einer langen kühlen Nacht lassen die ersten Strahlen der morgendlichen Sonne die Natur aus ihrem Schlaf erwachen. Auf der Gemütsebene symbolisiert der Morgen das zunehmende Einstrahlen der göttlichen Liebe und Weisheit in das Gemüt des Menschen. Die Folge dieses Einstrahlens ist das Abnehmen der im Bösen und Falschen begründeten Lebenseinstellungen und ein Zunehmen an Erleuchtung und eine ansteigende Befreiung von der Weltliebe. So gesehen symbolisiert der Morgen die Gegenwart Gottes. [HG 8226]
Flut	Die Flut bedeutet das Überschwemmen durch Böses und Falsches. Dies kommt daher, weil Meerwasser ein Symbol für Wahrheiten ist, welche aus den sinnlichen Wahrnehmungen entspringen. Diese Art von Wahrheiten begründen sich aus der übergeordneten Sicht Gottes im Bösen und Falschen. „Und das Meer kehrte zurück bei Anbruch des Morgens zur Stärke seiner Flut", bedeutet das Zurückfließen des Falschen aus dem Bösen auf jene, infolge der Gegenwart des Herrn. [HG 8226]

Ägypter	Ägypter bezeichnet diejenigen, welche sich im falschen Wisstümlichen begründen, was dem natürlichen Gemüt angehört. (s. Vers 23)
Jehova	Jehova ist seit vielen Jahrhunderten der gebräuchlichste Name des jüdisch christlichen Gottes. (s. Vers 21)
Gewässer	Gewässer bezeichnen einen Inbegriff von Erkenntnissen, durch die Einsicht kommt. Gewässer im entgegengesetzten Sinn bezeichnen Boeses aus Falschem und daher Unsinnigkeit. „Und die Gewässer kehrten zurück" bedeutet das Zurückfallen des Falschen auf sie. [HG 9755]
Wagen	Wagen werden häufig als ein Synonym für die Lehre des Guten und Wahren verwendet. Im negativen Fall symbolisieren Wagen die Lehre des Bösen und Falschen. (s. Vers 23)
Reiter	Der Reiter bezeichnet die aus der Lehre entspringende Einsicht. (s. Vers 23)
Heere des Pharaos	Das Heer des Pharaos symbolisiert die Kraft, das Böse und Falsche durchzusetzen.

Nach dem Einsetzen der Schlüsselworte lauten die Verse 27 und 28: Und Mose reckte seine Hand aus über das Meer, und das Meer kehrte zurück bei Anbruch des Morgens zur Stärke seiner Flut. Aber die Ägypter flohen ihm entgegen, und Jehova stieß die Ägypter mitten in das Meer. Und die Gewässer kehrten zurück und bedeckten die Wagen und die Reiter, samt dem ganzen Heere Pharaos, das ihnen nachgezogen war in das Meer; sodass nicht einer von ihnen übrig blieb - so:

Und das göttliche Wahre (Mose) reckte seine Macht (Hand) aus über die natürlichen Wahrheiten des Menschen (Meer),[46] und das Wisstümliche des natürlichen Menschen (Meer) kehrte zurück beim Be-

---

[46] „Und Mose reckte seine Hand aus über das Meer", bedeutet die Herrschaft der Macht des göttlich Wahren über die Hölle, aus der vorbildlichen Bedeutung Moses, insofern er das göttlich Wahre darstellt. [HG 8200]

72

ginn (Anbruch) der Gegenwart Gottes (Morgen) und überschwemmte durch das Böse und Falsche die Verfolger (Flut). Aber die in falschen Wisstümlichen begründenden Gemütsbereiche (Ägypter) versenkten sich im Falschen aus dem Bösen (flohen ihm entgegen), und Gott stieß die in falschen Wisstümlichen begründenden Gemütsbereiche (Ägypter) mitten in die im Falschen begründeten Wahrheiten (Meer).[47]

Und das Böse und Falsche (Gewässer) kehrten zurück, und bedeckten die Lehre vom Bösen und Falschen (Wagen) und die falschen Einsichten (Reiter) samt der ganzen Macht, das Falsche durchzusetzen (Heer der Pharao), das den Wahrheiten und Neigungen zum Wahren (ihnen) nachgezogen war, in den im Falschen und Bösen begründeten Wahrheiten (Meer), sodass nicht einer von ihnen übrig blieb.

Diese nur durch Verinnerlichung nachzuempfindende Wort-für-Wort-Decodierung stellt gewissermaßen den Vollzug des 26. Verses dar.

Das den Weltverstand symbolisierende Ägypten wird vom unspirituellen Menschen in erster Line dazu benutzt, um die vom Willen ausgehende Hinwendung zu den sinnlich erfahrbaren Freuden befriedigen zu können. Natürlich mussten auch die Gemütsbereiche, welche Israel entsprechen, während ihrer Gefangenschaft dazu beitragen, dass die Liebe zur Sinnenwelt befriedigt wird. Jetzt aber, wo sich die spirituellen Gemütsbereiche von der Weltweisheit gelöst haben, muss der Weltverstand erkennen, dass er ohne Israel nicht mehr in der Lage ist, den weltzugewandten Willen zufriedenzustellen. Also unternimmt der Gemütspharao alles, um die Söhne Israels zu unterjochen. Er bringt all seine aus der Sinnenwelt stammende Weisheit auf und sendet das Heer seiner im Falschen begründeten Wahrheiten mit Ross (der aus dem natürlichen Wissen gebildete Verstand), Wagen (Lehre) und Reiter (die aus der falschen Lehre entspringende Einsicht) den Söhnen Israels hinterher.

---

[47] „Aber die Ägypter flohen ihm entgegen", bedeutet, dass sie sich selbst in ihr Falsches aus dem Bösen versenkten. [HG 8227]

Dank dem zunehmenden Einfluss göttlicher Wahrheiten konnte der Gemütsbereich, der durch Mose symbolisiert wird, so viel Kraft entwickeln, dass er Macht auf die aus der Sinnenwelt entstammenden Wahrheiten ausüben kann (Mose reckte seine Hand aus über das Meer). Der Zeitpunkt für diesen inneren Kampf ist der Anbruch des Morgens, also der Zustand, wo dank der gelebten Nächstenliebe die Liebe Gottes in den Menschen einfließen kann.

Wenn im Gemüt des Menschen der Morgen erwacht ist und die Strahlen der göttlichen Gegenwart den Kampf mit der nächtlichen Dunkelheit gewonnen haben, dann ist der Zeitpunkt gekommen, wo sich das Falsche und Böse der Sinnenwelt nicht weiter im Gemüt ausbreiten kann. Die Macht der göttlichen Wahrheiten (Mose) ist nun in der Lage, den aus Neid, Hochmut und Eigenliebe getriebenen Armeen des Pharaos Einhalt zu gebieten.

Durch die zunehmende Sensibilität seines Israels und der damit einhergehenden Schärfung des Gewissens spürt der Mensch, dass sich die aus seiner Eigenliebe entspringenden Aktivitäten gegen ihn wenden. Die einst aus falschen Lebensbegründungen und Egoismen heraus eingeschlagenen Lebenswege kommen mitunter wie ein Bumerang auf den Menschen zurück und lassen bisweilen die gesamte Lebensperspektive zusammenbrechen. Da wurden vielleicht große Ratenkredite aufgenommen, um ein vermeintlich gutes Leben führen zu können. Oftmals reicht eine kleine Unpässlichkeit des Lebens aus und die Schuldenfalle schnappt zu. Der Mensch droht im Sumpf der selbstverschuldeten materiellen Not zu versinken.

Nicht selten geschieht es auch, dass ein Mensch sein Selbstwertgefühl aus einer im Falschen begründeten Lebensphilosophie zieht, in dem er sich z. B. einer der vielen heilversprechenden Glaubensgemeinschaften anschließt. Dabei bemerkt sein Gemüts-Ägypten viel zu spät, dass er seine Kraft, sein Geld und seine Lebensliebe einer Idee gewidmet hat, die mit dem göttlichen Wahren verzweifelt wenig zu tun hat. Wenn er Glück hat, dann ist sein Gemüts-Mose stark genug, die falschen Lebensbegründungen wie ein Kartenhaus in sich zusammenstürzen zu lassen. Oder um mit der Bibel zu sprechen, die

Gewässer kehren zurück und bedecken die Wagen, die Reiter und das ganze Heer des Pharaos.

Ich hoffe, dass diese sicherlich leicht hinkenden Beispiele deutlich machen konnten, was die Bibelschreiber mit dem Zurückkehren des Meeres und dem Umkommen des gesamten ägyptischen Heeres zum Ausdruck bringen wollten.

Die letzten beiden zu decodierenden Verse lauten: Vers 29 „Aber die **Söhne Israels** gingen **im Trockenen** mitten durch das **Meer**, und das **Wasser** war ihnen eine **Mauer** zu ihrer Rechten und zu ihrer Linken."

Vers 30 lautet: „Und so rettete **Jehova** an diesem **Tage Israel** aus der **Hand der Ägypter**, und Israel sah die **Ägypter** tot am **Gestade des Meeres**."

Auch hier zunächst die Bedeutung der Schlüsselworte:

Wort	Entsprechung
Söhne	Die Söhne Israels bezeichnen die geistigen Wahrheiten im Natürlichen, welche Israels aus der Verbindung des Wahren mit dem Guten entspringen. [HG 5879] Die Söhne Israels bezeichnen geistige Wahrheiten, die aus dem geistig Guten sind. [HG 6366]
im Trockenen	"im Trockenen", bedeutet ohne Einfluss des Falschen, denn die Gewässer dieses Meeres bedeuten die falschen Wahrheiten aus dem Bösen. (s. Vers 21) „Aber die Söhne Israels gingen im Trockenen mitten durch das Meer", bedeutet, dass die, welche im Guten des Wahren und im Wahren des Guten standen, ganz sicher und ohne Anfechtung durch jene Hölle hindurchgingen. [HG 8234]
Meer	Das Meer bezeichnet die Summe aller Wahrheiten des natürlichen Menschen, welche sich im Falschen und Bösen begründen. (s. Vers 21)

Wasser	Wasser symbolisiert das Wahre des natürlichen oder äußeren Menschen. (s. Vers 21)
Mauer	Im Gemüt des Menschen stellen die geistigen Wahrheiten, wie man sie z. B. in der Bibel finden kann, eine schützende Mauer gegenüber dem Falschen und Bösen der Welt dar. (s. Vers 22)
Jehova	Jehova ist seit vielen Jahrhunderten der gebräuchlichste Name des jüdisch-christlichen Gottes. (s. Vers 21)
Tag	Tag bezeichnet den Zustand des Glaubens oder des Wahren, der dann auf seinem höchsten Punkte steht, und Nacht den Zustand, wo kein Glaube oder kein Wahres vorhanden ist [HG 475]
Israel	Israel bezeichnet die Bereiche des menschlichen Gemüts, in denen das geistig Gute oder das Gute des Wahren gelebt wird. (s. Vers 22)
Hand der Ägypter	die Hand der Ägypter bezeichnet die Gewalt des Falschen und des Bösen. [HG 8236]
Ägypter	Ägypter bezeichnet diejenigen, welche sich im falschen Wisstümlichen begründen, was dem natürlichen Gemüt angehört. (s. Vers 23)
Gestade des Meeres	Die „Gestade des Meeres" (Ufer oder Strand) symbolisieren die Bereiche des Verstandes wo das Wisstümliche bzw. das natürliche im Falschen und Bösen begründete Wissen seine Grenzen hat. [HG 6384]

Nachdem ich die wichtigsten Schlüsselworte der Verse 29 und 30 entsprochen habe, möchte ich die decodierten Worte in unseren Text einsetzen. Dann liest sich - Aber die Söhne Israels gingen im Trockenen mitten durch das Meer und das Wasser war ihnen eine Mauer zu ihrer Rechten und zu ihrer Linken. Und so rettete Jehova an diesem Tage Israel aus der Hand der Ägypter, und Israel sah die Ägypter tot am Gestade des Meeres. - in etwa so:

Aber die geistigen Wahrheiten im Natürlichen, welche aus der Verbindung des Wahren mit dem Guten entspringen (Söhne Israels), gingen ohne Einfluss des Falschen (im Trockenen) mitten durch die Summe aller Wahrheiten des natürlichen Menschen, welche sich im Falschen und Bösen begründen (Meer), und das Wahre des natürlichen Menschen (Wasser) war ihnen ein Schutz gegenüber dem Falschen und Bösen (Mauer) zu ihrer Rechten und zu ihrer Linken.

Und so rettete Gott (Jehova) in dem Zustand des Glaubens oder des Wahren (Tag) die Bereiche des menschlichen Gemüts, in denen das geistig Gute oder das Gute des Wahren gelebt wird (Israel) aus der Gewalt des Falschen und des Bösen (Hand der Ägypter),[48] und die Bereiche des menschlichen Gemüts, in denen das geistig Gute oder das Gute des Wahren gelebt wird (Israel) sah die falschen wisstümlichen Begründungen des natürlichen Gemüts (Ägypten) tot an den Grenzen des im Falschen und Bösen begründeten Wissens (Gestade des Meeres).

Soweit die Wort-für-Wort-Decodierung.

Intuitiv kann man spüren, dass der Leser dieser beiden Verse darauf hingewiesen wird, dass es der göttlichen Liebe und Weisheit gefallen hat, alles so einzurichten, dass der Mensch, dessen spirituelle Gemütsbereiche mit den göttlichen Wahrheiten verbunden sind (Söhne Israels), vor den Anfechtungen der Weltweisheit (Ägypten) einen Schutz erfährt. Durch die aus der gelebten Nächstenliebe gewachsenen geistigen Wahrheiten entwickelt sich eine Nähe zu Gott, die es dem Menschen erlaubt, trockenen Fußes durch das Meer der fordernden Weltweisheiten zu gehen. Das heißt, obwohl der Mensch von außen her mit allen möglichen Anfechtungen zu kämpfen hat, schützen ihn die geistigen Wahrheitsmauern davor, dass seine zarte Liebe zu Gott durch Böses und Falsches, welche aus der Liebe zur Welt entspringen und im Zusammenhang mit Gefühlen wie Hass, Habgier, Neid und Hochmut stehen, zerstört wird.

---

[48] „Und so rettete Jehova an diesem Tage Israel aus der Hand der Ägypter", bedeutet, dass der Herr in diesem Zustand die Angehörigen der geistigen Kirche vor aller Gewalttat des Falschen aus dem Bösem geschützt habe. [HG 8236]

Dieser meist langwierige Prozess der Loslösung von den Freuden der Sinnenwelt und der Hinwendung zu Gott wird in der Bibel mit dem Begriff Wiedergeburt umschrieben. Ein oft sehr schwieriger und schmaler Pfad, den der Mensch nicht ohne kompetente Hilfe gehen kann. Denn die Söhne Israels würden ohne den mit Gott verbundenen Mose niemals den Weg durch das tosende Meer der sinnlichen Scheinwahrheiten gehen können.

Deshalb heißt es ja auch im 30. Vers: „und so rettete Jehova an diesem Tage Israel aus der Hand der Ägypter". Womit die Schreiber der Bibel zum Ausdruck bringen wollten, wenn der Mensch sich in einem gottzugewandten Zustand befindet, kann er die Weisheiten erfahren, durch die er vor den Anfechtungen der Sinnenwelt geschützt wird. Durch die Liebe zu Gott erlangt der Gemüts-Mose die Macht, welche notwendig ist, um die spirituellen Gemütsbereiche vor den Scheinwahrheiten nicht nur zu schützen, sondern auch das Falsche im Gemüt des Menschen zu vernichten.

Der Mensch erkennt nun, dass Habgier, Hass, Neid und Hochmut Tugenden sind, die nur eine scheinbare Lebensfreude bringen, während sie doch für die Ewigkeit einen immensen Schaden verursachen. Und so darf er mit der Hilfe Gottes solange die Hand gegen die Ägypter erheben, bis sein Israel die Ägypter tot am Gestade des Meeres liegen sieht.

An dieser Stelle möchte ich meine Decodierung der Verse 21 bis 30 aus dem 14. Kapitel des 2. Buch Mose beenden und die Deutung des Textes noch einmal kurz zusammenfassen.

In der von mir gewählten Entsprechungsebene geht es im vierzehnten Kapitel des zweiten Buches Mose um die Beschreibung einer Teilstrecke auf dem schmalen Pfad zur geistigen Wiedergeburt des Menschen. Dieser Weg zur Wiedergeburt ist laut Bibel deshalb notwendig, weil sich der Mensch im Falschen und Bösen der Welt begründet. Die Bibelautoren gehen davon aus, dass der Wille des Menschen von Geburt an darauf angelegt ist, die aus der natürlichen Welt entspringenden Bedürfnisse und Wünsche mit der Hilfe des Verstandes zu befriedigen.

Damit der Verstand dem Willen dabei helfen kann, seine Bedürfnisse zu befriedigen, benötigt er Wissen aller Art. Das Problem dabei besteht darin, dass der Mensch ohne jegliches Wissen in diese Welt geboren wird, und so sind natürlich auch das Israel und das Ägypten in seinem Gemüt noch recht unterentwickelt. Glücklicherweise hat der Schöpfer dem Menschen von Geburt an zwei Neigungen mitgegeben, die es ihm ermöglichen, seine Persönlichkeit weiter zu entwickeln. Da ist zum einen die Neigung, sich Wissen anzueignen, und die Befähigung, aus dem Verstehen des Wissens heraus Weisheit zu erlangen. Und zum anderen die Neigung zu lieben, und zwar nicht nur das, was sein und der Welt, sondern auch das, was Gottes und des Himmels ist.

Bevor der Mensch allerdings Gott lieben kann, muss er zunächst einmal etwas über Gott wissen, denn was er nicht kennt, kann er nicht lieben. Das hat zur Folge, dass er in den Dingen des Glaubens einen Unterricht erhalten muss, der es ihm ermöglicht, Gott kennen, schätzen und lieben zu lernen. Und weil die Fähigkeit, sich Wissen anzueignen, dieses zu verstehen und daraus Weisheit zu erlangen, dem Ägypten des inneren Menschen entspricht, ist es doch nur folgerichtig, wenn sich das noch sehr kleine Gemüts-Israel nach Ägypten begibt, um dort die Weisheit und Liebe zu erfahren, die es benötigt, um wachsen und gedeihen zu können.

Dank der etwas einseitigen Ernährung (Weltweisheit und Weltliebe) wächst das kleine Israel zwar zu einem stattlichen Volk heran, aber um wahrhaft glücklich zu sein, fehlt ihm noch die Verbindung zur göttlichen Liebe und Weisheit. Um diese Verbindung eingehen zu können, muss der Einfluss des im Natürlichen begründeten Verstandes (Ägypten) reduziert werden. Denn die jenseits von Raum und Zeit angesiedelte Gottesliebe verträgt sich nur schwer mit den aus der natürlichen Welt entstammenden Scheinwahrheiten.

Nun ist das mit der Loslösung von den breiten Prachtstraßen gut begründeter Wahrheiten und den reichen Pfründen sicherer Gefühlslagen so eine Sache. Denn in einer Welt, wo der in Raum und Zeit begründete Schein oftmals mehr zählt als die Liebe zu Gott, verspüren weder der Verstand noch der Wille wirklich Lust dazu, die vollen Fleischtöpfe Ägyptens zu verlassen.

Zum Glück ist es von der göttlichen Vorsehung so eingerichtet, dass zur rechten Zeit aus den Tiefen des menschlichen Gemüts Impulse in das Bewusstsein dringen, die den Menschen zum Nachdenken über seine Lebensperspektiven anregen. Und so ist es nur eine Frage der Zeit, bis der Mensch erkennt, dass die Welt mit ihren vermeintlich erstrebenswerten Attributen wie Ansehen, Reichtum und Macht, dem Gemüt keinen wirklichen Frieden zu geben vermag.

Diese Erkenntnis führt früher oder später dazu, dass sich der nach Lebensalternativen suchende Mensch mit der Religion auseinandersetzt. Wenn er sich dabei für den Einfluss der göttlichen Liebe und Weisheit öffnen kann, dauert es nicht allzu lange, bis in seinem Gemüt der persönliche Mose geboren wird. Natürlich braucht dieser Mose geistige Nahrung, um wachsen und gedeihen zu können. Die für ihn bekömmlichste Nahrung findet er beim Lesen in den heiligen Schriften, bei Gesprächen mit weisen Menschen und in den Früchten der gelebten Nächstenliebe. Wenn diese Nahrung noch mit ein wenig Liebe zu Gott gewürzt wird, wächst der innere Mose schnell zu einem stattlichen Führer heran, der die Söhne Israels aus den Klauen Ägyptens (Weltweisheit) befreien kann.

Irgendwann kommt der Tag im Leben des Menschen, wo Mose mit seinem Volk am großen Meer der im Falschen begründeten Wahrheiten steht, seine Hand (Macht) über dieses Meer reckt und den Prozess der Loslösung von der Weltweisheit einleitet.

Natürlich gefällt es der Weltweisheit überhaupt nicht, wenn sich der spirituelle Part des Gemüts aufmacht und die bisher als richtig und wahr anerkannten Lebenswahrheiten infrage stellt. Von daher ist es leicht einzusehen, dass der Pharao (menschliche Weisheit) mit seinem gesamten Heer (Streitmacht des Bösen und Falschen) dem nach Freiheit strebenden Israel (spirituelle Gemütsbereiche) hinterher zieht, um mit Gewalt den alten Zustand wiederherzustellen.

Wahrscheinlich würde es dem Weltverstand sogar gelingen, die neuen Gedanken und Gefühle des Gemütsisraels mit Macht zu unterdrücken, wenn nicht die durch Mose symbolisierte göttliche Wahrheit die Kraft hätte, im Gemüt einen scharfen Ostwind zu entfachen. Dieser Wind versinnbildlicht die aus der Liebe zu Gott inspirierte Nächstenliebe, welche die Kraft hat, das Falsche und Böse der Welt zu zerstreuen. Dies kommt daher, weil eine auf Gott ausgerichtete Liebe den Menschen dazu befähigt, die Ursachen für die aus der Eigenliebe und der im Falschen begründeten Weisheit nicht nur zu erkennen, sondern auch zu bekämpfen.

Dass es sich dabei um einen langen und schwierigen Kampf handelt, kann wahrscheinlich jeder nachvollziehen, der schon einmal versucht hat, einen für die Sinnenwelt angenehmen Gedanken durch einen für die spirituelle Welt angenehmen Gedanken auszutauschen. Als Beispiel hierfür möchte ich das Kaufverhalten vieler Menschen anführen. Obwohl sie als aufgeklärte Menschen Kinderarbeit für etwas moralisch Verwerfliches betrachten, kaufen sie dennoch Billigware auch aus jenen Dritte-Welt-Ländern, in denen Kinderarbeit an der Tagesordnung ist.

Noch schwieriger ist die Umwandlung der eigenen Liebe zur Sinnenwelt in eine Liebe zu Gott und zu seinem Nächsten. Der Weltverstand wird eine Unmenge von Begründungen finden, warum dies, in einer Welt wo mehr der Schein als das Sein zählt, völlig unnötig ist.

Doch zum Glück hat es die göttliche Vorsehung so eingerichtet, dass der Gemüts-Mose stark genug werden kann, um mithilfe des Herrn (Ostwind) das Meer der natürlichen Wahrheiten trocken zu legen. Dieser innere Kampf gegen die Finsternis des Bösen muss mit der Hilfe Gottes so lange gefochten werden, bis es zu einer Zerteilung des Meeres kommt.

Hierzu ist die ernsthafte Auseinandersetzung mit den göttlichen Wahrheiten in der Kombination mit der gelebten Nächstenliebe absolut notwendig. Denn der Mensch erlangt nur auf diese Art und Weise die Fähigkeit, Falsches von Wahrem zu unterscheiden. Und wo das Falsche keine Chance zur Verbreitung hat, können die Söhne Israels trockenen Fußes durch das Meer der Weltwahrheiten gehen. Es ist, als ob die Scheinwahrheiten der Welt wie durch eine Mauer von Glaubenswahrheiten abgehalten werden. Solange das Israel des Menschen in der Liebe zu Gott steht, ist es vor den geistigen Angriffen der Welt mit ihren lebensfeindlichen Wahrheiten geschützt. Die angeblich wissenschaftlich fundierten Erkenntnisse, welche die Existenz Gottes infrage stellen, prallen an den gelebten Glaubenswahrheiten wie an einer Mauer ab.

Dennoch bleiben die Anfechtungen nicht aus, denn die im Natürlichen begründeten Verstandeswahrheiten (Ägypter) versuchen mit allen möglichen "wissenschaftlich bewiesenen" Tatsachen, das Herz des Menschen zu verunsichern, indem sie ihm vorgaukeln, dass nur die sinnlich erfahrbare Welt real ist. Und so werden die Pferde des erlernten Wissens vor den Wagen der im Natürlichen begründeten Weltweisheit gespannt und von den Reitern der sinnlichen Einsichten hinter dem nach Freiheit strebenden Israel hergehetzt.

Die Auswirkungen dieser Verfolgung durch das ägyptische Heer kann man im ganz normalen Alltag beobachten. Wie schnell geschieht es, dass man als gläubiger Mensch von seinen Mitmenschen als unwissender Außenseiter abgestempelt wird. Es ist im Zeitalter der Weltraumfahrt, des Computers und der Genmanipulation einfach nicht opportun, an einen barmherzigen Schöpfergott zu glauben. Wer in intellektuellen Kreisen zugibt, dass er an die Existenz eines Gottes glaubt, der sich liebevoll um die Entwicklung eines jeden einzelnen Menschen kümmert, der sollte nicht damit rechnen, dass er als intelligent und weise eingestuft wird.

In einer Situation, wo die dem inneren Israel entsprechen Gemütsbereiche ernsthaft nach der Befreiung von dem Joch der Weltweisheit streben, kommt es nicht selten zu einem Zwiespalt. Der Weltverstand befindet sich, aus einer höheren spirituellen Sichtweise gesehen, noch in der Nacht, während die nach Freiheit strebenden geistigen Bereiche des Menschen schon das warme Licht des Morgenrots in sich erblicken können.

Dieser in der Bibel mit dem Begriff Morgenwache umschriebene Zustand ist die Zeit im Leben des Menschen, wo die aus der natürlichen Welt in das Gemüt eindringenden Impulse neu bewertet werden. Krankheiten, Schicksalsschläge und die Auseinandersetzung mit dem Tod zeigen dem Heer der Ägypter (Weltweisheit) ihre Begrenztheit auf. Der Mensch erkennt in seinem tiefsten Inneren, dass die Schulweisheit, wie sie die Sinnenwelt zu geben vermag, nicht in der Lage ist, befriedigende Antworten auf die existenziellen Fragen des Lebens zu geben.

Zum Glück richtet die meist unbemerkte Allgegenwart Gottes (Feuer- und Wolkensäule) in Ihrer großen Barmherzigkeit alles so ein, dass reziprok zum Zerbröckeln der alten Lebensfundamente der geistig spirituelle Part des Menschen unter Wahrung der Willensfreiheit eine Stärkung erfährt.

Oder anders ausgedrückt: In dem Maße, wie sich das Israel des Menschen für den Einfluss spiritueller Wahrheiten öffnet, in dem Maße erfährt das Ägypten des Menschen Einschränkungen, die den Verstand erkennen lassen, dass die Fundamente seiner aus der Sinnenwelt gespeisten Wahrheit angesichts geistiger Wahrheiten auf sandigem Boden gebaut sind. Wahrscheinlich hat jeder nach Wahrheit suchende Mensch schon einmal das Gefühl erlebt, welches sich dann einstellt, wenn sich eine jahrelang als richtig und gut begründete Wahrheit im Lichte höherer spiritueller Einsichten als falsch und nichtig herausgestellt hat.

Doch wenn dann nach langem Suchen das Israel im Menschen für den Einfluss höherer Wahrheiten geöffnet ist, dann kommt es zu einer Trennung zwischen den als falsch erkannten Begründungen und den Wahrheiten, welche aus der Liebe zu Gott entspringen. Dabei wird sich der Mensch darüber bewusst, dass er ohne die Hilfe Gottes nicht in der Lage ist, das aus der Weltliebe entspringende Falsche und Böse zu bekämpfen.

Diese Gemütslage führt dazu, dass sich die dem Mose entsprechenden gottnahen Schichten des menschlichen Gemüts für das Licht der göttlichen Wahrheiten öffnen und dadurch die Kraft erhalten, alles so zu leiten, dass der im Sinnlichen verhaftete Weltverstand (Ägypten) seine Begrenztheit erkennen muss. Früher oder später wird er sich darüber bewusst, dass die allgemein anerkannten Wertvorstellungen wie Statussymbole, Geld, Macht und Ruhm nicht wirklich glücklich machen. Alle Werte, nach denen der auf die Sinnenwelt orientierte Mensch bisher gestrebt hat, brechen im Hinblick auf die zunehmende Unzufriedenheit und die innere Leere nach und nach zusammen. Auf diese Weise wird der dem Mose entsprechende Seelenbereich auf die Zurückdrängung der Weltweisheit vorbereitet.

Irgendwann kommt im Leben des nach spirituellen Wahrheiten suchenden Menschen der Tag, wo der von göttlicher Liebe und Weisheit durchdrungene Gemüts-Mose die Hand über das zurückgewichene Meer ausstreckt und die Wasser der im Falschen und Bösen begründeten Wahrheiten über das Heer des Pharao hereinbrechen.

Die einst aus falschen Lebensbegründungen und Egoismen heraus eingeschlagenen Lebenswege stellen sich im Lichte einer höheren Bewusstseinsebene als gar nicht so klug und weise heraus. Nicht selten wird der Mensch bereits in der äußeren Welt mit den Folgen seiner falschen Handlungsweise in einer Form konfrontiert, die ihm wie das Hereinbrechen einer riesigen Flutwelle vorkommt. Als ein Beispiel hierfür möchte ich die Menschen anführen, welche für Verbrechen an ihren Mitmenschen in einem Gefängnis sitzen müssen.

Natürlich lässt der erstarkte Gemüts-Mose den Weltverstand auch im ganz normalen Alltag die Früchte schmecken, welche ihm aus den Taten seiner im Falschen begründeten Lebenseinstellung erwachsen sind. Sei es, dass er z. B. spüren muss, wie es ist, wenn sein Lebenspartner die aus dem Hochmut entspringende Kleinigkeitskrämerei nicht mehr ertragen will oder sei es, dass sich sein ständiger Pessimismus als ein körperliches Leiden manifestiert.

Diese Erfahrung ist gemeint, wenn in der Bibel geschrieben steht, dass die Gewässer zurückkehren und die Wagen, die Reiter und das ganze Heer des Pharaos bedecken, während die Söhne Israels das rettende Ufer der göttlichen Barmherzigkeit erreicht haben.

Ich empfinde den inneren Sinn des 30. Verses als ausgesprochen angenehm, wird doch durch ihn noch einmal recht deutlich, dass es der göttlichen Liebe und Weisheit gefallen hat, die Umstände so einzurichten, dass Menschen, deren spirituelle Gemütsbereiche mit den göttlichen Wahrheiten verbunden sind (Söhne Israels), vor den Anfechtungen der Weltweisheit (Ägypten) einen Schutz erfahren. Der Mensch wird zwar von außen her mit allen möglichen Anfechtungen konfrontiert, doch die geistigen Wahrheitsmauern schützen ihn davor, dass seine zarte Liebe zu Gott durch das Böse und Falsche der Welt zerstört wird. Dies wird im 30. Vers mit den Worten ausgedrückt: „Und so rettete Jehova an diesem Tage Israel aus der Hand der Ägypter".

Durch die Liebe zu Gott erlangt der Gemüts-Mose die Macht, welche notwendig ist, um die spirituellen Gemütsbereiche vor den Scheinwahrheiten nicht nur zu schützen, sondern auch das Falsche im Gemüt des Menschen zu vernichten. Der Mensch erkennt nun, dass Habgier, Hass, Neid und Hochmut Tugenden sind, die nur eine scheinbare Lebensfreude bringen, während sie doch für die Ewigkeit einen immensen Schaden hervorbringen. Und so darf Mose mit der Hilfe Gottes so lange die Hand gegen die Ägypter erheben, bis die Söhne Israels das ägyptische Heer tot am Gestade des Meeres liegen sehen.

Soweit die Zusammenfassung des decodierten Textes aus dem zweiten Buch Mose, Kapitel 14, Verse 21 bis 30. In stark komprimierter Form könnte man vielleicht sagen, dass der göttlich inspirierte Schreiber dieses Textes in der von mir gewählten Entsprechungsebene seine Leser auf Folgendes aufmerksam machen wollte:

Wer sich von dem Joch der aus der Sinnenwelt entspringenden Scheinfreuden befreien will, der sollte den schmalen Pfad der geistigen Entwicklung gehen. Dazu ist es sehr hilfreich, wenn der dem Mose entsprechende Gemütspart des Menschen eine Liebe zu Gott entwickelt, damit sich das Tor zu den göttlichen Wahrheiten öffnen kann. Hat der spirituelle Part des Menschen einen Zustand erreicht, in dem das göttlich Wahre in ihm zur Wirkung gelangt, dann kann der Gemüts-Mose Macht über die Scheinwahrheiten der Sinnenwelt ausüben.

Diese aus der göttlichen Gegenwart gespeiste Macht sorgt zum einen dafür, dass die dem spirituellen Gemütspart entsprechenden Söhne Israels an das sichere Ufer der göttlichen Barmherzigkeit gelangen. Zum anderen trägt sie dazu bei, dass das Meer der natürlichen Wahrheiten über das Heer des Weltverstandes schwappt und Ägypten so die Möglichkeit nimmt, den Söhnen Israels einen Schaden zuzufügen.

An dieser Stelle möchte ich meine Einführung in die Schritt-für-Schritt-Decodierung von Bibeltexten mit der Hoffnung beenden, dass Sie ein Gefühl dafür entwickeln konnten, wie man die Texte göttlich inspirierter Schriften entschlüsseln kann.

Damit sich Ihr Verständnis für die Lehre von den Entsprechungen weiter festigen kann, möchte ich zunächst ein paar Anmerkungen über die in der Bibel erwähnten Tiere machen. In den darauffolgenden Kapiteln werde ich dann weitere Bibeltexte decodieren. Aus Platzgründen verzichte ich dabei auf die aufwendige Schlüsselworterklärung.

Die Tiere in der Bibel

Es mag für einen Gelegenheitsleser der Bibel recht merkwürdig erscheinen, wenn er auf Geschichten stößt, in denen Tiere eine bedeutende Rolle spielen. Jeder kennt wahrscheinlich die Geschichte mit der Schlange, durch dessen mit Schlauheit gepaarter Boshaftigkeit das erste Menschenpaar zum Ungehorsam gegen Gott verführt wurde. Die dramatische Folge war die Vertreibung aus dem Paradies. Und wer kennt sie nicht die Geschichte mit dem Propheten Jonas, der von der Mannschaft eines in schwerer See befindlichen Schiffes über Bord in das tosende Meer geworfen wurde, um dort von einem großen Fisch verschlungen zu werden, in dessen Leib er drei Tage und drei Nächte verbringen musste.

Auch im Neuen Testament wird bei den Evangelisten das eine oder andere Tier erwähnt. So verbannte Jesus, bei dem Evangelisten Markus, eine Legion Teufel in eine Schweineherde, die dann nichts Eiligeres zu tun hatte, als sich von einem Abhang in das Meer zu stürzen. Und beim Evangelisten Johannes vergleicht der Herr im zehnten Kapitel seine Jünger mit Schafen. Er selbst bezeichnet sich als den guten Hirten, der sein Leben für die Schafe lässt. Obwohl sich sicherlich noch viele Beispiele in der Bibel finden ließen, möchte ich es bei diesen bewenden lassen.

Meist lässt sich schon aus der Art und Weise wie die Tiere in den biblischen Berichten eingebettet sind erkennen, dass sie in diesen Geschichten mehr als nur eine Statistenrolle spielen. Es ist, als ob diese Tiere für den Leser der biblischen Texte eine bestimmte symbolische Nachricht bereithalten, deren Inhalt oft nur sehr schwer zu verstehen ist. Bereits der Volksmund kennt Vergleiche zwischen so manchen Tieren und gewissen menschlichen Eigenschaften. Ich denke jeder kennt Zitate wie z.B. die Person ist sanft wie eine Taube oder der Mann ist falsch wie eine Schlange oder die Frau meckert wie eine Ziege. Natürlich reichen solche sehr verallgemeinernde Vergleiche zwischen Tieren und den jeweiligen menschlichen Eigenschaften nicht aus, um dem symbolischen Sinn der biblischen Tiere näher zu kommen.

Wenn man die Symbolik der in der Bibel aufgeführten Tiere wirklich verstehen will, ist es unumgänglich mit dem Werkzeug der Entsprechungslehre zwischen den biblischen Tieren und deren Bedeutung für das menschliche Gemüt zu ergründen.

Ganz allgemein kann gesagt werden, dass Tiere in der biblischen Entsprechungssprache Neigungen und Begierden des menschlichen Gemüts zum Ausdruck bringen sollen. Swedenborg beschreibt dies in seinem Werk „Himmlische Geheimnisse" wie folgt:

„Tiere bezeichnen im Wort die Neigungen zum Wahren und Guten: die Tiere, die zum Kleinvieh gehören, die Neigungen zum inwendigen Wahren und Guten, und die Tiere, die dem Rindvieh angehören, die Neigungen zum äußeren Wahren und Guten. Die wilden Tiere aber solche Neigungen, die sich auf das äußerste Wahre beziehen, denn diese Neigungen sind im Vergleich mit den inwendigen Neigungen wild, weil es Neigungen zu sinnlichen Dingen sind, die Vergnügungen und Lüste genannt werden. Dass es aber mehr Lustreize des Wahren als des Guten sind, hat den Grund, weil das Sinnliche, das mit der Welt durch den Leib unmittelbare Gemeinschaft hat, kaum etwas vom geistigen Guten in sich hat, denn die fleischlichen und weltlichen Triebe haben hier hauptsächlich ihren Sitz."[49]

Wenn Tiere in der Bibel im guten Sinne angeführt werden, dann bezeichnen sie die Neigung zum Wahren und Guten.[50] Im negativen Fall bezeichnen böse und wilde Tiere Neigungen und Begierden, die den Menschen von den göttlichen Wahrheiten und der göttlichen Liebe abziehen wollen.[51]

Vereinfacht ausgedrückt könnte man sagen, dass schöne und nützliche Tiere mehr den himmlischen gottzugewandten Neigungen und gefährliche und hässliche Tiere mehr den höllischen gottabgewandten Neigungen im menschlichen Gemüt entsprechen.

---

[49] HG 9276
[50] EO 388,650,701
[51] EO 304, 365, 503

Beginnen möchte ich meine kleine Exkursion mit den Tieren, die für die Menschen als Nahrungs- und Kleidungsproduzenten dienen. Als nützliche und meist als schön empfundene Tiere symbolisieren sie, mehr die himmlischen Bereiche des menschlichen Gemüts.

Das in Palästina wohl am weitesten verbreitete Haustier war und ist wahrscheinlich immer noch das Schaf. Mit seinem Fell und seiner Wolle versorgt es die Menschen mit wichtigen Rohstoffen zur Herstellung von Kleidung und mit seinem Fleisch und seiner Milch trägt es erheblich zur Deckung des Nahrungsbedarfs bei.

Schafe[52] bezeichnen in der Sprache der Entsprechung Menschen, in deren Gemüt Wahrheiten sind, die aus der Liebe zu Gott entspringen und in die tätige Liebe einfließen. Dieser Zustand ist allerdings nur dann zu erreichen, wenn Jesus Christus im Mittelpunkt des Lebens steht.

Darum sagt Jesus ja auch bei Johannes 10, Vers 14: „Ich bin der gute Hirt, ich kenne die Meinen, und die Meinen kennen mich, so wie mich der Vater kennt und ich den Vater kenne, und ich gebe mein Leben für die Schafe."

Der Herr nennt die Menschen seine Herde, und Er hütet die liebevollen Neigungen ihres Gemüts. Denn als ihr Hirte lehrt Er ihnen die Wahrheiten, die zum Guten des Lebens führen. Und wenn wir wieder einmal vom rechten Weg der Erkenntnis abkommen, lässt Er als unser Hirte all die anderen 99 gerechten Schafe zurück, nur um uns auf den Pfad der göttlichen Liebe und Weisheit zurückzuführen.

Und wenn es bei Lukas im Gleichnis vom verlorenen Schaf heißt: „Freuet euch mit mir; denn ich habe mein Schaf gefunden, das verloren war.", dann könnte man dieses Zitat so verstehen, dass es dem Herrn eine große Freude bereitet wenn sich der Mensch von seiner Weltzugewandtheit abwendet und die Weisheit des Lebens aus der Liebe zum Herrn sucht.

---

[52] Schafe bezeichnen diejenigen, die in der tätigen Liebe sind. [4 HL/LG 61] Lämmer und Schafe bedeuten das Gute, die Lämmer das himmlisch Gute und die Schafe das geistig Gute. [EO 67]

Mit den Schafen eng verwandt sind die Ziegen. Hausziegen versorgen mit ihrer Milch und ihrem Fleisch viele Menschen mit Nahrung. Ihre Haut wird zur Lederherstellung verwendet und bisweilen nutzt man sie sogar als Tragetiere.

Die Ziege[53] ist allerdings weniger friedlich als das Schaf. Ihre kampfbereiten Hörner sind eine Entsprechung für den Einsatz unseres Verstandes zum reinen Eigennutz. Und wo sich der Verstand von der göttlichen Liebe abwendet, um nach eigenen Vorteilen zu suchen, verlässt er den Weg zur Wiedergeburt. Die gelebte Nächstenliebe bleibt auf der Strecke und in unserem Gemüt trennen sich die Schafe der gottzugewandten Liebe von den Ziegen des weltzugewandten Verstandes.

Richtig eingesetzt trägt jedoch unser Verstand dazu bei, die weltzugewandte Lebensliebe in wahre Nächstenliebe umzuwandeln. Deshalb war beim Passahfest ein Zicklein ebenso wie ein Lamm als Opfer zugelassen.

Es ist von der göttlichen Vorsehung so eingerichtet, dass der Verstand des Menschen mit der Fähigkeit versehen wurde eine Verbindung mit der Liebe des Herrn einzugehen. Wenn sich also der Verstand von dem Falschen der Welt abwendet und sich dem Wahren des Herrn zuwendet, dann wird die Herde der Ziegen zugunsten unserer Schafsherde immer kleiner werden.

Zu den großen für uns nützlichen Tieren gehören die Rinder. Sie werden vorwiegend zur Nutzung ihres Fleischs, ihrer Milch und ihrer Haut zur Lederherstellung gehalten. Der starke Ochse wurde früher auch gern als Zugtier benutzt.

In der Entsprechung stehen Rinder[54] für die natürlichen Neigungen im Menschen. Unter natürliche Neigungen versteht Swedenborg die Bedürfnisse des Menschen, welche seiner aus der Sinnenwelt ge-

---

[53] Daraus wird klar, dass männliche und weibliche Lämmer die Unschuld des inneren oder vernünftigen Menschen bedeuteten, und die Böcklein und Ziegen die Unschuld des äußeren oder natürlichen Menschen, somit das Wahre und Gute desselben. [HG 2919]
[54] Rinder bedeuten das äußere Gute, was dem Guten und Wahren im äußeren Menschen angehört. [HG 8937]

speisten Lebensliebe entspringen. Diese Neigungen können Kräfte entwickeln, die den Menschen in den Strudel der Welt ziehen. Diese Kräfte können aber auch durch die Weisheit des Verstandes gebändigt werden und in den Dienst der Nächstenliebe gestellt werden.

So zogen Ochsen[55] unter größter Anstrengung die Bundeslade aus dem Land der Philister zurück nach Israel. Was in der Entsprechung zum Ausdruck bringen will, dass die durch die Bundeslade symbolisierten innersten gottzugewandten Bereiche des Menschen nur dann aus dem Sumpf der durch die Philister symbolisierten falschen Lebenseinstellungen gezogen werden können, wenn sich die Kraft unserer Neigungen voller Anstrengung darauf konzentriert Gott über alles und unseren Nächsten wie sich selbst zu lieben.

Der Mensch muss die Rinder seiner weltzugewandten Neigungen auf der Weide seiner natürlichen Wahrheiten gut hüten, damit sie nicht den Weidezaun durchbrechen und sich in der Welt verlieren. Wenn es mit der Hilfe des Verstandes gelingt die Rinder des Gemüts so zu erziehen, dass sie folgsam werden, dann sind sie eine große Hilfe bei der Ausübung der tätigen Nächstenliebe.

Ein anderer Fleisch- und Lederlieferant für die heutige Zeit ist das Schwein. Den Juden hingegen war es verboten Schweinefleisch zu essen. Im 11. Kapitel des dritten Buches Mose wurde das Schwein als unrein erklärt und somit war es den Juden versagt, dieses Tier zu essen. Dies lag sicherlich nicht daran, dass es ein schmutziges Tier ist. Denn, gut gehalten ist es ein sauberes und schönes Tier.

In der Entsprechung bezeichnet das Schwein[56] auf der natürlichen Ebene einen gierigen Menschen, der seinem Nächsten alles wegnimmt. Auf der geistigen Ebene bezeichnen Schweine jene Menschen, die bloß weltliche Schätze lieben. Für geistige Schätze, also

---

[55] Der Ochse bedeutet im positiven Sinne das Gute im Natürlichen, und Esel das Wahre in demselben. [HG 9088] Im negativen Sinne bedeutet der Ochse die Neigung des Bösen im äußeren oder natürlichen Menschen. [HG 9069]
[56] Durch die Schweine werden solche bezeichnet, die bloß weltliche Schätze lieben und nicht geistige Schätze, welche sind die Kenntnisse des Guten und Wahren aus dem Worte. [EO 272]

Kenntnisse des Guten und Wahren aus der Bibel, interessieren sie sich nicht.

Bei Matthäus 7, Vers 6, steht geschrieben:" Ihr sollt eure Perlen nicht vor die Säue werfen, auf dass sie dieselben nicht zertreten mit ihren Füßen."

Auf das menschliche Gemüt bezogen will dieser Satz zum Ausdruck bringen, dass es für den Menschen auf seinem Weg zur Wiedergeburt von Nachteil wäre wenn er die Perlen der göttlichen Wahrheiten vor die Säue weltlicher Begierden werfen würde. Solange sich der Mensch ausschließlich für die Schätze der Welt interessiert, haben die in der Bibel versteckten Perlen göttlicher Wahrheiten keine Bedeutung für ihn.

Verlassen wir nun die Tiere, die unsere himmlischen Neigungen darstellen, und wenden wir uns den Tieren zu, die unsere Veranlagung nach stetiger Weiterentwicklung symbolisieren.

Im Gegensatz zum Tier wird der Mensch ohne jegliches Wissen in diese Welt geboren. Dafür ist er aber mit zwei Eigenschaften ausgestattet, die ihm vom Tier unterscheiden. Und zwar ist dies zum einen die Fähigkeit sich Wissen anzueignen und aus dem verstehen dieses Wissens Weisheit zu erlangen.

Zum anderen wird der Mensch mit der Neigung zum Lieben geboren, wobei diese Liebe so geartet ist, dass er nicht nur das Lieben kann, was sein und der Welt, sondern auch das, was Gottes und des Himmels ist.

Diese angeborenen Fähigkeiten des Wissens und des Liebens befinden sich in einem stetigen Entwicklungsprozess, wobei sich der Mensch zu Gott hin aber auch von Ihm weg entwickeln kann. So gesehen ist unser Lebensweg eine stete Weiterbewegung, und diese Fähigkeit, in der Erkenntnis fortzuschreiten, wird in der Entsprechung durch Tiere symbolisiert, die der Fortbewegung dienen. An erster Stelle steht da das Pferd mit seiner Schnelligkeit und Stärke sowie der Fähigkeit, dem Reiter zu gehorchen.

Laut Emanuel Swedenborg bezeichnet das Pferd[57] in der Entsprechung das Verständnis des Wortes aber auch den Verstand. Natürlich kann sich unser Verstand für alle möglichen Dinge interessieren. Er kann sich dafür einsetzen die egoistischen Wünsche seines Willens zu unterbinden, er kann aber auch zum Handlanger des Willens werden.

Dies wird in der Bibel z. B. durch die vier Pferde der Apokalypse symbolisiert: So stellt das weiße Pferd das Wahre bzw. das Verständnis der Bibel dar. Das schwarze Pferd symbolisiert das fehlende Verständnis der Bibel durch unser aus der Welt entnommenes Wissen. Das rote Pferd entspricht dem falschen Verständnis der göttlichen Wahrheit aus der mangelnden Liebe zum Herrn und das blasse Pferd symbolisiert den geistigen Tod.

Mit anderen Worten, die Pferde in der Bibel symbolisieren die Kräfte im Gemüt des Menschen, die das Suchen nach den göttlichen Wahrheiten und das Verständnis derselben ausmachen. Im 3. Kapitel des Jakobusbriefes heißt es: „Siehe, den Pferden legen wir die Zäume ins Maul, damit sie uns gehorchen, und so lenken wir ihren ganzen Leib."

Es ist für den Weg zur Wiedergeburt unumgänglich, dass der Mensch lernt, seine Verstandespferde zu zügeln und auf den rechten Weg zu führen. Lenkt er sie nicht, verliert sich sein Verstand in den Weiten der Weltweisheit und die Liebe des Herrn kann nicht in sein Gemüt einfließen.

Der Esel ist wesentlich schwächer und störrischer als das Pferd. Er symbolisiert in der Entsprechung die Wahrheiten des natürlichen Menschen die aus den sinnlichen Erfahrungen entspringen. Der Bereich in unserem Gemüt, der dem Esel entspricht, vertraut mehr auf sein Weltwissen als auf die Wahrheiten, wie er sie bei Jesus Christus finden kann.

---

[57] Ein Pferd bezeichnet das Verständnis des Wortes (Bibel). Ein totes Pferd bezeichnet die Verfälschung des Wortes, wie es heutzutage sehr häufig geschieht.[4HL/LS 12, 26]

Der Esel[58] der Weltweisheit kann aber auch die Beschränktheit des menschlichen Gemüts erkennen. Er wird störrisch, wenn er merkt, dass der Wille den Verstand nur dazu missbrauchen will seine weltlichen Gelüste zu befriedigen.

Der schwache Weltverstandsesel kann gegenüber dem Willen des Menschen recht widerspenstig werden, er kann aber auch sehr folgsam und verständnisvoll sein, wenn er merkt, dass er nur durch Jesus Christus zu wirklicher Wahrheit gelangen kann.

Zu den stärksten Lasttieren der Bibel zählt das Kamel, es kann bis zu vier Zentner tragen. Laut Swedenborg symbolisiert das Kamel[59] unsere aus Wahrheiten gespeisten Erkenntnisse. Es symbolisiert aber auch unser Gedächtnis, in dem sehr viel Wissen über Wahrheiten gespeichert werden kann. Leider nützt uns der Reichtum unseres Wissens nur sehr wenig, wenn wir es im täglichen Leben nicht schaffen ihn zur Umwandlung unseres auf die Welt ausgerichteten Willen zu nutzen.

Deshalb ist es natürlich sehr wichtig, die Kamele in unserem Gemüt von der Last des Weltwissens zu befreien, damit sie mit wirklichen Wahrheiten, wie man sie bei Jesus Christus finden kann, beladen werden können. Mit göttlichen Wahrheiten beladen können die Kamele in uns sehr viel dazu beitragen den weltzugewandten Willen umzubilden.

Kamele sind sehr genügsame Tiere, die lange ohne Nahrung und Wasser auskommen können. Auch der Verstand des Menschen kommt lange Zeit ohne geistige Nahrung aus. Doch auch er würde ähnlich wie das Kamel langfristig verhungern und verdursten, wenn er keine geistige Nahrung zugeführt bekäme.

Deshalb hat es die göttliche Vorsehung so eingerichtet, dass der Mensch immer wieder mit geistigen Wahrheiten konfrontiert wird.

---

[58] Durch den Esel wird dass natürlich Wahre bezeichnet ist, und durch den Maulesel das vernünftig Wahre. [HG 2781]

[59] Das Kamel bedeutet das Wisstümliche im Allgemeinen. [HG 9372] Die Kamele bezeichnen das begründende Wisstümliche. [EO 417]

Krankheiten, Not und Schicksalsschläge verführen die Kamele in uns ihre Weltweisheitslast abzuwerfen, um dann erleichtert nach geistiger Nahrung zu suchen.

Neben den Bereichen des menschlichen Gemüts, welche von den Haustieren symbolisiert werden, gibt es natürlich auch noch die Bereiche, die den wilden Tieren entsprechen. Sie stellen die noch ungezügelten Neigungen und Begierden des natürlichen Gemüts dar.

Beginnen möchte ich meine kleine Betrachtung mit den wilden Ziegen, die meist in den hohen Bergen leben. Wilde Ziegen entsprechen dem Gemütszustand eines Menschen, der sich in der Heiligen Schrift auskennt, sein Wissen aber nicht in die tätige Liebe umsetzt.

Solange der Mensch bei der Suche nach göttlichen Wahrheiten die Liebe zu seinen Mitmenschen außer Acht lässt, gleicht er einem Ziegenbock, der von Felsvorsprung zu Felsvorsprung springt und nach dem mageren Futter der Welt sucht. Ein Glauben, der nicht mit der Nächstenliebe einhergeht, hat für die Wiedergeburt keinen besonderen Stellenwert.

Es nutzt dem Menschen nichts, wenn er nur mit dem Verstand in die Wahrheiten des Glaubens eindringt, seine Liebe aber weiterhin an die Dinge der Welt hängt. Solange der Glaube von der tätigen Liebe getrennt ist, solange entspricht das Gemüt einem Ziegenbock.

Auf dem Speiseplan der Israeliten stand auch das Reh.[60] Rehe bezeichnen die guten natürlichen Neigungen des menschlichen Gemüts. Ein durch das Reh symbolisiertes Gemüt empfindet eine große Freude daran, wenn es anderen Menschen behilflich sein kann.

Rehe sind aber wild lebende Tiere, und so sind die ihnen entsprechenden Neigungen noch wild und ungezügelt. Sie fressen zwar das Gras der natürlichen Wahrheiten aber ihre Liebe gilt doch mehr der Welt, für die Liebe zum Herrn sind sie noch verschlossen.

---

[60] Das Reh ist die in Europa häufigste und kleinste Art der Hirsche.
Hirsch bezeichnet die Neigung des natürlich Wahren. [HG 6413]

Aus diesem Sichtwinkel gesehen, ist die Liebe zum Nächsten noch nicht völlig von weltlichen Nebengedanken befreit, denn nur die Nächstenliebe, die aus der Liebe zum Herrn erwächst, ist frei von jeglichem Eigennutz.

Weiter geht es mit den großen Raubtieren, die mit ihrer Kraft und Macht ihrer Umgebung Furcht einflößen. Das wohl stärkste Raubtier, welches in Palästina lebte, war der Löwe. Deshalb war dort der Löwe das Vorbild für die Macht. Und so ist es nicht verwunderlich, dass der Löwe in der Heiligen Schrift das göttlich Wahre in seiner Macht bezeichnet.[61]

Auf das Gemüt des Menschen bezogen handelt es sich bei dem Löwen um innere Kräfte, die aktiviert werden wenn göttliche Wahrheiten aus der Bibel aufgenommen werden. Diese Wahrheiten haben die Kraft und die Macht die Liebe zur Welt so umzubilden, dass Jesus Christus der Mittelpunkt im Leben des Menschen werden kann. So gesehen ist der Löwe auch eine Entsprechung für die himmlischste Liebe zum Herrn.

Wenn man allerdings die Welt und sich selbst über alles liebt, dann stellt der Löwe die Macht der größten Selbstsucht dar, die andere zerstören will.

Zusammenfassend kann gesagt werden, dass Löwen im positiven Sinne die Macht der göttlichen Wahrheiten darstellen. Diese Macht kann der Mensch z. B. durch die Kraft der göttlichen Wahrheiten aus der Heiligen Schrift erfahren. Diese Wahrheiten kann der Verstand aufnehmen und die Kraft der daraus entstehenden Weisheit vermag den weltzugewandten Willen umzubilden.

Im negativen Sinn stellt der Löwe die Macht des Falschen aus dem Bösen dar. Diese Macht spürt der Mensch dann, wenn er es zulässt, dass die Weisheit der Welt das Gemüt mit Unwahrheiten bezüglich

---

[61] Der Löwe bezeichnet das Gute der himmlischen Liebe und daher auch das Wahre in seiner Macht. Im entgegengesetzten Sinn bezeichnet der Löwe das Böse der Eigenliebe in seiner Macht. [HG 6367]

Gott überschwemmt. Der Glauben geht verloren und der Mensch verliert sich im Sumpf der Welt.

Ein anderes in der Bibel erwähntes Raubtier ist der Leopard. Ausgewachsene Leoparden erreichen eine Kopfrumpflänge von ein bis anderthalb Metern, hinzu kommt der 60 bis 90 Zentimeter lange Schwanz. Der vorwiegend nachts jagende Leopard ist ein wendiger Kletterer und schleicht sich oft in Bäumen an Affen heran. Zu seiner Nahrung gehören auch Kleinsäuger, Stachelschweine, Paviane, Gliederfüßer und Früchte.

Swedenborg schreibt in der "Erklärten Offenbarung", Nr. 572:

„Durch die Tiere überhaupt werden die Menschen nach ihren Neigungen bezeichnet, und durch den Leoparden insbesondere die Neigung oder Begierde, die Wahrheiten des Wortes zu verfälschen; und weil er ein wildes Tier ist und unschädliche Tiere tötet, so wird durch ihn auch eine für die Kirche[62] zerstörende Ketzerei bezeichnet.

Dass die verfälschten Wahrheiten des Wortes durch den Leopard bezeichnet werden, kommt von seinen schwarzen und weißen Flecken und daher, dass die schwarzen Flecken Falsches bezeichnen, und das Weiße zwischen ihnen Wahres bedeutet."

Der Leopard in uns nutzt seine listige Bosheit, um wahre Ideen zu verdrehen und den Anschein zu erwecken, sie wären gut für uns. Der Wille unternimmt alles, um dem Verstand vorzugaukeln, dass die Weisheit der Welt die einzig mögliche Realität im Leben des Menschen ist. Die Wahrheiten der Heiligen Schrift werden als unwahres

---

[62] Swedenborg unterscheiden zwischen der inneren und der äußeren Kirche im Menschen. Das Innere der Kirche ist die Liebe zum Herrn und die Liebtätigkeit gegen den Nächsten. Von daher bilden die Menschen, welche in der Neigung zum Guten und Wahren aus Liebe zum Herrn sind und in der Liebtätigkeit gegen den Nächsten, die innere Kirche. Hingegen machen die, welche in äußerem Gottesdienst aus Gehorsam und Glauben sind, die äußere Kirche aus. Das Wahre und Gute wissen und daraus handeln, ist das Äußere der Kirche, hingegen das Wahre und Gute wollen und lieben, ist das Innere der Kirche. [NJHL 246] Mehr Informationen über die Kirche finden Sie auf der Seite 200.

Geschwätz abgetan und die erlebbare Welt der Sinne wird zur Wahrheit erklärt.

Auch der Bär lebte als mächtiges und kräftiges Raubtier in Palästina. Laut Swedenborg bezeichnet der Bär die Macht des Natürlich Göttlich Wahren, und im entgegengesetzten Sinne, die Macht des Falschen gegen das Wahre.[63]

Unter dem Natürlich Göttlich Wahren versteht Swedenborg die Wahrheit im natürlichen Sinn der Bibel. Der Begriff „Natürlich" ist auf die Natur bzw. auf die irdische Materie bezogen und die Materie stellt, dass äußerste der göttlichen Schöpfung dar. Genauso ist es auch mit dem äußeren Buchstabensinn der Bibel, er stellt die äußerste Ebene dar in der sich Gott seinen Geschöpfen kundgeben kann.

Im positiven Sinn entspricht also der Bär in unserem Gemüt der Neigung, die Wahrheiten die wir aus dem Buchstabensinn der Bibel gezogen haben, in unser Leben zu integrieren. Wir sind darum bemüht die Kräfte zu spüren, die sich in uns durch das Umsetzen der göttlichen Gebote entwickeln.

Im negativen Fall stellt der Bär unsere Neigung dar, die Schrift zu kennen, um sie dann in unserem Sinn umzudeuten. Dieses falsche Argumentieren, das auf Bibelzitate aufbaut, ist gefährlich denn es zerstört die Liebe zum Herrn.

Ein großer Feind für die Herde des Herrn ist der Wolf, der schnell zubeißt und tötet, ähnlich wie das Böse uns plötzlich entzücken und dabei unseren Glauben töten kann. Wir sind wie Lämmer zwischen solchen Wölfen.

Der Wolf[64] im Gemüt des Menschen schleicht sich aus unseren höllischen Tiefen hervor um unsere Begierden nach weltlichen Gelüsten anzustacheln. Er versucht die schwachen Lämmer.

Bei Johannes 10, Vers 12, heißt es: „Ich bin der gute Hirte; der gute Hirte lässt sein Leben für die Schafe. Der Mietling aber, der kein

---

[63] EO 781
[64] Wölfe bilden Begierden der Hölle vor. [WCR 45]

Hirte ist, dem die Schafe nicht gehören, sieht den Wolf kommen und verlässt die Schafe und flieht; und der Wolf raubt und zerstreut die Schafe."

Der Mietling entspricht einem aus dem buchstäblichen Bibelverständnis gespeisten Glauben. Dieser Glaube hat mit den Schafen der göttlichen Erkenntnisse nur wenig zu tun. Göttliche Erkenntnisse entspringen aus dem durchdringen der äußeren Worthülle biblischer Texte mit der damit verbundenen Zunahme an Liebe zum Herrn und zum Nächsten. Kommt eine Anfechtung aus der Welt, zieht sich der Mietling zurück und überlässt die Schafe dem Wolf der weltlichen Begierden und Gelüste.

In Palästina gibt es eine große Anzahl von Schlangen, sodass es nicht weiter verwunderlich ist, wenn man beim Lesen in der Heiligen Schrift des Öfteren auf Schlangen stößt. So kann man im ersten Buch Moses, im dritten Kapitel, lesen: „Und die Schlange war listiger als alles Wild des Feldes, das Jehova Gott gemacht, und sie sprach zu dem Weibe: Hat Gott wohl auch gesagt, ihr sollt nicht von jedem Baume des Gartens essen?"

Swedenborg schreibt in seinem Werk „Himmlische Geheimnisse", Nr. 194: „Unter der Schlange wird hier das Sinnliche des Menschen verstanden, dem man vertraut; unter dem Wild des Feldes wird jede Regung des äußeren Menschen verstanden und unter dem Weibe die Eigenliebe. Dass die Schlange sagte: Hat Gott wohl auch gesagt, ihr sollt nicht von jedem Baum essen, bedeutet, dass sie zuerst zweifelten."

Als zu Urzeiten die Menschen den Worten ihre geistigen Inhalte gaben nannten sie das Sinnliche des Menschen „Schlange".[65] Den Vergleich wählten sie, weil so wie die Schlange auf dem Boden kriecht, das Sinnliche zunächst voll dem Körperlichen anhängt.

Darum nannten sie das Denken über Glaubensgeheimnisse und deren Begründungen aus den sinnlichen Täuschungen Schlangengifte

---

[65] HG 195

und diejenigen, die ihre Wahrheiten aus den Täuschungen der Welt begründen, nannten sie „Schlangen". Und weil diese aus dem Sinnlichen oder Sichtbaren, als da ist Irdisches, Leibliches, Weltliches und Natürliches viel begründen, so wurde gesagt: Die Schlange war listiger als alles Wild des Feldes.

So gesehen sind Schlangen ein Symbol für die Klugheit und Schlauheit des sinnlichen Menschen. Wird der Mensch erst einmal von der Weltweisheitsschlange gebissen, so hat der Verstand kaum eine Chance gegen den weltzugewandten Willen anzukommen. Das Gift der Weltweisheit lässt die Liebe zu Gott absterben. Unsere Sinne verlieren ihre Fähigkeit in den Dingen die uns umgeben das Walten der göttlichen Liebe und Weisheit zu erkennen.

Verlassen wir nun die Landtiere und wenden wir uns den Tieren zu, die das nasse Element benötigen.

Obwohl im Westen des Heiligen Landes das Meer liegt, waren die Israeliten nie Seefahrer. Wenn in der Bibel vom Wasser die Rede ist, dann sind damit meist Flüsse und Seen gemeint. Besonders der See Genezareth, und seine Fische kommen in vielen biblischen Geschichten vor.

Wasser bedeutet in der Entsprechung das Wahre im natürlichen oder äußeren Menschen. Die Fische, die in diesem Wasser leben, konzentrieren dieses Wahre zu den Wahrheiten im natürlichen Menschen. Deshalb stehen sie in der Bibel für das Wissen um natürliche Wahrheiten.

In den „Himmlischen Geheimnissen", Nr. 991, schreibt Swedenborg: „Fische bedeuten im Worte Wisstümliches, das seinen Ursprung aus dem Sinnlichen hat." Unter Wisstümliches versteht Swedenborg die geistigen Wahrheiten welche sich im menschlichen Gedächtnis angesammelt haben.[66] Das Wisstümliche lebt durch das Wahre und geht zugrunde durch das Falsche.[67]

---

[66] EO 513
[67] EO 513

So gesehen bedeuten die Fische im menschlichen Gemüt, geistige Wahrheiten, die der Verstand aus der sinnlich erfahrbaren Welt aufgenommen hat. Dies kann z. B. durch das Lesen in der Bibel geschehen. Der Mensch kann diese Wahrheiten im positiven aber auch im negativen Sinne einsetzen. Er kann sie dazu missbrauchen um seine eigenen egoistischen Wünsche zu befriedigen. Er kann sie aber auch dazu einsetzen, um seinen Nächsten in Liebe und Hingabe zu dienen.

In den Feuchtgebieten der Flüsse und Seen wimmelt es von Fröschen. Frösche[68] symbolisieren die Lust Wahrheiten zu verfälschen. Man streitet mit großer Freude solange, bis die Wahrheit für die eigenen Ziele zurechtgebogen ist.

Wenn man bedenkt, dass Ägypten ein Symbol für das natürliche Wissen des Menschen ist, wird verständlich, dass streitsüchtige Frösche eine Plage für das Ägypten unseres Gemüts sind. Denn laut Swedenborg bezeichnen Frösche das Begründen des natürlichen Menschen im Falschem in dem er sich gegen die göttlichen Wahrheiten stellt.

Eine weitaus zerstörerische Plage als Frösche waren für Ägypten die Heuschrecken. Fallen sie in großen Schwärmen in das Land ein, fressen sie ganze Landstriche kahl.

In den Himmlischen Geheimnissen Nr. 7643 schreibt Swedenborg: „Im Worte (Bibel) wird einige Male, wo von der Verwüstung der Bösen die Rede ist, die Heuschrecke und Grille genannt, und unter Heuschrecke wird daselbst im inneren Sinn das Falsche verstanden, welches das Äußerste verstört. Es gibt nämlich, wie früher gezeigt wurde, bei den Menschen ein inneres und ein äußeres Natürliches, das Falsche, das im Äußersten des Natürlichen ist, wird unter Heuschrecke verstanden, und das Böse in demselben unter Grille."

Das Falsche welches sich aus den Scheinbarkeiten der Sinnenwelt im Gemüt des Menschen entwickelt, kann zu einem alles zerstören-

---

[68] Frösche bez. Vernünfteleien aus der Begierde, die Wahrheiten zu verfälschen. [WCR 635]

den Heuschreckenschwarm heranwachsen, wenn der Verstand nicht erkennt, dass es neben der äußeren natürlichen Welt noch eine innere geistige Welt gibt. Wenn der Mensch zu viele weltliche Scheinwahrheiten in sich aufnimmt kann es passieren, dass die Heuschrecken seiner sinnlichen Begierden die zarten Pflanzen seiner Liebe zum Herrn auffressen.

Weiter geht es mit den Vögeln. Ihre Wendigkeit und Flugkunst ist eine Entsprechung dafür, wie unsere Gedanken in allen Feldern menschlichen Wissens hin- und herfliegen können. Nicht mehr an den Erdboden gebunden, sind sie imstande, eine Ahnung von dem zu vermitteln, was der Mensch in seinem Leben noch erreichen kann.

Zu den wohl imposantesten Vögeln, die es auf unserer Erde gibt, zählen die Adler. Die meisten Arten haben eine Flügelspannweite von über 1,2 Meter und ein Gewicht zwischen einem und sieben Kilogramm. Insbesondere große Adler sind hervorragende Segelflieger. Adler gehen zumeist im Flug auf Beutejagd, manche Arten fressen Aas.

In der Entsprechung stellen Adler das weitblickende Verstehen der göttlichen Wahrheiten dar. Durch das Lesen in der Bibel kann der Verstand Realitäten erkennen, die weit über die Erkenntnisse wie sie die Welt zu geben vermag hinausgehen und so seine Weisheit adlergleich in ungeahnte Höhen emporschwingen.

Der scharfe Blick des Adlers bezeichnet in der Entsprechung die Fähigkeit Wahres zu verstehen. Der hoch am Himmel schwebende Adler[69] entspricht dem Bereich des menschlichen Gemüts, der die göttlichen Wahrheiten verstehen kann und durch dieses verstehen zur Weisheit veredelt. Diese aus dem Göttlichen inspirierte Weisheit hat die Kraft und Geschicklichkeit den Willen des Menschen so umzubilden, dass der Herr Platz in seinem Herzen nehmen kann.

Ein naher Verwandter der Adler sind die Geier. Sie können einen toten Tierkörper aus großer Entfernung wittern und sorgen so im

---

[69] EO 11, 61, 529

Kreislauf der Natur dafür, dass tote Tiere elegant beseitigt werden, bevor sich in diesen eine große Anzahl von Krankheitserregern entwickeln können. Sie sind so eine Art Umweltpolizei, durch die die Verbreitung von Krankheiten und Seuchen verhindert wird.

Tote Tiere sind ein Symbol für abgestorbene gute Neigungen des menschlichen Gemüts. Die Geier im Menschen machen ihn darauf aufmerksam, dass er sich von der göttlichen Liebe und Wahrheit entfernt hat. Sie zeigen ihm, dass sich seine Gedanken und Begierden auf schlechte und falsche Wege im Leben richten.

Es wäre nicht richtig, den Vögeln oder anderen Tieren Böses zuzuschreiben. Die Geschöpfe des Herrn sind weder gut noch böse; ihre Bedeutung in der Entsprechung hängt zum einen vom jeweiligen Kontext ab, in dem diese Tiere erwähnt werden und zum anderen hängt die Bedeutung von der Einstellung der damaligen Juden gegenüber diesen Tieren ab.

Natürlich gibt es in Palästina nicht nur Greifvögel, dort finden sich auch eine große Anzahl von Vögeln wieder, die wir aus unserer eigenen Umgebung kennen.

Da wäre z. B. der Sperling, welcher in der Bibel für alle kleinen Vögel steht. Sperlinge und andere Kleinvögel wurden in Israel von den Menschen zum Essen gefangen.

In der „Wahren Christlichen Religion", Nr. 42, schreibt Swedenborg, dass Singvögel, zu denen auch die Sperlinge gehören, Menschen vorbilden, die das Wahre nicht innewerden, sondern es sich aus Begründungen durch Scheinbarkeiten erschließen. Das durch Singvögel symbolisierte Gemüt will einfach die göttliche Wahrheit nicht wahrhaben. Der Verstand begründet seine Wahrheiten aus den Scheinbarkeiten der materiellen Welt.

Der Mensch fängt sich die Sperlinge der Weltweisheit und eignet sich auf diese Art und Weise natürliche Erkenntnisse an. Dadurch verliert er sich in den Begründungen der natürlichen Welt und entfernt sich so unmerklich von den Wahrheiten, wie man sie nur bei Jesus Christus finden kann.

Ein weiterer Vogel, der recht häufig in der Bibel erwähnt wird, ist die Taube. In seinem Werk „Die Lehre des Neuen Jerusalem" schreibt Swedenborg in der Nr. 51: „Die Taube ist die (sinnliche) Vorstellung der Reinigung und Wiedergeburt durch das göttliche Wahre."

Wenn im Gemüt des Menschen die Neigung zur Reinigung des Willens von allen weltlichen Schlacken aufkeimt und der Verstand damit beginnt seine Gedanken auf den Herrn auszurichten, dann wird dieser Zustand in der Bibel durch Tauben symbolisiert.

Die unschuldige Reinheit der Taube soll unsere Gedanken mit der Liebe zum Herrn erfüllen damit in unserem Verstand die Weisheit einfließen kann, die notwendig ist um unseren Willen so umzubilden, dass der ganze Mensch in Liebe zum Herrn erglüht.

Zu den Singvögeln die ein großes Verbreitungsgebiet haben gehört die Schwalbe. Schwalben sind gesellig und brüten oft in Kolonien. Die meisten Schwalbenarten bauen ihre Nester, die sie an Felswände oder Mauern kleben, aus Lehm und pflanzlichen Materialien. Sie sind hervorragende Flugkünstler die hoch am Himmel aber auch dicht über der Erdoberfläche geschickt nach der ihnen zusagenden Speise jagen.

Die große Mengen von Insekten vertilgende Schwalbe bezeichnet nach Swedenborg in der Entsprechung das natürliche Wahre. Während Insekten dem Falschen oder Bösen der natürlichen Welt entsprechen. Auch der Mensch nimmt von überall natürliche Wahrheiten auf und baut sie in sein Lebenskonzept ein. Diese Wahrheiten können zwar schon Himmlisches enthalten, der Verstand erkennt dies aber noch nicht. Trotzdem sind die Schwalben des menschlichen Gemüts unermüdlich darum bemüht die Insekten der sinnlichen Begierden und weltlichen Verlockungen zu vertilgen.

So wie die jungen Schwalben von ihren Eltern mit Insekten gefüttert werden, so wird auch der Mensch, der ja ohne jegliches Wissen geboren wird, von seinen Eltern mit den ersten natürlichen Wahrheiten gefüttert. Leider entsprechen diese Wahrheiten nur allzu oft den Insekten der aus der Welt entnommen Weisheit und Begierden.

Als letztes Tier meiner kleinen Tierbetrachtung möchte ich mich dem Raben zuwenden. Er gehört wie alle Rabenvögel zu den Sperlingsvögeln und ist mit mehr als 60 Zentimeter Länge der größte Sperlingsvogel. Dieser Vogel ist intelligent, sozial und sehr anpassungsfähig, er spielt in Legenden und in der Volksüberlieferung eine große Rolle.

Der Rabe und alle Vögel seiner Art, wie z. B. die Krähen, stellen die dunklen Gedanken eines Menschen dar, der seine Weisheit aus den Täuschungen der Welt gezogen hat.

Im Gegensatz zur unschuldigen Taube die ja ein Entsprechung für die lichten Gedanken zum Herrn darstellt, symbolisiert der Rabe die im Innern des Menschen ständig hin und her fliegenden falschen Gedanken, die aus dem Falschen der Welt gespeist werden. Diese auf Falschem beruhenden Gedanken werden durch Begründungen als Wahrheiten angesehen.

Natürlich konnte ich in diesem Kapitel nur einen kleinen Einblick in die oft recht komplexe Entsprechungsbedeutung der einzelnen Tiere geben. Dennoch hoffe ich, dass Sie ein Gefühl dafür entwickeln konnten, dass die Tiere in der Bibel etwas mit dem Gemüt des Menschen zu tun haben. Die Heilige Schrift, oder das Wort Gottes, wendet sich in der Sprache der Entsprechung direkt an uns, und so haben auch die Tiere eine unmittelbare Analogie zu bestimmten Bereichen im menschlichen Gemüt.

Anhand eines Textbeispiels aus der Heiligen Schrift möchte ich versuchen dies zu verdeutlichen. Im 1. Buch Moses spricht Gott zu den von Ihm erschaffenen Menschen die folgenden Worte:

„Seid fruchtbar und mehrt euch, füllt die Erde und macht sie untertan und herrscht über des Meeres Fische, die Vögel des Himmels und über alles Getier, das sich auf Erden regt".[70]

---

[70] 1. Mose 1,28

Unter der Formulierung „Seid fruchtbar und mehrt euch" meinten die Menschen aus der Zeit vor Moses nicht, dass die Menschen viele Nachkommen zeugen sollten. Swedenborg schreibt, dass diese Menschen der ursprünglichen, geistigen Wortbedeutung noch wesentlich näher waren, als es der heutige Mensch ist. Von daher kommt es, dass sie die Verbindung des Verstandes mit dem Willen bzw. des Glaubens mit der Liebe eine Ehe nannten. Alles Gute, das aus dieser Ehe erzeugt wurde, nannten sie Befruchtungen und alles Wahre Vermehrungen. Mit anderen Worten, ist die Aufforderung sich zu mehren und fruchtbar zu sein eine Aufforderung an das menschliche Gemüt eine Ehe zwischen dem Verstand und dem Willen einzugehen. Als Folge dieser Verbindung wird die Erde unseres Gemüts mit Wahrem und Gutem erfüllt.

Um sein Gemüt mit göttlichen Wahrheiten und göttlicher Liebe füllen zu können, muss der Mensch Geistig werden. Es ist leicht nachzuvollziehen, dass dies nur mit inneren Kämpfen möglich ist, denn ein Mensch der sich auf den Weg macht Geistig zu werden muss seine auf die Welt bezogene Gemütserde unterwerfen und beherrschen.

Das Meer bezeichnet das Allgemeine des Wahren oder die Wahrheiten des natürlichen Menschen.

Demgemäß bedeuten die Fische, die im Meer herumschwimmenden Wahrheiten im natürlichen Menschen. Diese natürlichen Wahrheiten hat sich der Mensch aus der Welt seiner Sinne angeeignet. Sie beinhalten viel Falsches, das sich mit den göttlichen Wahrheiten nicht vereinbaren lässt und von daher dem geistigen Menschen untertan gemacht werden muss.

Die Vögel des Himmels bezeichnen das Vernünftige und Verständige des natürlichen Menschen. Auch die Weltvernunft muss sich der Mensch untertan machen damit die geistigen Wahrheiten immer mehr Raum in seinem Gemüt einnehmen können.

Tiere im Allgemeinen bezeichnen die Neigungen und Begierden des Menschen. Wenn der Mensch eine Ehe des Verstandes mit dem Willen eingehen will, dann muss er sich nicht nur den Weltverstand, sondern auch den weltzugewandten Willen untertan machen. Er muss lernen im stetigen Kampf alles Getier der niederen Begierden zu beherrschen, wenn er frei von den Neigungen werden will die sein Vertrauen und seine Liebe zu Gott zerstören wollen.

In der Zusammenfassung dieses Textbeispiels kann man festhalten, dass Moses mit seiner Aufforderung sich zu mehren und sich die Erde untertan zu machen die inneren Kämpfe eines Menschen beschreibt, der sich auf den schwierigen Weg zu seiner Wiedergeburt begeben hat. Dieses große Ziel der Wiedergeburt kann der Mensch nur erreichen, wenn er sich die Fische der natürlichen aus der Welt der Sinne entnommenen Wahrheiten untertan macht. Auch die Vögel der Weltvernunft müssen sich dem großen Ziel unterordnen, denn die Weisheit der Welt, die ja letztendlich auf Falschem beruht, verträgt sich nicht mit himmlischen Wahrheiten. Natürlich muss sich der Mensch auch die Tiere seiner weltlichen Neigungen und Begierden untertan machen, denn nur wenn es ihm gelingt, seine Weltliebe in eine Liebe zum Herrn umzuwandeln, kann die Göttliche Liebe in seinem Herzen wahrhaftig lebendig werden.

An dieser möchte ich meine kleine Exkursion in die Entsprechungen der biblischen Tiere beenden und mich den biblischen Wundern zuwenden.

Gedanken über das Himmelreich von Emanuel Swedenborg

Das Himmelreich gleicht den zehn Jungfrauen, die ihre Lampen nahmen und dem Bräutigam entgegengingen. Fünf von ihnen waren töricht und fünf waren klug. Die törichten nahmen ihre Lampen, aber kein Öl mit sich. Die klugen dagegen nahmen außer ihren Lampen Öl in ihren Gefäßen mit. Doch als der Bräutigam nicht kam, wurden sie alle müde und schliefen ein. Mitten in der Nacht aber erscholl ein Ruf: Siehe, der Bräutigam! Gehet hinaus, ihm entgegen! Da erwachten alle Jungfrauen und machten ihre Lampen fertig. Die törichten aber sagten zu den klugen: Gebt uns von eurem Öl, denn unsere Lampen verlöschen! Da antworteten die klugen: Es wird für uns und für euch nicht reichen, gehet zu den Krämern und kauft euch Öl! Während sie aber hingingen um zu kaufen, kam der Bräutigam; und die, welche bereit waren, gingen mit ihm hinein zur Hochzeit, und die Türe wurde verschlossen. Später kamen dann auch die übrigen Jungfrauen und sagten: Herr, Herr, öffne uns! Er aber antwortete und sprach: Wahrlich, ich sage euch: Ich kenne euch nicht! (Matth. 25, 1-12)

Wenn man nichts vom Vorhandensein und von der Beschaffenheit des geistigen Sinnes weiß, sieht man nicht, dass in allen diesen Details ein geistiger Sinn und folglich etwas göttlich Heiliges liegt. In diesem geistigen Sinn stellt das Reich der Himmel den Himmel und die Kirche dar; der Bräutigam den Herrn; die Hochzeit die Vermählung des Herrn mit dem Himmel und der Kirche durch das Gute der Liebe und das Wahre des Glaubens; die Jungfrauen die Angehörigen der Kirche, und zwar die zehn alle zusammen, die fünf einen gewissen Teil davon. Die Lampen bedeuten die Glaubensdinge, das Öl das Gute der Liebe, und was es bildet. Das Schlafen bedeutet das natürliche Leben des Menschen in der Welt, das Erwachen sein geistiges Leben nach dem Tod. Kaufen heißt in diesem Sinn, sich etwas erwerben (oder zulegen); hingehen zu den Verkäufern und Öl kaufen also, sich das Gute der Liebe nach dem Tod von anderen erwerben wollen. Weil dies jedoch nicht wirklich möglich ist, wurde ihnen, als sie mit den Lampen und dem gekauft en Öl vor die Tür des Hochzeitshauses kamen, vom Bräutigam gesagt: Ich kenne euch nicht. Der Grund, weshalb man sich nach dem Tod das Gute der Liebe nicht mehr erwerben kann, besteht darin, dass der Mensch dann so bleibt, wie er in der Welt gelebt hat. Es zeigt sich also klar, dass der Herr in lauter Entsprechungen redete, weil er aus dem göttlichen Wesen heraus sprach, das in ihm und das sein eigen war. Weil die Jungfrauen die Angehörigen der Kirche darstellen, liest man im prophetischen Teil der Bibel so oft von der Jungfrau oder Tochter Zions, Jerusalems, Judas oder Israels; und weil das Öl das Gute der Liebe bedeutet, wurden alle heiligen Dinge der Kirche mit Öl gesalbt. [WCR 199]

Die Hochzeit zu Kana

Bevor ich der Frage nachgehe, welche Bedeutung die im Johannes-evangelium beschriebene Hochzeit zu Kana, für den heutigen Menschen hat, möchte ich zuvor ein paar grundsätzliche Gedanken über die Wunder in der Heiligen Schrift voranstellen.

Laut Emanuel Swedenborg ist es so, dass alle göttlichen Wunder, mithin alle Wunder, von denen im Wort [Bibel] berichtet wird, in sich geistige und himmlische Dinge enthalten und bezeichnen, d. h. solches, was sich auf die Kirche und den Himmel bezieht.[71] Wobei hier unter der Kirche weder ein Gebäude aus Stein noch irgendeine kirchliche Gemeinschaft gemeint sind. Vielmehr sind hier die Bereiche im menschlichen Gemüt gemeint, die für den Glauben an den Herrn und der tätigen Liebe gegen den Nächsten stehen.[72]

Mit anderen Worten ausgedrückt, die Wunder, die Jesus laut der Berichte in den Evangelien vollbracht hat, haben neben der natürlichen vor allen Dingen eine geistige und eine himmlische Bedeutung. Das gleiche gilt für alle Gleichnisse, die Jesus den Menschen erzählt hat. So kann man z. B. bei Matthäus 13, Vers 34-35 lesen:

„Solches alles redete Jesus durch Gleichnisse zu dem Volk, und ohne Gleichnis redete er nicht zu ihnen, auf das erfüllet würde, was gesagt ist durch den Propheten, der da spricht: Ich will meinen Mund auftun in Gleichnissen und will aussprechen die Heimlichkeiten von Anfang der Welt."

Emanuel Swedenborg geht noch einen Schritt weiter, indem er schreibt:

„Das Wort ist seinem Buchstabensinn nach in bloßen Entsprechungen geschrieben, somit in solchem, was die geistigen Dinge, welche

---

[71] Alle göttlichen Wunder, mithin alle Wunder, die im Wort erzählt sind, schlossen in sich und bezeichneten geistige und himmlische Dinge, d. h. solches, was sich auf die Kirche und den Himmel bezieht; und eben dadurch unterscheiden sich die göttlichen Wunder von nicht göttlichen Wundern. [EO 445]
[72] Ein Mensch, der im Glauben an den Herrn und in der tätigen Liebe gegen den Nächsten steht, ist eine Kirche im Besonderen. [WCR 767 a]

die des Himmels und der Kirche sind, vorbildet und bezeichnet. [...] Der Herr sprach in Entsprechungen, Vorbildungen und sinnbildlichen Bezeichnungen, weil aus dem Göttlichen. Der Herr sprach so vor der Welt und vor dem Himmel. Die Dinge, die der Herr sprach, erfüllten den ganzen Himmel."[73]

Mit anderen Worten ausgedrückt, alles was Jesus, in der Zeit als Er über diese Erde wandelte, gesagt und getan hat, beinhaltet neben dem natürlichen Sinn noch einen geistigen und einen himmlischen Sinn. Dies ist deshalb so, weil seine Worte und Taten sowohl für die geistige als auch für die natürliche Welt eine unendlich wichtige Bedeutung haben. Ohne die göttlichen Wahrheiten, welche Jesus durch Seine in der Bibel berichteten Taten und Worte der Menschheit geschenkt hat, könnte der Mensch weder im Diesseits noch im Jenseits ein Bewohner des höchsten Engelhimmels werden.

Das Problem dabei ist nun, dass die Bewohner der himmlischen Welt mit dem aus der natürlichen Welt entlehnten Buchstabensinn der Bibel nichts anfangen können, während der natürliche Mensch den geistig- himmlischen Inhalt, der hinter den Worten und Taten des Herrn steht, nicht so ohne Weiteres nachvollziehen kann. Die Himmelsbewohner verstehen ausschließlich den inneren geistigen Sinn der Bibel, während sich der irdische Mensch zunächst einmal mit dem Buchstabensinn zufriedengeben muss.

Einer der Hauptgründe hierfür dürfte wohl der sein, dass sich die meisten Menschen nicht darüber im Klaren sind, dass sie Bewohner zweier Welten sind, nämlich der geistigen und der natürlichen Welt. In der Regel wissen sie nicht, dass ihre Seele und ihr Gemüt immaterieller Art sind und jenseits von Raum und Zeit existieren. Lediglich ihr irdischer Leib besteht aus Materie und ist somit in einer Matrix aus Raum und Zeit eingebunden. Dazu kommt noch, dass dem Menschen, in der Zeit wo er über einen materiellen Körper verfügt, keine Sinnesorgane zur Verfügung stehen, um die geistige Welt in irgendeiner Form wahrnehmen zu können.

---

[73] NJHL 261

Selbst den Menschen, die um die Existenz einer jenseitigen Welt wissen, fällt es oft sehr schwer, bei der Betrachtung jener Welt, Raum und Zeit aus ihrem Denken zu verbannen.

Laut Swedenborg kommt dies daher, weil der Mensch dieser Erde die Vorstellungen seines Denkens aus Raum und Zeit bildet. Solange er in diesen Vorstellungen verbleibt und sein Gemüt nicht über sie erhebt, kann er weder Geistiges noch Göttliches fassen. Denn solange er seine Gedanken über die geistige Welt in Vorstellungen einhüllt, die aus Raum und Zeit entlehnt sind, sind die Wahrheiten seines Verstandes bloß natürlich. Aus diesen Wahrheiten Denken über das Geistige und Göttliche Schlüsse ziehen, ist wie aus dem Dunkel der Nacht über das denken, was bloß im Licht des Tages erscheint. Wer es aber schafft sein Gemüt über die Vorstellungen des mit Raum und Zeit behafteten Denkens zu erheben, der geht aus dem Dunkel in das Licht über, erkennt das Geistige und Göttliche und sieht zuletzt auch, was in ihm und aus ihm ist.[74]

Denjenigen Menschen, welche nicht glauben können, dass es ein Dasein ohne Raum und Zeit gibt, entgegnet Swedenborg, dass alle verstorbenen Menschen, die Engel werden, Raum und Zeit ablegen. Denn in der jenseitigen Welt kommen die Menschen in ein geistiges Licht, in welchem die Gegenstände des Denkens Wahrheiten sind und die Gegenstände, welche sie mit ihren geistigen Augen sehen, denen ähneln, wie sie in der natürlichen Welt vorkommen, nur mit dem Unterschied, dass sie ihren Gedanken entsprechen.

---

[74] Das Göttliche erfüllt alle Räume des Weltalls Unabhängig vom Raum. Zweierlei ist der Natur eigen, RAUM und ZEIT: aus diesen bildet der Mensch in der natürlichen Welt die Vorstellungen seines Denkens und aus ihnen seinen Verstand. Bleibt er in diesen Vorstellungen und erhebt nicht sein Gemüt über sie, so kann er durchaus nichts Geistiges und Göttliches fassen; denn er hüllt es ein in die Vorstellungen, die von Raum und Zeit entlehnt sind, und inwieweit er dies tut, insoweit wird das Licht seines Verstandes bloß natürlich, und aus diesem denken und Schlüsse ziehen über das Geistige und Göttliche, ist wie aus dem Dunkel der Nacht über das denken, was bloß im Licht des Tages erscheint.
Daher der Naturalismus. Wer aber sein Gemüt zu erheben weis über die Vorstellungen des Denkens, die von Raum und Zeit etwas an sich haben, der geht aus dem Dunkel in das Licht über, erkennt das Geistige und Göttliche und sieht zuletzt auch, was in ihm und aus ihm ist; und dann treibt er aus diesem Licht das Dunkel natürlichen Lichtes aus und verweist dessen Täuschungen aus der Mitte gegen die Seiten.
[GLW 69]

Die Gegenstände ihres Denkens, welche, wie gesagt, Wahrheiten sind, haben nichts von Raum und Zeit an sich. Jene Gegenstände, die sie mit ihren geistigen Augen sehen, erscheinen zwar wie in Raum und Zeit, dennoch denken sie nicht aus diesen. Die Ursache hierfür ist die, dass die Räume und Zeiten in der jenseitigen Welt nicht fest sind wie in der natürlichen Welt, sondern veränderlich je nach den Zuständen ihres Lebens. Aus diesem Grund bestehen die Vorstellungen ihres Denkens aus Lebenszuständen, für die Räume solche, die sich auf die Zustände der Liebe beziehen, und für die Zeiten solches, was sich auf die Zustände der Weisheit bezieht. Von daher kommt es auch, dass das geistige Denken und somit auch das geistige Reden völlig anders sind als das natürliche Denken und dem Reden aus diesem. Bis auf das Innere der Dinge, welches geistig ist, haben sie nichts gemeinsam.[75]

Offenbar ist es wohl so, dass der Mensch die Tiefen der biblischen Gleichnisse, Wunder und Worte des Herrn nur dann verstehen oder wenigstens erahnen kann, wenn er Raum und Zeit aus seinem Denken verbannt. Das gleiche gilt natürlich auch für andere göttlich inspirierte Texte, wie z. B. Swedenborgs geistiges Tagebuch oder die Denkwürdigkeiten in seinen Werken. Diese Texte bringen in ihrem

---

[75] Jene zwei Eigenheiten der Natur, welche, wie gesagt, Raum und Zeit sind, legen alle ab, welche sterben und Engel werden; denn alsdann kommen sie in geistiges Licht, in welchem die Gegenstände des Denkens Wahrheiten sind und die Gegenstände des Gesichtes Ähnliches wie in der natürlichen Welt, aber ihren Gedanken Entsprechendes. Die Gegenstände ihres Denkens, welche, wie gesagt, Wahrheiten sind, haben nichts von Raum und Zeit an sich. Die Gegenstände welche sie vor ihren geistigen Augen sehen erscheinen zwar wie in Raum und Zeit, gleichwohl denken sie aber nicht aus diesen. Die Ursache ist, dass die Räume und Zeiten daselbst nicht fest sind wie in der natürlichen Welt, sondern veränderlich, je nach den Zuständen ihres Lebens, weshalb dafür in den Vorstellungen ihres Denkens Lebenszustände sind, für die Räume solche, was sich auf die Zustände der Liebe beziehen, und für die Zeiten solches, was sich auf die Zustände der Weisheit bezieht.
Daher kommt es, dass das geistige Denken und somit auch das geistige Reden so sehr verschieden ist von dem natürlichen Denken und dem Reden aus diesem, dass sie außer dem Innern der Dinge, welches alles geistig ist, gar nichts gemein haben.
Von diesem Unterschied soll anderwärts mehr gesagt werden. Da nun die Gedanken der Engel nichts von Raum und Zeit herleiten, sondern vom Zustand des Lebens, so ist offenbar, dass sie es nicht verstehen, wenn man sagt, das Göttliche erfülle die Räume; denn sie wissen nicht, was Räume sind; dass sie es aber ganz gut begreifen, wenn man ohne die Vorstellung irgendwelchen Raumes sagt, das Göttliche erfülle Alles.
[GLW 70]

112

äußeren Buchstabensinn nur eine sehr magere Ernte für den nach geistigen Wahrheiten suchenden Menschen.

Wer hingegen für sein persönliches Leben eine reiche Ernte einfahren möchte, der sollte beim Lesen dieser Texte bedenken, dass es sich dabei meist um Entsprechungen, Vorbildungen und sinnbildliche Bezeichnungen handelt. Wer dies berücksichtigt, der kann aus den dort beschriebenen Begebenheiten Rückschlüsse auf seine eigene Persönlichkeitsentwicklung ziehen und gegebenenfalls Korrekturen für den weiteren Lebensweg vornehmen. Dazu ist es aber unbedingt notwendig, dass man sich beim Lesen dieser Texte immer wieder bewusst macht, dass die dort beschriebenen Räumlichkeiten solche Zustände beschreiben, die sich auf die Liebe beziehen, und durch Zeiten solches, was sich auf die Zustände der Weisheit bezieht.

Dazu ein kleines Beispiel aus der Bibel. Im 1. Mose 19,23 steht geschrieben: „Und die Sonne war aufgegangen auf Erden …"

Dieser Text besteht, wie auch die Wunder des Herrn, aus Entsprechungen. Das heißt, dass der äußere Buchstabensinn eine Vorbildung dessen ist, was im Inneren des Menschen geschieht bzw. geschehen sollte.

Die Sonne und die Erde haben bekanntlich eine räumliche Dimension, von daher beziehen sie sich auf die Zustände der Liebe. Während der Umstand, dass die Sonne aufgegangen war, etwas mit der Zeit zu tun hat und deshalb einen Zustand der Weisheit beschreibt.

Unsere Erde bekommt durch die Sonne Licht, Wärme und Leben, deshalb ist die Sonne ein Synonym für **die göttliche Liebe des Herrn**.[76] Die Erde[77] hingegen entspricht dem **Gemüt des Menschen**, weil in ihm die Liebe und das Leben des Menschen angesie-

---

[76] Die Sonne bezeichnet den Herrn in Ansehung der Göttlichen Liebe. (EO 72, 304, 481)
[77] Durch Erde oder Land wird der innere geistige Mensch bezeichnet. [EO365]
Durch die Erde wird im nächstliegenden Sinne die Erde in der geistigen Welt verstanden [EO 417, 418, 742]; aber im geistigen Sinne wird unter Erde der Himmel und die Kirche verstanden. [EO 418, 639]

delt sind. Durch den Sonnenaufgang[78] wird der **Zustand des Glaubens** bezeichnet, der eng mit der Weisheit verbunden ist. Und so entsprechen die sieben Worte: „Und die Sonne war aufgegangen auf Erden", einem Zustand im Gemüt des Menschen, wo der Verstand durch den notwendigen Glauben bzw. seiner Weisheit damit beginnt, mit der Hilfe des Herrn, seinen weltzugewandten Willen umzubilden.[79]

Ich hoffe, dass ich mit diesem Beispiel deutlich machen konnte, wie hilfreich es ist, beim Lesen von göttlich inspirierten Texten die entsprechenden Zuständlichkeiten von Raum und Zeit zu berücksichtigen.

Wenn man dies in der notwendigen Konsequenz tut, dann kann man aus der entsprechenden Betrachtungsebene erkennen, dass fast alle in den Texten beschriebenen Ereignisse, Entsprechungen bzw. Vorbildungen innerer Zustände von Menschen sind.

Bevor ich nun diese Erkenntnis auf die Auslegung der Hochzeit zu Kana anwende, möchte ich zuvor noch kurz den Unterschied zwischen Entsprechungen und Vorbildungen darlegen.

Auf der geistig- natürlichen Ebene stellen Vorbildungen äußere Handlungen dar, die aus den inwendigen Neigungen bzw. Gedanken und Gefühlen des Menschen entspringen. Stimmen diese Vorbildungen mit den inwendigen Neigungen bzw. Gedanken und Gefühlen überein, so spricht man von Entsprechungen.

- Das Innere entspricht dem Äußeren. -

Dies wäre z. B. dann der Fall, wenn sowohl die traurige Gesichtsmimik als auch die Körpersprache einer Person mit ihrer gemütsmä-

---

[78] Die Kirche des Herrn wird auch den Tageszeiten verglichen: ihr erstes Alter dem Sonnenaufgang oder der Morgenröte und dem Morgen, das letzte dem Sonnenuntergang oder dem Abend und den alsdann einbrechenden Schatten; denn es verhält sich mit diesen in gleicher Weise. [HG 1837]

[79] „Die Sonne ging auf über die Erde", 1.Mose 19/23, dass dies die letzte Zeit bedeutet, die das Jüngste Gericht genannt wird, erhellt aus der Bedeutung des Sonnenaufganges, wenn von den Zeiten und Zuständen der Kirche gehandelt wird. [HG 2441]

ßigen Traurigkeit übereinstimmen. Stimmen die äußeren Handlungen mit den inwendigen Neigungen bzw. Gedanken und Gefühlen nicht überein, spricht man nur von Vorbildungen. Dies wäre dann der Fall, wenn sowohl die traurige Gesichtsmimik als auch die Körpersprache gespielt sind und nichts mit den wahren Gefühlen bzw. Absichten zu tun haben.

Rein äußerlich können Entsprechungen und Vorbildungen das gleiche Erscheinungsbild haben. Es können zwei Menschen ihrem Nächsten den gleichen Liebesdienst erweisen. Der Eine tut dies aus seiner inneren Überzeugung heraus, der Andere um dadurch einen Vorteil zu erlangen. Im ersten Fall handelt es sich um eine Entsprechung, da die Handlung der Gemütslage bzw. das Äußere dem Inneren entspricht, im zweiten Fall ist es nur eine Vorbildung, die nichts mit den wahren Motiven zu tun hat, weil das Äußere nicht mit dem Inneren korrespondiert.[80]

In der geistigen Welt stellt sich die Situation etwas anders dar. Denn dort haben die Menschen keinen materiellen Körper mit dem Sie sich äußerlich ausdrücken können. Deshalb sind dort Vorbildungen aus dem Gemüt entspringende Neigungen und Gedanken, welche sich vor den geistigen Augen des Verstorbenen bildhaft darstellen. Also Vor – Bildern, im Sinne von innere Zustände bildlich vor den geistigen Augen stellen.

---

[80] „Was Vorbildungen und was Entsprechungen sind, wissen wenige, und niemand kann wissen, was sie sind, wenn er nicht weiß, dass es eine geistige Welt gibt, und dieselbe verschieden ist von der natürlichen Welt, denn zwischen dem Geistigen und dem Natürlichen gibt es Entsprechungen, und was von geistigen Dingen her in den natürlichen existiert, sind Vorbildungen. Entsprechungen werden sie genannt, weil sie entsprechen, und Vorbildungen, weil sie vorbilden.
Dieses pflegt aus dem Angesichte so hervorzuleuchten, dass in dessen Miene erscheint: die Neigungen, vor anderen die inwendigen; wenn das, was Angehör des Antlitzes ist, zusammenstimmt mit dem, was Angehör des Gemütes ist, so sagt man, dass sie entsprechen und sind Entsprechungen; und die Mienen des Angesichtes selbst bilden vor und sind Vorbildungen.
Gleicherweise verhält es sich mit dem, was durch die Bewegungen im Körper geschieht, wie auch mit allen Handlungen, die von den Muskeln ausgeführt werden; dass dieses gemäß dem geschieht, was der Mensch denkt und will, ist bekannt. Die Bewegungen und Handlungen selbst, die Angehör des Körpers sind, bilden dasjenige vor, was dem Gemüt angehört, und sind Vorbildungen; und insofern sie übereinstimmen, sind sie Entsprechungen." [HG 2987]

Spätestens dann, wenn der Verstorbene den Zustand der Geister-welt[81] verlassen hat und sich entweder in einem himmlischen oder einem höllischen Zustand befindet, hat alles, was er mit seinen geistigen Sinnesorganen wahrnimmt, etwas mit Vorbildungen zu tun, die seinem Inneren entsprechen.

Bei meiner nun folgenden Auslegung der Hochzeit zu Kana kommt aber eher die geistig- natürliche Betrachtungsebene zum Tragen. Denn dort bilden die Handlung, die Umstände und Personen etwas vor, was in der von mir verwendeten Entsprechungsebene mit der inneren Entwicklung des Menschen zu tun hat.

Und so möchte ich mich nun dieser biblischen Geschichte zuwenden, wie sie im Evangelium nach Johannes geschrieben steht.[82] Dort heißt es im 2. Kapitel:

1 Und am dritten Tag ward eine Hochzeit zu Kana in Galiläa; und die Mutter Jesu war da.
2 Jesus aber und seine Jünger wurden auch auf die Hochzeit geladen.
3 Und da es an Wein gebrach, spricht die Mutter Jesu zu ihm: Sie haben keinen Wein.
4 Jesus spricht zu ihr: Weib, was habe ich mit dir zu schaffen? Meine Stunde ist noch nicht gekommen.
5 Seine Mutter spricht zu den Dienern: Was er euch sagt, das tut.
6 Es waren aber allda sechs steinerne Wasserkrüge gesetzt nach der Weise der jüdischen Reinigung.
7 Jesus spricht zu ihnen: Füllet die Wasserkrüge mit Wasser! Und sie füllten sie bis obenan.
8 Und er spricht zu ihnen: Schöpfet nun und bringet's dem Speisemeister! Und sie brachten's.

---

[81] Zwischen dem Himmel und der Hölle ist ein Mittelort, der die Geisterwelt genannt wird. In diesen kommt jeder Mensch gleich nach dem Tode; und hier findet ein ähnlicher Verkehr des einen mit dem anderen statt, wie unter den Menschen auf der Erde. Hier ist auch alles, was erscheint, Entsprechung. Es erscheinen hier auch Gärten, Haine, Wälder mit Bäumen und Gesträuchen, sowie auch blumige und grüne Felder, und zugleich Tiere verschiedener Art, zahme und wilde; alles nach der Entsprechung ihrer Neigungen. [4HL/LG 63]
[82] Johannes 2, 1-11 Übersetzung von Martin Luther

9 Als aber der Speisemeister den Wein kostete, der Wasser gewesen war, und wusste nicht, woher er kam (die Diener aber wussten's, die das Wasser geschöpft hatten), ruft der Speisemeister den Bräutigam

10 und spricht zu ihm: Jedermann gibt zum ersten guten Wein, und wenn sie trunken geworden sind, alsdann den geringeren; du hast den guten Wein bisher behalten.

11 Das ist das erste Zeichen, das Jesus tat, geschehen zu Kana in Galiläa, und offenbarte seine Herrlichkeit. Und seine Jünger glaubten an ihn.

Soweit der biblische Bericht von der Hochzeit zu Kana in Galiläa. Ich denke, vom äußeren Buchstabensinn her handelt es sich bei diesem Bericht des Jünger Johannes um eine nette kleine Geschichte, der man eigentlich keine besondere Bedeutung beimessen mag. Immerhin weiß man ja, dass Jesus im weiteren Verlauf seiner Lehrjahre wesentlich spektakulärere Dinge getan hat. Von daher könnte man eigentlich zur Tagesordnung übergehen, wenn wir nicht durch Emanuel Swedenborg wüssten, dass in dieser äußerlich unscheinbaren Geschichte ein innerer Sinn verborgen liegt.

Diesen inneren Sinn der Hochzeit zu Kana möchte ich nun Vers für Vers herausarbeiten.

Wie so oft in der Bibel haben auch diese Verse etwas mit der geistigen Wiedergeburt des Menschen zu tun. Ein innerseelischer Prozess, den jeder Mensch durchleben muss, wenn er dereinst ein Bewohner des höchsten Engelshimmels werden möchte. Bei der nun zu besprechenden Hochzeit zu Kana handelt es sich um einen wichtigen Vorgang, der im Gemüt eines jeden Menschen geschehen muss, wenn er das hohe Lebensziel erreichen will.

In dieser Geschichte wird eine Falle beschrieben, in die viele nach geistig- spiritueller Wahrheit suchende Menschen früher oder später hineintappen. Ich meine damit den inneren Zustand, welcher sich dann einstellt, wenn sich der Glaube im Laufe der Zeit im Bösen und Falschem begründet hat.

Immer wieder begegnen mir Menschen, die sich in ihrem Glauben sosehr auf den äußeren Buchstabensinn ihrer Heiligen Schrift begründet haben, dass sie eine andere Meinung nicht mehr gelten lassen können. Unabhängig davon ob es sich dabei um Christen, Juden oder Moslems handelt, überall findet sich das Phänomen, dass die Glaubensfundamente vieler Gläubigen auf sehr wackeligen Füßen stehen.

Meist begründen sich ihre Glaubenswahrheiten auf die Ausführungen der Prediger ihrer Gemeinden. Und wenn sie überhaupt in ihren Heiligen Schriften lesen, dann gilt in der Regel die buchstäbliche Auslegung der jeweiligen Denomination.[83] Leider haben die unterschiedlichen Auslegungen der Heiligen Schriften zu entsetzlichen Glaubenskriegen geführt. Und dies, obwohl Jesus die Nächsten- und Feindesliebe als eine der Voraussetzungen für die geistige Wiedergeburt bezeichnet hat.

Ich denke, es sind keine guten Früchte des gelebten Gottesglaubens, wenn der Mensch meint, ein gottgefälliges Leben zu führen, indem er Andersdenkende als vom Teufel besessene betrachtet, sie vielleicht meidet, mobbt oder sogar tötet. Offensichtlich haben sich diese Menschen sosehr in einer auf Falschem begründeten Lehre verloren, dass sie genau dem Zustand entsprechen, wie er in Johannes 2, Vers 1 beschrieben wird. Dort steht geschrieben:

„Und am dritten Tag ward eine Hochzeit zu Kana in Galiläa; und die Mutter Jesu war da."

In diesem Vers entspricht der dritte Tag dem Endstadium eines Zustandes, weil durch die Zahl "Drei" das Vollständige oder auch das Ganze bezeichnet wird.[84] Dieses Endstadium besteht darin, dass es im Gemüt des Menschen zu einer Verbindung des Guten mit dem Wahren kommen soll. Wobei man wissen muss, dass unter dem Gu-

---

[83] Mit dem Begriff **Denomination** (deutsch: *unterscheidende Benennung*) wird eine unter einem eigenen Namen auftretende Glaubensgemeinschaft mit eigener Tradition und Identität bezeichnet.
[84] NJHL 29

ten alles das was aus der Liebe entspringt und unter dem Wahren alles das was der Weisheit angehört, verstanden wird.[85]

Diese Verbindung bzw. Hochzeit wäre jetzt sicherlich nicht weiter erwähnenswert, wenn sie nicht gerade in Kana stattfinden würde. Denn Kana in Galiläa bezeichnet die Kirche bei den Heiden.[86] Und die Heiden entsprechen dem Bösen des Lebens und dem Falschen der Lehre bzw. diejenigen, welche ein böses Leben führen und sich von daher im Falschen der Lehre begründen.[87] Wobei unter dem Bösen ein Zustand der Gottabgewandtheit und unter dem Falschen die Scheinwahrheiten aus der Sinnenwelt gemeint sind.

Mit anderen Worten ausgedrückt, der erste Vers beschreibt den Vollzug, einer unheiligen Verbindung des Wahren mit dem Guten im Gemüt des Menschen. Unheilig deshalb, weil das Fundament dieser Verbindung auf einer im Falschen und Bösen begründeten Lehre aufgebaut ist.

Glücklicherweise war die Mutter[88] des Herrn anwesend, welche die Kirche im Gemüt des Menschen symbolisiert. Diese im Inneren des Menschen angesiedelte Kirche besteht aus dem Einfluss des Herrn, der gelebten Nächstenliebe und dem Glauben. Und weil die Kirche[89]

---

[85] Alles, was der Liebe entspringt, nennt man Gutes. [WCR 38]
Unter dem Guten wird alles der Liebe, und unter dem Wahren alles der Weisheit Angehörige verstanden. [GV 313]
Die Weisheit kann beim Menschen nicht anders entstehen, als durch die Liebe weise zu sein. Wenn man diese Liebe wegnimmt, so kann der Mensch schlechterdings nicht weise sein. Die Weisheit aus dieser Liebe wird unter dem Wahren des Guten oder unter dem Wahren aus dem Guten verstanden. Wenn sich der Mensch aus dieser Liebe Weisheit erworben hat, und dieselbe in sich liebt, dann bildet er die Liebe, welche die Liebe zur Weisheit ist, und verstanden wird unter dem Guten des Wahren oder unter dem Guten aus diesem Wahren. Es ist also eine doppelte Liebe bei dem Mann, deren eine, frühere, die Liebe weise zu sein ist, und die andere, spätere, die Liebe zur Weisheit ist; aber diese Liebe, wenn sie beim Manne bleibt, ist eine böse Liebe, und wird Hochmut oder die Liebe zur eigenen Einsicht genannt.[EL 88III]
[86] EO 376
[87] EO 631
[88] Mutter bedeutet. im geistigen Sinne die Kirche, weil diese ihre Kinder mit geistiger Speise nährt. [WCR 306]
[89] Hierdurch wurde bezeichnet, dass die Kirche da ist, wo die tätige Liebe herrscht, oder wo die guten Werke sind; die Mutter des Herrn und das Weib bedeuten die Kirche, und Johannes die tätige Liebe oder die guten Werke. [EO 821]

nur dort sein kann, wo die Nächstenliebe[90] gelebt wird, bedeutet dies, dass der Glaube des Menschen zwar auf falschen Fundamenten basiert, er aber dennoch aus seinem Inneren heraus Nächstenliebe praktiziert.

Weiter geht es mit dem 2. Vers, der da lautet:
„Jesus aber und seine Jünger wurden auch auf die Hochzeit geladen."

Jesus und seine Jünger,[91] welche den Glauben und die Liebe im Gemüt vorbilden, wurden auch zu der im Falschen und Bösen begründeten Verbindung des Wahren mit dem Guten gebeten. Das heißt, aus dem Innersten des Menschen keimt ganz leise eine Ahnung auf, dass seine Glaubenslehre auf Falschem begründet ist und die darauf aufbauende Ehe[92] ihn auf Dauer nicht glücklich machen wird. Er spürt ganz Tief in sich, dass er sich nur mit der Hilfe des Herrn aus diesem Dilemma befreien kann.

Im dritten Vers steht geschrieben:
„Und da es an Wein gebrach, spricht die Mutter Jesu zu ihm: Sie haben keinen Wein."

Der Wein[93] bezeichnet hier das Wahre aus dem Guten der Liebtätigkeit. Und wenn die Mutter des Herrn zu Jesus sagt: „Sie haben keinen Wein", dann bedeutet dies, dass die Gemütsbereiche, in denen

---

[90] Drei Elemente machen das Wesen der Kirche aus, nämlich der Herr, die Nächstenliebe und der Glaube. [WCR 712]

[91] Jünger bezeichnen Alle, die im Guten und daher im Wahren sind. [EO 25, 253]
Die 12 Jünger des Herrn, wie die 12 Stämme Israels bildeten das Ganze des Glaubens und der Liebe vor. [HG. 9410]

[92] Die Ehe eines Mannes mit einem Weib bezeichnet die Ehe des Wahren und Guten. [EO 618)
Ehe ist die Ehe des Guten und Wahren. [EO 710]
Die Vermählung der Liebe und Weisheit hat die Nutzwirkung zum Zweck. [WCR 737e]
Hochzeit bezeichnet die Verbindung des Guten und Wahren. [EO 252]

[93] Der Wein bedeutet Wahres aus dem Guten, und im entgegengesetzten Sinne Falsches aus dem Bösen. [EO 632]
Der Wein bedeutet das Wahre aus dem Guten der Liebtätigkeit und der Liebe. [EO 695]
Der Wein bedeutet das Wahre des Wortes und der Lehre, und die Speise das Gute des Wortes und der Lehre. [EO 960]

die innere Kirche angesiedelt ist, einen Mangel an geistigen Wahrheiten haben.

Weiter geht es mit dem vierten Vers, wo geschrieben steht: „Jesus spricht zu ihr: Weib, was habe ich mit dir zu schaffen? Meine Stunde ist noch nicht gekommen."

Das "sprechen des Herrn"[94] bezeichnet eine göttliche Innewerdung des Gemüts. Womit in diesem Vers zum Ausdruck gebracht wird, dass die Gemütskirche des Menschen spürt, dass der Herr noch nicht wirksam werden kann. Denn die Stunde des Herrn war noch nicht gekommen.

Alle Zeitangaben bezeichnen im inneren Sinn der Bibel Zustände der Weisheit.[95] Von daher entspricht die Stunde des Herrn im Menschen einen Gemütszustand, der aus dem Glauben an den Herrn entspringt. Und weil sich der Glaube und die Weisheit im Falschen und Bösen begründen, spürt der Mensch, dass der Herr in seinem Gemüt noch nicht angekommen ist. Der Mensch ahnt intuitiv, dass die Falschheiten des Glaubens dem Prozess seiner geistigen Entwicklung im Wege stehen.

---

[94] "Er sprach zu ihm", bedeutet das Innewerden. Das Innewerden selbst ist nichts anderes, als ein gewisses inneres Sprechen, das sich so äußert, dass man inne wird, was gesagt wird; alles inwendige Reden, auch des Gewissens, ist nichts anderes; das Innewerden aber ist ein höherer, oder mehr inwendiger Grad. [HG 1822]

[95] Zweierlei Dinge sind es, die, solange der Mensch in der Welt lebt, wesentlich erscheinen, weil sie der Natur eigentümlich sind, nämlich der Raum und die Zeit. Daher im Raum und in der Zeit leben, heißt: In der Welt oder Natur leben. Aber diese Zwei werden im anderen Leben zu nichts; dennoch erscheinen sie in der Geisterwelt als etwas, aus dem Grund, weil die Neulingsgeister vom Leib her die Vorstellung von Natürlichem bei sich haben, aber gleichwohl werden sie hernach inne, dass kein Raum und Zeit dort ist, sondern an deren Statt Zustände, und dass den Räumen und Zeiten in der Natur Zustände im anderen Leben entsprechen: den Räumen Zustände in Betreff des Seins und den Zeiten Zustände in Betreff des Daseins. [HG 2615]

Dass die Zeiten Zustände bedeuten, hat auch den Grund, weil in der geistigen Welt keine bestimmten Tageszeiten sind, die Morgen, Mittag, Abend und Nacht genannt werden, und keine bestimmten Jahreszeiten, die Frühling, Sommer, Herbst und Winter heißen, auch keine Wechsel des Schattens und des Lichts, der Wärme und der Kälte, wie in unserer Welt, sondern an ihrer Statt sind Veränderungen des Zustandes in Ansehung der Liebe und des Glaubens, durch die man sich keinen Begriff von Zeiträumen, in die unsere Zeiten abgeteilt sind, machen kann, obwohl die Zeiten dort fortschreiten, wie in der natürlichen Welt. [EO 571]

Im fünften Vers spricht Seine Mutter zu den Dienern: „Was er euch sagt, das tut."

Durch die vom Herrn angeregten Innewerdungen des Gemüts nimmt die innere Kirche Einfluss auf die Diener, welche in der Entsprechung das Gute der Liebe bzw. die Nächstenliebe bezeichnen.[96]

Mit anderen Worten ausgedrückt, handelt es sich hier um einen Gemütszustand, wo der Mensch fühlt, dass sich in seinem Leben etwas ändern muss, wenn er an Liebe und Weisheit wachsen will. In ihm beginnt die Erkenntnis zu reifen, dass er sich nur dann weiterentwickeln kann, wenn er seine Nächstenliebe durch den Herrn beeinflussen lässt.

Und so kommen wir zu dem sechsten Vers, der da lautet: „Es waren aber allda sechs steinerne Wasserkrüge gesetzt nach der Weise der jüdischen Reinigung."

Die Sechs[97] bezeichnet dasselbe wie die Drei, nämlich das umfassende Wahre des Glaubens. Der Stein bezeichnet das Wahre und dessen Beschaffenheit.[98] Der Wasserkrug bildet das Wisstümliche[99] bzw. das angelernte Wissen vor. Denn Wasser bedeutet das natürli-

---

[96] Dienen wird vom Guten der Liebe ausgesagt, und durch Jehova oder dem Herrn dienen wird verstanden Ihn verehren aus dem Guten der Liebe, und daher hat der Dienst Bezug auf die Werke. [EO 155, 336]
Diener wird der genannt, welcher im Guten ist, folglich welcher Dienste leistet. [EO 1340]
[97] Die Sechs kommt sonst im Worte vor, wo sie nicht bedeuten Arbeit, Kampf oder Zerstreuung des Falschen, sondern das Heilige des Glaubens, weil sie sich beziehen auf zwölf, welche bedeuten den Glauben und des Glaubens Alles in einem Inbegriff; und auf drei, welche bedeuten das Heilige, daher auch die echte Ableitung der Zahl Sechs. Wie bei Hes.40/5, wo das Rohr des Mannes, mit dem er die Heilige Stadt Israels maß, als sechs Ellen lang angegeben wird, und anderwärts. Der Grund dieser Ableitung ist der, dass im Kampfe der Versuchung Heiliges des Glaubens ist, sodann dass sechs Tage der Arbeit und des Kampfes auf den siebenten heiligen abzielen. [HG 737].
Die Zahl Sechs bezeichnet dasselbe wie die Zahl Zwölf, weil es ihre Hälfte ist. Die Zwölf bezeichnet alles Wahre und Gute der Kirche im Inbegriff (Ideal); daher auch im entgegengesetzten Sinn alles Falsche und Böse im Inbegriff. [HG 10217]
[98] [EO 304]
[99] Das Wisstümliche ist der Behälter geistiger Wahrheiten. [EO 513]
Das Wisstümliche lebt durch das Wahre und geht zu Grunde durch das Falsche. [EO 513]
Durch Wisstümliches aus dem Wort wird alles zum Buchstabensinn Gehörige verstanden, in welchem die Lehre nicht erscheint. [EO 545]

che Wahre und der Krug ist das Gefäß, in dem das Wahrheitswasser aufbewahrt wird. Dies entspricht dem Wisstümlichen, weil es das Gefäß ist, in dem Wahrheiten aufbewahrt werden.[100]

Die sechs steinernen Wasserkrüge bezeichnen hier den Zustand des Wahren im Verstand des Menschen. Und dieser Zustand ist dergestalt, dass das Wissen über die Dinge des Glaubens völlig mit dem aus der Sinnenwelt entlehnten Falschen durchdrungen ist. Denn die Wasserkrüge, welche dem Wisstümlichen bzw. dem erlernten Wissen entsprechen, sind leer. Das Wisstümliche ohne das Wahre ist ein leeres Gefäß. Während das Wisstümliche, in dem das Wahre ist, einem vollen Gefäß entspricht.

Dazu kommt noch, dass es sich um sechs Wasserkrüge handelt, die zur rituellen Reinigung der Juden vorgesehen waren. Dieses Waschungs- bzw. Reinigungsritual entspricht einer geistigen Waschung bzw. Reinigung von dem Bösen und Falschen.[101]

Und wenn diese Reinigung mangels Wasser nicht möglich ist, kann der im Falschen begründete Glauben keine Läuterung erfahren, denn es sind keine natürlichen Wahrheiten vorhandenen.

Im siebenten Vers spricht Jesus zu den Dienern:
„Füllet die Wasserkrüge mit Wasser! Und sie füllten sie bis obenan."

Wenn Jesus zu den Dienern spricht, dann bedeutet dies in der Entsprechung, dass der Mensch, wenn er das Gute seiner Liebe in der Nächstenliebe auslebt, durch das fein gesponnene Netz der göttlichen Vorsehung mit Innewerdungen vom Herrn bedacht wird.

Durch diese Innewerdungen kann der Verstand mittels Wahrheiten aus der Heiligen Schrift belehrt werden. Denn durch "füllen" wird in

---

[100] Dass der Wasserkrug oder Krug Wisstümliches vorbildet, kommt daher, weil das Wasser das Wahre bedeutet und der Krug ist das Gefäß, in dem das Wasser ist, wie das Wisstümliche das Gefäß ist, in dem das Wahre, denn jedes Wisstümliche ist ein Gefäß des Wahren und jedes Wahre ist ein Gefäß des Guten. Das Wisstümliche ohne das Wahre ist ein leeres Gefäß, ebenso das Wahre ohne das Gute. Hingegen das Wisstümliche, in dem das Wahre, und das Wahre, in dem das Gute, ist ein volles Gefäß. [HG 3068]
[101] HG 3147, 10237, 10241

der Bibel "belehren" verstanden.[102] Das heißt, dass es der Herr so einrichtet, dass die Wasserkrüge welche die Wisstümlichkeiten bzw. das angelernte Gedächtniswissen symbolisieren mit dem Wasser[103] der natürlichen Wahrheiten, der Lehre und des Glaubens gefüllt bzw. belehrt werden.

"Und sie füllten sie bis obenan", umschreibt einen länger andauernden Prozess, der darin besteht, dass der Verstand nach und nach durch aus der Sinnenwelt entnommenen Wahrheiten zu Erkenntnissen gelangt. Was nicht selten dazu führt, dass sich im Gemüt des Menschen das Gefühl einnisten will, dass das bisherige Glaubensfundament eher auf Sand als auf Fels gebaut ist.

Im achten Vers heißt es dann:

„Und er spricht zu ihnen: Schöpfet nun und bringet's dem Speisemeister! Und sie brachten's."

Dieser aus dem Innewerden angeregte Prozess der Zunahme von Erkenntnissen aus den natürlichen Wahrheiten und der daraus entspringenden Unsicherheit bezüglich der alten Glaubensfundamente führt irgendwann dazu, dass die im Gemüt angelegte Neigung zum Wahren verstärkt angeregt wird, nach Wahrheiten zu suchen.

Dass dem so ist, wird durch das "schöpfen" zum Ausdruck gebracht. Denn Wasser schöpfen, bezeichnet die Neigung zum Wahren, wodurch der Verstand nach Belehrungen sucht. Durch das Wahre allein wird der Mensch nämlich nicht belehrt. Es ist die Neigung zum Wahren, durch die er nach Erkenntnissen strebt. Denn Wahres ohne die Neigung dazu gelangt zwar an das Ohr wie der Schall, aber es geht nicht in das Gedächtnis ein.[104]

---

[102] Mit dem Schatz ihren Bauch **füllen** bezeichnet, mit den Wahrheiten des Wortes den inwendigen Verstand bei ihnen belehren. [EO 622]
[103] Wasser bedeutet das Wahre im natürlichen oder äußeren Menschen. [WCR 144, 572]
Wasser bezeichnen Wahrheiten des Glaubens, Wahrheiten der Lehre und auch Erkenntnisse des Wahren oder Wahrheiten des Wortes. [EO 71,118,239,240]
[104] Wasser zu schöpfen, bezeichnet die Neigungen zum Wahren, und durch sie Belehrung. Durch Wahres wird man keineswegs belehrt, sondern durch die Neigungen zum Wahren,

Letztendlich ist es so, dass immer dann, wenn der Mensch aus der Neigung zum Wahren nach Antworten auf die existenziellen Fragen des Lebens sucht, der Herr nicht weit entfernt ist. Die göttliche Vorsehung hat alles so eingerichtet, dass der Mensch zur rechten Zeit auf eine für ihn verständliche Art und Weise die Wahrheiten "findet", durch die er sich weiterentwickeln kann. Er wird sozusagen vom Herrn mit geistigen Speisen[105] und Getränken bestehend aus Einsichten und Wahrheiten versorgt, damit er auf dem Weg zur Weisheit voranschreiten kann.

Selbstverständlich bedarf es eines Korrektivs, durch das der Mensch erkennen kann, ob es sich bei den aus der Neigung zum Wahren aufgenommenen Informationen um wirkliche Wahrheiten handelt. Dieses Korrektiv ist der Speisemeister im Gemüt des Menschen.

Der Speisemeister bezeichnet einen geschützten Gemütsbereich, in dem gewisser Art die Grundlagen zum Erkennen des Wahren angelegt sind.[106] Für diesen Gemütsbereich verwendet Swedenborg den Begriff "Überreste".[107]

Unter den Überresten werden alle seit der Geburt des Menschen durchlebten himmlischen Zustände verstanden. Dazu gehören die Zustände der Unschuld, der Nächstenliebe und der Barmherzigkeit plus dem Guten und Wahren das im Gedächtnis eingeprägt ist. Sie werden vom Herrn, ohne dass sich der Mensch dessen bewusst ist, im Gemüt erhalten und aufbewahrt.

Hätte es der Herr nicht so eingerichtet, dass diese gelebten Erfahrungen aufbewahrt würden, so wäre nichts von Unschuld, Nächstenliebe und Barmherzigkeit im Denken und Handeln des Menschen, mithin auch nichts Gutes und Wahres. Ohne diese Überreste wäre der Mensch ärger als die wilden Tiere.

---

denn Wahres ohne Neigung gelangt zwar an das Ohr wie ein Schall, aber geht nicht ins Gedächtnis ein. [HG 3066]

[105] Speise bezeichnet alles Wahre und Gute oder die Erkenntnisse des Wahren und Guten, weil diese es sind, die das geistige Leben nähren und erhalten. [EO 235, 374]

[106] Durch den Speisemeister werden bezeichnet, die in den Erkenntnissen des Wahren sind. [EO 376]

[107] Mehr Informationen über die Überreste finden auf der Seite 201.

Oder um es mit Swedenborg auszudrücken:

„Die Überreste sind es, in denen das Leben des Menschen ist, das ihn vor den Tieren auszeichnet. Vermöge der Überreste oder durch die Überreste vom Herrn kann der Mensch sein wie ein Mensch, wissen, was gut und wahr ist, über das einzelne reflektieren, folglich denken und schließen; denn in den Überresten allein ist geistiges und himmlisches Leben."[108]

In Bezug auf den Speisemeister bedeutet dies, dass es im Inneren des Gemüts Bereiche gibt, in dem scheinbar längst vergessene bzw. verdrängte göttliche Wahrheiten und Gefühle darauf warten, als Referenz für die Überprüfung von neuen Erkenntnissen zu dienen.

Genau dieser Prüfvorgang wird im 9. Vers beschrieben, wo es heißt:

„Als aber der Speisemeister den Wein kostete, der Wasser gewesen war, und nicht wusste, woher er kam (die Diener aber wussten's, die das Wasser geschöpft hatten), ruft der Speisemeister den Bräutigam".

Unter dem Wort "kosten" wird in der Entsprechung das Innewerden des natürlich Guten und Wahren verstanden.[109] Denn die Zunge kostet und schmeckt Speisen und Getränke, und durch Speisen und Getränke wird das Gute und Wahre bezeichnet, welches das natürliche Gemüt ernährt.

Wenn also der Speisemeister den vermeintlichen Wein des Wahren aus dem natürlich Guten verkostet, dann entspricht dieses Bild einem Prozess, in dem der Verstand das aufgenommene Wahre intuitiv mit den himmlischen Zuständen, Gefühlen und Wahrheiten aus den Überresten vergleicht. Dass es hier, bei diesem Vorgang, zu

---

[108] HG 560

[109] Die Zunge bezeichnet nämlich Verschiedenes, weil sie das Organ der Rede sowohl, als des Geschmacks ist. Als das Organ der Rede bedeutet sie das Bekenntnis, das Denken, die Lehre und die Religion, und als das Organ des Geschmacks das natürliche Innewerden des Guten und Wahren. Aber der Geruch bedeutet das geistige Innewerden des Guten und Wahren, denn die Zunge kostet und schmeckt die Speisen und Getränke, und durch Speisen und Getränke wird das Gute und Wahre bezeichnet, welches das natürliche Gemüt ernährt. [EO 990]

gewissen Irritationen im Gemüt des Menschen kommt, ist nur verständlich. Hat doch der Verstand den Wein des Wahren aus dem natürlichen Guten erwartet und muss beim Abgleich mit den Überresten feststellen, dass er den herrlichen Wein des göttlich Wahren verkostet hat.

Im Gegensatz zum Speisemeister war es der durch die Diener symbolisierten Nächstenliebe bekannt, dass sich in den Krügen des angelernten Wissens, ursprünglich Wasser der natürlichen Wahrheiten befand. Durch den Vorgang des Schöpfens, welcher einer Belehrung durch den Herrn entspricht, wurde das Wasser in den Wein der göttlichen Wahrheiten verwandelt.

Dazu muss man wissen, dass die göttliche Vorsehung des Herrn alles so einrichtet, dass unter den entsprechenden Voraussetzungen im Verstand des Menschen die natürlichen Wahrheiten zu göttlichen Wahrheiten veredelt werden können.

Im vorliegenden Fall ist genau dies geschehen, denn wenn vom Herrn die Rede ist, bezeichnet der Wein das aus Seinem göttlichen Guten hervorgehende göttliche Wahre.[110]

Dass auch hier ein längerer Zeitraum vergehen musste, bevor im Gemüt des Menschen durch allerlei Belehrungen, aus den natürlichen Wahrheiten göttliche Wahrheiten wurden, braucht sicherlich nicht weiter ausgeführt zu werden.

Und weil der Speisemeister von dieser Umwandlung nichts wusste, rief er den Bräutigam, der hier dem im Verstand angesiedelten Wahren entspricht, und spricht zu ihm im 10. Vers:

„Jedermann gibt zum ersten guten Wein, und wenn sie trunken geworden sind, alsdann den geringeren; du hast den guten Wein bisher behalten."

Wenn es heißt, dass die durch den Speisemeister symbolisierten Überreste zum Verstand sprechen, dann bedeutet dies, dass der Ver-

---

[110] Der Wein bezeichnet, wo vom Herrn die Rede ist, das aus Seinem göttlichen Guten hervorgehende göttliche Wahre, das gleiche wie das Blut. [HG 219]

stand durch Innerwerdungen das Wahre erkennt. Denn sprechen, bedeutet in der Entsprechung innewerden und verstehen.[111]

„Jedermann gibt zum ersten guten Wein" bedeutet, dass der Herr die im äußeren Buchstabensinn der Bibel begründeten Wahrheiten durch Innewerdung des inneren Sinns aufgeschlossen hat. Ein Prozess, der meist so unbemerkt geschieht, dass selbst die durch den Speisemeister symbolisierten Überreste überrascht sind.

Dies wird durch die Worte: "Und wenn sie trunken geworden sind, alsdann den geringeren Wein", zum Ausdruck gebracht.

Wer schon einmal von Wein trunken war, weiß, dass es dabei mit dem klaren Denken und dem Erkennen von Wahrheiten sehr problematisch werden kann.

Und so besagt das Wort „trunken" in diesem Vers, dass je mehr sich der Verstand in der Sinnenwelt verliert, desto mehr entfernt er sich durch falsche Vernunftschlüsse und verkehrte Auslegungen des Wortes von der Wahrheit.[112]

Wenn sich der Verstand auf diese Weise weit genug vom Wahren entfernt hat, gibt sich das Gemüt immer mehr mit dem geringeren Wein des Falschen aus dem Bösen zufrieden.

Glücklicherweise führt der Herr alles so, dass das Gemüt des nach Wahrheit suchenden Menschen, wie in den vorhergehenden Versen beschrieben, durch Erfahrungen und Belehrungen, auf sein ganz persönliches Weinwunder vorbereitet wird.

Irgendwann, wenn im Laufe dieser Belehrungen die Fundamente des im Falschen begründeten Glauben in sich instabil und brüchig geworden sind, ist es dem Herrn möglich, das Wasser der natürlichen Wahrheiten in den Wein des göttlich Wahren zu verwandeln.

---

[111] EO 415

[112] Die Bewohner der Erde sind trunken worden von dem Weine ihrer Hurerei bedeutet, dass die Angehörigen der Kirche in Irrtümer und Unsinn verfallen sind durch falsche Vernünfteleien und durch verkehrte Deutungen des Wortes, denn trunken werden heißt, durch falsche Vernunftschlüsse und verkehrte Auslegungen des Wortes geleitet werden. [HG 1072]

Meist handelt es sich dabei um ein inneres oder äußeres Erlebnis, durch das der Verstand einen Impuls erhält, der ihn sein bisheriges Weltbild aus einem ganz andern Blickwinkel sehen lässt. Der Mensch erkennt das vom Herrn gegebene Wahre aus dem Guten als solches und kann dadurch in seinem Gemüt in eine höhere Ebene erhoben werden.[113]

Derjenige, der dies bewusst erfahren hat, wird sich nicht wundern, wenn sein Speisemeister feststellt, dass der verkostete Wein an Qualität und Güte nicht zu übertreffen ist.

Zum Schluss meiner entsprechungsmäßigen Auslegung der Hochzeit zu Kana möchte ich noch kurz auf den 11. Vers eingehen, der da lautet:

„Dies ist das erste Zeichen, das Jesus tat, geschehen zu Kana in Galiläa, und offenbarte seine Herrlichkeit. Und seine Jünger glaubten an ihn."

Das "erste Zeichen" bezeichnet eine Beglaubigung bzw. eine Bestätigung.[114] Kana zu Galiläa entspricht der im Falschen und Bösen begründeten Lehre und die Herrlichkeit des Herrn, bezeichnet das göttlich Wahre.[115]

Aus diesem Blickwinkel heraus bestätigen die Worte im 11. Vers noch einmal, dass es die aus dem Wahren des Herrn entspringende Kraft ist, welche alles im Leben des Menschen so führt und leitet, dass eine im Falschen und Bösen begründete Lehre im Verstand des Menschen, umgewandelt werden kann. Was selbstverständlich im-

---

[113] Durch den Speisemeister werden bezeichnet, die in den Erkenntnissen des Wahren sind; dass er zum Bräutigam sagte: Jedermann setzt zuerst den guten Wein vor, und wenn sie genug haben, den geringeren, Du hast den guten Wein bis jetzt zurückbehalten bedeutet, dass jede Kirche mit den Wahrheiten aus dem Guten anfange, aber mit Wahrheiten des Nicht-Guten aufhöre, und dass dennoch jetzt am Ende der Kirche das Wahre aus dem Guten oder das echte Wahre gegeben werde, nämlich vom Herrn. [EO 376]

[114] Die Zeichen bedeuten die Beglaubigungen, dass es wahr sei, weil ehemals Zeichen geschahen, um die Wahrheit zu beglaubigen; nachdem die Zeichen und Wunder aufgehört haben, ist ihre Bedeutung noch geblieben, welche die Beglaubigung der Wahrheit ist. [EO 598]

[115] Die Herrlichkeit bezeichnet das göttlich Wahre. [4HL/LS 18]

mer nur soweit geschieht, wie es die Willensfreiheit des Menschen zulässt. Und wenn es heißt: „seine Jünger glaubten an ihn", dann bedeutet dies, dass im Gemüt des Menschen der Glauben und die Liebe durch das göttlich Wahre[116] eine Richtungswendung erfahren haben, die von der Welt weg und zum Herrn hinführt.

Zusammenfassend kann man festhalten, dass es sich bei diesem Wunder um ein Ereignis handelt, welches jeder nach Erkenntnis strebende Mensch in seinem Leben mehrmals erlebt. Denn jeder Mensch kommt ohne irgendein Wissen auf diese Welt und ist eingeladen ein Bewohner des höchsten Engelshimmels zu werden.

Dass uns der Herr auf diesem nicht immer einfachen Weg unterstützt, in dem Er zur rechten Zeit unser Erkenntniswasser zu Wein umwandelt, ist für mich ein sehr schöner Gedanke.

Dass dem wirklich so ist, möchte ich beispielhaft an den Wundern meiner eigenen kanaanitischen Hochzeiten berichten.

Alles fing damit an, dass ich das Licht dieser Welt erblickte. Ich kann mich zwar nicht mehr so ganz genau daran erinnern, wie das damals war, aber ich weiß, dass ich mich in jener Zeit in einem himmlischen Zustand befand. Was allerdings nichts Außergewöhnliches ist, da sich jedes Kleinkind, engelgleich in einem himmlischen Zustand befindet.[117] Dies ist deshalb so, weil sich in dem Gemüt eines Kleinkindes noch nichts Falsches und nichts Böses ansiedeln konnte und es sich deshalb in einem Zustand der Unschuld befindet. In dieser Zeit der Unschuld und der unbedingten Liebe zu den Eltern und Verwandten wurde in den Tiefen meines Gemüts vom Herrn der

---

[116] Der Glaube besteht darin, dass man richtig über Gott und das Wesentliche der Kirche denkt. [WCR 621e]

[117] Ich wurde belehrt, die echte eheliche Liebe sei die Unschuld selbst, die in der Weisheit wohnt. Die, welche in ehelicher Liebe gelebt haben, sind in der Weisheit vor allen im Himmel, und dennoch erscheinen sie, wenn sie von anderen angesehen werden, wie Kinder im blühenden und frühlingsmäßigen Alter, und alles was sich dann zuträgt, ist ihnen Freude und Seligkeit. Dieselben sind im innersten Himmel, welcher der Himmel der Unschuld genannt wird; durch ihn fließt der Herr in die eheliche Liebe ein; und aus diesem Himmel sind Engel bei Menschen, die in dieser Liebe leben. Sie sind auch bei Kindern in ihrem ersten Alter. [HG 2736.]

Grundstock für die durch den Speisemeister symbolisierten Überreste gelegt. Auch die aus dieser Unschuld entspringenden Zustände der Nächstenliebe und Barmherzigkeit werden dort aufbewahrt.

Je mehr ich mit zunehmendem Alter in die Sinnenwelt eintauchte, verlor sich dieser Zustand der Unschuld. Und spätestens dann, als ich in der rauen Realität des Schulalltags angekommen war, war es vorbei mit der kindlichen Unschuld. Mein Kopf wurde zunehmend mit dem Wissen angefüllt, von dem die Lehrer annahmen, dass es für mein weiteres Leben eine Bedeutung hat.

Später dann, als ich so um die 15 – 16 Jahre alt war, entwickelte sich bei mir ein zunehmendes Interesse an den Grundfragen des Lebens. Dies hatte zur Folge, dass ich nach Antworten auf die Fragen nach dem Woher, dem Wohin und dem Warum zu suchen begann.

Schlüssige Antworten fand ich bei den Naturwissenschaften. Durch die Auseinandersetzung mit der Urknalltheorie wurde für mich recht anschaulich begründet, wie aus einem unendlich kleinen und unendlich dichten Punkt das ganze Universum, mit seinen unzählbar vielen Galaxien, Sonnen, Erdkörpern und Monden, entstehen konnte.

Auch die Auskünfte der allgemein anerkannten Evolutionstheorie in Bezug auf die Frage nach der Herkunft des Menschen empfand ich als sehr überzeugend. Ist der Mensch doch letztendlich das Produkt einer millionenjahrelangen Entwicklung, die im Meer durch das zufällige zusammenfinden von organischen Molekülen zu einer lebendigen Zelle, begonnen hat. Eine Unzahl von Mutationen und Selektionen später fand die Evolution im Menschen ihren vorläufigen Abschluss.

Diese Theorien haben mich damals sosehr überzeugt, dass sich für mich die Frage nach der Existenz eines Gottes überhaupt nicht stellte. Für mich war Gott der Versuch von "Unwissenden" die Welt zu erklären. Und Religion war doch letztendlich, wie Karl Marx es so trefflich formulierte, Opium für das Volk. Alles in allem war ich in jener Zeit mit den Antworten, die mir die Naturwissenschaft auf meine Fragen gegeben hat ganz zufrieden.

Aus der heutigen Sicht habe ich mich damals sosehr in den Erklärungsmodellen der Sinnenwelt verloren, dass man diesen Zustand mit dem vergleichen kann, wie er im ersten Vers der Hochzeit zu Kana beschrieben wird. Ich war auf dem besten Wege in meinem Gemüt eine Verbindung zwischen meinem Guten und meinem im Falschen begründeten Wahren einzugehen.

Erst einige Jahre später, als ich meine berufliche Qualifizierung abgeschlossen und einen eigenen Hausstand gegründet hatte, setzte ich mich erneut mit den existenziellen Fragen des Lebens auseinander.

Dabei musste ich bei einer gereifteren Betrachtung der Urknall- und der Evolutionstheorie nach und nach erkennen, dass diese "wissenschaftlich bewiesenen" Theorien mit sehr vielen Ungereimtheiten und Irrtümern behaftet waren. Die Folge davon war die, dass mein bisheriges Weltbild ins Wanken geriet.

Und so sah ich mich gezwungen, tiefer in die Geheimnisse der materiellen Schöpfung einzudringen. Die Quintessenz meiner damaligen Erkenntnisse war die:

1) Die Forschungsergebnisse der Atomphysik zeigen auf, dass die kleinsten Teilchen[118] aus welchen die Atome gebildet werden, letztendlich aus Energie bestehen. Durch die Weiterführung dieses Gedankens kam ich zu der Erkenntnis, dass jegliche Materie nichts weiter als strukturierte Energie ist.

2) Durch die Auseinandersetzung mit der Tiefenpsychologie war ich damals zu der Überzeugung gelangt, dass Intelligenz bzw. das was wir dem Denken, Erkennen und dem Gedächtnis zu-

---

[118] **Elementarteilchen** sind die ursprüngliche Bezeichnung für die drei Bausteine der Atome: Elektronen sowie Protonen und Neutronen (die beide den Atomkern aufbauen). Nach der Entdeckung weiterer Teilchen, die auf gleicher Stufe stehen, Bezeichnung für alle Teilchen, die nach dem heutigen Stand der Forschung als nicht weiter teilbar angesehen werden. Charakteristische Zahlenangaben für ein Elementarteilchen sind u. a. elektrische Ladung (0 oder eine positive bzw. negative Elementarladung) und Masse (meist in Vielfachen der Elektronenmasse angegeben); Spin, Isospin, Strangeness.
Die meisten Elementarteilchen sind nicht stabil und gehen nach einer charakteristischen Lebensdauer in andere Elementarteilchen über. Grundsätzlich gilt, dass alle Elementarteilchen entweder ineinander umgewandelt oder aus Energie erzeugt werden können. [http://www.wissen.de/lexikon/elementarteilchen]

schreiben, eine geistige Tätigkeit ist, die nicht unbedingt an die Materie gebunden sein muss.

Natürlich hat es eine geraume Zeit gedauert, bis meine ehemals leeren Wasserkrüge mit diesen Erkenntnissen bis obenan gefüllt waren. Doch als es dann soweit war, konnte mein erstes persönliches "Wasser-zu-Wein-Wunder" geschehen. Denn aus Gründen, die nur der Herr allein weiß, kam mir folgender Gedanke in den Sinn. Im Grunde genommen würden sich all die naturwissenschaftlichen Ungereimtheiten sowohl der Evolutions- als auch der Urknalltheorie auflösen, wenn es statt des blinden Zufalls einen Gott gäbe.

Einen jenseits der Materie angesiedelten Gott, der als höchste Intelligenz in der Lage ist Energie total zu beherrschen. Er könnte auf diese Weise aus Energie nach Belieben Materie herstellen und mit den Eigenschaften versehen, wie wir sie heute beobachten können. Bei der weiteren Auseinandersetzung mit diesem Gedanken wurde ich mir immer bewusster, dass es einen Gott geben muss.

Aus heutiger Sicht würde ich sagen, dass Gott damals das erste Mal in meinem Leben den Weltweisheitswein in einen göttlich inspirierten Wein verwandelt hat. Denn seit jener Zeit begab ich mich auf die Suche nach Gott. Ich wollte wissen, wer von den vielen Göttern der wahre Gott ist und wie das Verhältnis zwischen Gott und Mensch idealerweise sein soll.

Bereits nach relativ kurzer Zeit gelangte ich zu der Überzeugung, dass der Gott der Bibel der wahre Gott sein muss. Und so begann ich damit, in der Bibel zu lesen. Parallel dazu nahm ich Kontakt zu verschiedenen christlichen Glaubensgemeinschaften auf.

Die folgende Zeit verbrachte ich damit, den Gott der Bibel besser kennenzulernen. Dabei übte ich mich wie wahrscheinlich die meisten Christen darin, den Vater, den Sohn und den Heiligen Geist in mein Leben zu integrieren. Ich akzeptierte nach und nach, dass Gott-Vater einerseits ein gerechter bisweilen ein wenig zorniger und bei bedarf strafender Gott ist. Während Er andererseits ein barmherziger

Gott ist, der Seinen eingeborenen Sohn einen grausamen Tod sterben ließ, damit die Menschen einen Weg zum Vater finden können.

Obwohl es mir schwerfiel, versuchte ich die vielen Diskrepanzen zwischen der Bibel und der Naturwissenschaft auszublenden. Ich akzeptierte, dass Gott den Menschen erst vor ca. 6000 Jahre erschaffen hat. Weshalb ich auch den Beteuerungen der Wissenschaftskritiker glaubte, dass die C14-Datierungsmethode[119] viel zu ungenau sei, um das Alter von Ausgrabungsfunden zu bestimmen.

Ich begann damit, viele biblische Ereignisse als wahr anzuerkennen, obwohl mein Verstand dabei ein gewisses Unbehagen empfand. Ereignisse wie z. B., dass es schon einen Abend und einen Morgen gab, obwohl die Sonne noch gar nicht erschaffen war. Oder die Frage nach der Herkunft der großen Wassermassen, welche während der Sündflut die ganze Erde so hoch überfluteten, dass gerade mal die Gipfel der hohen Berge aus dem Meer hinausschauten.

Überhaupt ertappte ich mich immer öfter dabei, unverständliche oder unlogische Bibelaussagen mit dem von meinen Glaubensgeschwistern gern verwendeten Argument zu akzeptieren, dass man eben glauben und nicht alles verstehen muss.

Auf diese Art und Weise rutschte ich immer mehr in den Zustand des ersten Verses der Hochzeit zu Kana. Denn zum einen begründete ich mich immer mehr in dem Falschen, das aus der buchstäblichen Auslegung der Heiligen Schrift entsprang. Und zum anderen spürte ich in mir gewisse Tendenzen zum Fundamentalismus. Mir kam hin und wieder der Gedanke in den Sinn, dass der Mensch nur als Christ

---

[119] **Radiocarbondatierung-** bzw. **C14-Datierung-Methode** ist ein Verfahren das darauf beruht, dass in abgestorbenen Organismen die Menge an gebundenen <u>radioaktiven</u> ^{14}C-Atomen gemäß dem <u>Zerfallsgesetz</u> abnimmt. Lebende Organismen sind von diesem Effekt nicht betroffen, da sie ständig neuen Kohlenstoff aus der Umwelt aufnehmen, der wieder den normalen Anteil an ^{14}C-Atomen einbringt. Dieser „normale Anteil" ist trotz des ständigen Zerfalls nahezu konstant, da ^{14}C ebenso ständig in der oberen Atmosphäre neu gebildet wird.
Entwickelt wurde die Radiokarbondatierung 1946 von <u>Willard Frank Libby</u>, der für diese Leistung 1960 mit dem <u>Nobelpreis für Chemie</u> ausgezeichnet wurde. Die Radiokarbondatierung wird in der <u>archäologischen Altersbestimmung</u>, <u>Archäobotanik</u> und <u>Quartärforschung</u> angewandt.

in den Himmel kommen kann. Während die meisten Ungläubigen eher nicht im Buch des Lebens eingeschrieben stehen.

Diese aus meinem Gottesbild entspringenden Gedanken und Gefühle passten irgendwie nicht zu den aus meiner Gemütskirche emporkeimenden Gefühlen der Liebe zu Gott und meinen Nächsten. Oder anders ausgedrückt, meine sechs Wasserkrüge waren zwar voll mit buchstäblichen Bibelwahrheiten, aber da ich sie nicht wirklich verstanden hatte, begründete sich mein Glauben im Falschen.

In dieser Situation erbarmte sich Gott meiner. Er ließ mich in der U-Bahn einen Prospekt finden, in dem das Buch "Himmel und Hölle" von Emanuel Swedenborg angepriesen wurde. Entgegen meiner sonst üblichen Zurückhaltung gegenüber Werbeprospekten kaufte ich mir dieses Buch. Bereits nach dem Lesen der ersten Kapitel eröffnete sich mir eine völlig neue Sichtweise der biblischen Wahrheiten.

Als ich das Buch ausgelesen hatte, war ich von dem Inhalt so ergriffen, dass ich heute von meinem zweiten Wasser-zu-Wein-Wunder sprechen würde.

Durch das weitere Studium der Swedenborgschriften eröffnete sich mir die geistige Dimension der göttlichen Schöpfung und mein Verhältnis zu Gott veränderte sich total.

Die vormals drei Götter Vater, Sohn und Heiliger Geist entpuppten sich aus der neuen Sichtweise als Synonyme für die göttliche Liebe, die göttliche Weisheit und die Allmacht Gottes. Und der vormals zürnende und unnahbare Gott war im neuen Erkenntnislicht ein Gott, der Seiner Schöpfung und somit auch uns Menschen mit reinster Liebe und Barmherzigkeit begegnet. Gott liebt die Menschen sosehr, dass Er selbst das Kleid der Materie angezogen hat und als Jesus Christus über diese Erde gewandelt ist. Zu solch einem Gott konnte ich natürlich ein ganz anderes emotionales Verhältnis aufbauen, als es mir in meiner reinen Bibelphase jemals möglich gewesen wäre.

Des Weiteren bekam ich durch das Studium der Swedenborgwerke das Werkzeug der Entsprechungslehre an die Hand, durch die es möglich ist, hinter den äußeren Buchstaben den geistigen Sinn der göttlich inspirierten Texte zu verstehen. Letztendlich lösten sich durch die Erkenntnisse, welche ich durch Swedenborg gewonnen habe, die meisten der "Fehler" und "Ungereimtheiten" in der Bibel auf.

Wie ich bereits oben angedeutet habe, kann sich Gott den in der Sinnenwelt gefangenen Menschen nur über gleichnishafte Bilder kundtun. Von daher entpuppten sich viele der unlogisch und unverständlich erscheinenden göttlich inspirierten Texte im Licht der Entsprechungskunde als wahre Diamanten der göttlichen Liebe und Weisheit.

Rückblickend würde ich sagen, dass Gott in Seiner unbegreiflichen Barmherzigkeit in meinem Leben alles so geführt hat, dass ich schon einige Male das Wunder der Wasser-zu-Wein-Verwandlung erleben durfte. Ein, wie ich glaube, nicht gerade seltenes Phänomen. Scheint es doch in der menschlichen Natur zu liegen, dass die einzelnen Stufen der geistigen Wiedergeburt mit neuen wunderbaren Erkenntnissen beginnen, um dann im Laufe der Zeit, durch den massiven Einfluss der Sinnenwelt, in das Falsche verkehrt zu werden.

Glücklicherweise hat es die göttliche Vorsehung so eingerichtet, dass wenn der Mensch die Neigung zum Wahren nicht unterdrückt, seine Wasserkrüge mit dem Wein der natürlichen Wahrheiten gefüllt werden. Ist dann die rechte Zeit herangereift, wird Gott, unter Berücksichtigung der Willensfreiheit, die Impulse zulassen, durch die das Erkenntniswasser in Wein verwandelt wird. Dabei werden die durch den Speisemeister symbolisierten Überreste über die Köstlichkeit dieses göttlichen Wahrheitsweins mehr als verwundert sein.

An dieser Stelle möchte ich die entsprechungsmäßige Auslegung eines neutestamentlichen Textes beenden und mich im nächsten Kapitel einem Text aus dem Alten Testament zuwenden.

Der Traum des Nebukadnezar

Im 2. Kapitel des Propheten Daniel wird davon berichtet, dass im zweiten Jahr der Regierungszeit des Königs Nebukadnezar[120] dieser einen Traum hatte, der ihn so sehr erschrak, dass er davon aufwachte. Der Traum beschäftigte den König Nebukadnezar so stark, dass er alle Sternseher, Weisen und Zauberer seines Reiches in seinen Palast rufen ließ, damit sie ihm diesen Traum sagen und deuten sollten. Natürlich hatten die von ihm gerufenen Seher, Weisen und Zauberer ein kleines Detailproblem, das darin bestand, dass sie den Traum des Nebukadnezar nicht kannten und der König sich weigerte, diesen Traum zu erzählen. Und als sie ihn baten, den Traum zu erzählen, antwortete er ihnen: „Er ist mir entfallen. Werdet ihr mir den Traum nicht anzeigen und ihn deuten, so sollt ihr in Stücke zerhauen und eure Häuser schändlich zerstört werden. Werdet ihr mir aber den Traum anzeigen und deuten, so sollt ihr Geschenke, Gaben und große Ehre von mir haben". Natürlich konnten die von Nebukadnezar Berufenen seinen Traum nicht wiedergeben, sodass der feine Herr König ziemlich zornig wurde und befahl, alle Weisen in Babel umzubringen.

In jener Zeit lebte der jüdische Prophet Daniel unter den Gefangenen in Babylon. Als Prophet fiel auch er unter das von Nebukadnezar ausgesprochene Urteil, alle Weisen im Lande zu töten. Nachdem Daniel von diesem Urteil gehört hatte, wurde er beim obersten Richter Arioch vorstellig, der den Auftrag hatte, das Urteil zu vollstrecken. Ihn bat Daniel um eine Frist, damit er dem König die Deutung des Traumes sagen konnte. Er bekam diese Frist, und er nutzte die Zeit, Jehova um Erleuchtung zu bitten. Nun wäre Daniel kein Prophet gewesen, wenn ihm dieser verborgene Traum nicht durch ein Gesicht in der Nacht offenbart worden wäre.

Am nächsten Tag ging Daniel zu Arioch und teilte ihm mit, dass er die Weisen von Babel nicht zu töten braucht, da er den Traum und dessen Deutung wisse. Arioch brachte Daniel sogleich vor den Kö-

---

[120] **Nebukadnezar**; (* um 640 v. Chr.; † 562 v. Chr.) war von 605 bis 562 v. Chr. neubabylonischer König. [Wikipedia]

nig und sprach zu ihm: „Es ist einer gefunden unter den Gefangenen aus Juda, der dem König die Deutung sagen kann".

Der König antwortete und sprach zu Daniel: „Bist du es, der mir den Traum, den ich gesehen habe, und seine Deutung anzeigen kann?" Daniel sprach zu dem König: „Das verborgene Ding, das der König von den Weisen, Gelehrten, Sterndeutern und Wahrsagern fordert, steht nicht in ihrem Vermögen, es dem König zu sagen. Aber es ist ein Gott im Himmel, der kann verborgene Dinge offenbaren; der hat dem König Nebukadnezar angezeigt, was in künftigen Zeiten geschehen soll."

Und der Prophet Daniel erzählte dem Nebukadnezar seinen Traum:

„Du, König, sahst, und siehe, ein großes und hohes und sehr glänzendes Bild stand vor dir, das war schrecklich anzusehen.
Des Bildes Haupt war von feinem Golde, seine Brust und Arme waren von Silber, sein Bauch und seine Lenden waren von Erz, seine Schenkel waren Eisen, seine Füße waren eines Teils Eisen und eines Teils Ton. Solches sahst du, bis dass ein Stein herab gerissen ward ohne Hände; der schlug das Bild an seine Füße, die Eisen und Ton waren, und zermalmte sie.
Da wurden miteinander zermalmt das Eisen, Ton, Erz, Silber und Gold und wurden wie eine Spreu auf der Sommertenne, und der Wind verwehte sie, dass man sie nirgends mehr finden konnte. Der Stein aber, der das Bild zerschlug, ward ein großer Fels, dass er die ganze Welt füllte."

Das ist der Traum. Nun wollen wir die Deutung vor dem König sagen.

Du, König, bist ein König aller Könige, dem der Gott des Himmels Königreich, Macht, Stärke und Ehre gegeben hat und alles, da Leute wohnen, dazu die Tiere auf dem Felde und die Vögel unter dem Himmel in deine Hände gegeben und dir über alles Gewalt verliehen hat. Du bist das Haupt der Bildsäule, welches Gold ist.

Nach dir wird ein anderes Königreich aufkommen, geringer denn deins. Danach das dritte Königreich, das ehern ist, welches wird über alle Lande herrschen.

Und das vierte wird hart sein wie Eisen; denn gleichwie Eisen alles zermalmt und zerschlägt, ja, wie Eisen alles zerbricht, also wird es auch diese alle zermalmen und zerbrechen.

Dass du aber gesehen hast die Füße und Zehen eines Teils Ton und eines Teils Eisen: das wird ein zerteiltes Königreich sein; doch wird von des Eisens Art darin bleiben, wie du es denn gesehen hast, Eisen mit Ton vermengt.

Dass Du die Füße teils von Ton und teils von Eisen gesehen hast, bedeutet, dass das Königreich geteilt sein wird, das Königreich wird teils stark und teils gebrochen sein. Dass Du gesehen hast Eisen gemischt mit Ton des Lehms, so werden sie sich vermischen durch Samen des Menschen, aber sie werden nicht miteinander zusammenhängen, gleichwie das Eisen sich nicht vermischt mit Ton.

Aber zur Zeit solcher Königreiche wird der Gott des Himmels ein Königreich aufrichten, das nimmermehr zerstört wird; und sein Königreich wird auf kein anderes Volk kommen. Es wird alle diese Königreiche zermalmen und zerstören; aber es selbst wird ewiglich bleiben; wie du denn gesehen hast einen Stein, ohne Hände vom Berge herab gerissen, der das Eisen, Erz, Ton, Silber und Gold zermalmte. Also hat der große Gott dem König gezeigt, wie es hernach gehen werde; und der Traum ist gewiss, und die Deutung ist recht."[121]

Soweit der Traum des Nebukadnezar und seine Deutung durch den Propheten Daniel.

Ich könnte mir vorstellen, dass sich der eine oder andere Leser dieser Geschichte die Frage stellen wird, was denn dieser leicht verworrene Traum mit den Menschen des 21. Jahrhunderts zu tun hat.

Auch dieser biblische Text ist voller Entsprechungen – wie ich im Folgenden darlegen werde.

---

[121] Daniel 2,31-45

Um in die tiefere Bedeutung des Nebukadnezar-Traums eindringen zu können, werde ich mich zunächst einmal mit der Frage auseinandersetzen, welchem Bereich Nebukadnezar, König von Babel, im Gemüt des Menschen entspricht. Denn Swedenborg beschreibt in seinen Werken, dass sich fast alle Personen der Bibel als Entsprechung im menschlichen Gemüt wiederfinden.

Hierbei gilt es zu bedenken, dass der Entsprechungssinn fast aller Worte in der Bibel immer vom jeweiligen Kontext abhängt, in dem sie erwähnt werden. Das gleiche Wort kann sowohl einen positiven, das heißt, gottzugewandten Entsprechungssinn haben, es kann aber auch einen negativen, das heißt, gottabgewandten Entsprechungssinn haben.

So symbolisiert das Wort König im positiven Sinn Wahrheiten, die ihre Grundlage in der göttlichen Liebe haben.[122] König im entgegengesetzten Sinn bezeichnet Weltwahrheiten, die ihre Grundlage aus dem Falschen und Bösen der Welt ziehen.[123]

Das gleiche gilt auch für das Wort Babel. Babel oder Babylonien symbolisiert auf der positiven Entsprechungsebene dem Bereich des menschlichen Gemüts, der im Glauben an den Herrn und in der tätigen Liebe zum Nächsten steht.[124] Im negativen Sinn bezeichnet Babel diejenigen, welche heilige Dinge zum Herrschen missbrauchen oder welche, die durch die heiligen Dinge der Kirche nach Herrschaft streben.[125]

Auch der Begriff Kirche hat verschiedene Bedeutungsebenen. So wird ein Mensch, der im Glauben an den Herrn und in der tätigen Liebe zum Nächsten steht, oft mit dem Wort Kirche umschrieben.[126] Wobei zu bedenken ist, dass der Zustand unserer inneren Kirche eine große Spannbreite hat. Sie geht von der ersten Kirche, die im

---

[122] König bedeutet im Worte das göttliche Wahre. [WCR 114]
[123] EO 31, 316, 412
[124] Babylon bezeichnet bei den Propheten und in der Offenbarung die Kirche. [WCR 754, 759a]
[125] EO 601, 911, 960
[126] WCR 767

Guten der Liebe zum Herrn ist, bis hin zur letzten Kirche, wo die Wahrheiten des Wortes völlig verfälscht sind.

Aus diesem Blickwinkel betrachtet symbolisiert Nebukadnezar als der König von Babel, die Liebe des Menschen zu Gott und zum Nächsten. Der Nebukadnezar im Inneren des Menschen kann eine innige Verbindung mit der göttlichen Liebe suchen, sodass durch diese Verbindung die Liebe Gottes so in den Verstand des Menschen einfließen kann, dass seine Weisheit von göttlichen Wahrheiten durchströmt wird. Diese Weisheit hat dann die Kraft, den Willen so umzubilden, dass die Liebe des Menschen von der Liebe zu Gott und zum Nächsten durchdrungen wird.

Der Nebukadnezar im Menschen kann aber auch seinen Verstand so sehr mit der Weltweisheit vollstopfen, dass die Liebe Gottes überhaupt keine Chance hat, in das Gemüt einzudringen. Diese auf die Welt bezogene Weisheit unternimmt alles, um den weltzugewandten Willen zu befriedigen. In ihm gibt es weder eine Liebe zu Gott noch zum Nächsten. Der Nächste ist ausschließlich dazu da, um die eigenen niedersten Bedürfnisse zu befriedigen.

Diese beiden Eckpunkte des menschlichen Gemüts beschreibt Emanuel Swedenborg in seinem Werk "Erklärte Offenbarung" [EO], wenn er im 650. Kapitel über den gottzugewandten Nebukadnezar in uns schreibt:

„Dass diese Kirche durch den König von Babel im Anfang bezeichnet wird, kommt daher, weil die Kirche, die später Babel oder Babylonien wird, mit der Verehrung des Herrn und mit der Liebe zu Ihm beginnt, und alsdann bei ihren Angehörigen der Eifer herrscht, sie (die Kirche) auszubreiten und zu vervollkommnen durch heiliges Gutes und Wahres des Himmels."
Und im 622. Kapitel schreibt er über den gottabgewandten Nebukadnezar im Menschen:

„Durch Nebukadnezar, den König von Babel, wird die Entweihung des göttlich Wahren bezeichnet, und weil diejenigen, die es entweihen, mehr als die anderen es erfassen und unreinen Liebesneigungen, hauptsächlich der Liebe zu herrschen, anpassen, bis sie alle göttliche Gewalt auf sich übertragen haben."

Wenn man diese Aussagen auf sich wirken lässt, dann stellt der Nebukadnezar im Gemüt des Menschen ganz wertneutral gesehen die Kirche im Menschen dar. Wobei Swedenborg unter Kirche den Glauben an den Herrn und die damit verbundene Nächstenliebe versteht. Natürlich beinhaltet dieser Glauben auch den freien Willen des Menschen, der sich für Gott und den Nächsten, aber auch gegen Gott und den Nächsten entscheiden kann.

Bei der heute weitverbreiteten Glaubenslosigkeit wird sich der Nebukadnezar in den Gemütern der meisten Menschen sicherlich kaum bemerkbar machen, denn der Nebukadnezar kann erst dann im Gemüt des Menschen zum Zuge kommen, wenn im Menschen der Glaube an Gott vorhanden ist.

Ich denke, der Nebukadnezar im Gemüt des heutigen Durchschnittsmenschen ist mit einer Person vergleichbar, die durch eine christliche Glaubensgemeinschaft den Weg zu Gott gefunden hat. Die Gottesdienste, das Gemeindeleben und die Lehren der Gemeinschaft lassen in diesem Menschen eine Liebe zu dem Gott erwachen, der dem von der Gemeinschaft propagierten Gottesbild entspricht. Sein Wissen um Gott, die Auslegung der Bibel und die von der Gemeinde als richtig anerkannten Lebensleitlinien verändern langsam sein Gemüt. Er erlangt eine glaubensgemeinschaftspezifische Weisheit, die einen großen Einfluss auf sein ganzes weiteres Leben hat. Er versucht alles, was in seiner Macht steht, um seine als gut empfundenen Charaktereigenschaften zu stärken und im Gegenzug die als schlecht empfundenen Charaktereigenschaften auszumerzen. Natürlich versucht er mit großem Eifer und großer Freude seinen Glauben an die Menschen innerhalb seines Umfeldes weiterzugeben, denn wo das Herz voll ist, da geht der Mund über.

Dieser Nebukadnezar im Gemüt des Menschen hat nur einen kleinen Schönheitsfehler, er bezieht seine Weisheit letztendlich aus dem äußeren Buchstabensinn der Bibel, denn bei den meisten Glaubensgemeinschaften wird in der Regel die Bibel nicht entsprechungsmäßig, sondern buchstabenmäßig ausgelegt. Die Folge davon ist ein Glauben, der sich mehr an Dogmen und Formeln ausrichtet und von dem inneren Sinn des Wortes nichts wissen will. Oftmals führt dieser Glaube dazu, dass die Menschen zu Eiferern werden, die in ihrer auf Falschem begründeten Bibelauslegung versuchen, andere Menschen unter Androhung ewiger Höllenpein von der Richtigkeit des von ihnen eingeschlagenen Weges zu überzeugen.

Dieser Eifer wird laut Swedenborg aus einer verborgenen Liebe zur Herrschsucht gespeist. Der auf Falschem begründete Glaube führt bisweilen dazu, dass sich der Mensch als bereits Wiedergeborener betrachtet, weil er in einem äußerlichen Ritual sein Leben dem Herrn übergeben hat. Meist bestätigt ihn das Umfeld seiner Glaubensgemeinschaft in dieser Auffassung, sodass sich in ihm das Gefühl einstellt, zu den Auserwählten und Wissenden zu zählen. Oft verfestigt sich in diesen Menschen das Gefühl, zu den wenigen zu gehören, welche Gott bei dem bevorstehenden Endzeitgeschehen retten wird. Man zählt zu den von Gott Auserwählten, die nach ihrem Tode auferstehen werden, um im tausendjährigen Friedensreich mitregieren zu können. Alle anderen Menschen, die nicht den gleichen Glauben haben, werden beim Jüngsten Gericht durch den Rost der göttlichen Gerechtigkeit in den ewigen Tod fallen.

Diese leider häufig verbreitete Einstellung vermeintlicher Christen stellt eine Entweihung der göttlichen Wahrheiten dar, denn sie beruht auf einer selektiven wörtlichen Interpretation der Bibel. Alles, was einem dem Buchstabensinn nach in das Glaubenskonzept passt, wird fokussiert, alles andere wird ignoriert oder solange durch den Filter der wissenschaftlich kritischen Bibelauslegung gepresst, bis es mit der eigenen Auffassung übereinstimmt. Genau diese Glaubenseinstellung ist es, die laut Emanuel Swedenborg dem Nebukadnezar im Gemüt des heutigen Menschen entspricht. In dem Buch "Erklärte Offenbarung" kann man hierzu in der Nummer 622 lesen:

„Durch Nebukadnezar, den König von Babel, wird die Entweihung des göttlich Wahren bezeichnet, und weil diejenigen, die es entweihen, mehr als die anderen es erfassen und unreinen Liebesneigungen, hauptsächlich der Liebe zu herrschen, anpassen, bis sie alle göttliche Gewalt auf sich übertragen haben."

Alles in allem personifiziert Nebukadnezar die Kirche im Menschen bzw. seine Liebe zu Gott und zum Nächsten. Und weil der Nebukadnezar im natürlichen Menschen meist noch sehr weit von dem Zustand der ersten Kirche entfernt ist, ist auch die Wahrheit, wie man sie nur bei Gott finden kann, verfälscht und entweiht. Die Glaubenswahrheiten sind alle durch den Filter des Weltverstandes gegangen, und der Wille gibt sich noch immer die größte Mühe, den Wünschen der Weltliebe zu entsprechen. Die Weltliebe wiederum hat einen starken Hang zur Herrschsucht, denn sie will den Verstand beherrschen, damit er ihr all die sinnlichen Befriedigungen verschafft, die sie zu ihrem vermeintlichen Glück benötigt.

Nachdem ich eine ungefähre Vorstellung von dem vorangestellt habe, was der König von Babel, Nebukadnezar, im Gemüt des normalen Menschen darstellen kann, möchte ich mich nun dessen Traum zuwenden.

Wie oben erwähnt, träumte er, dass vor ihm ein großes, hohes und schrecklich anzusehendes Bild stand, welches aus verschiedenen Metallen bestand. So war der Kopf des Bildes aus feinem Gold, seine Brust und Arme waren aus Silber, sein Bauch und seine Lenden aus Erz, seine Schenkel waren aus Eisen und seine Füße waren zum einen Teil aus Eisen und zum anderen Teil aus Ton. Als er sich dieses Standbild so anschaute, schlug ein Stein an die Füße des Standbildes und zerstörte die Füße. Dadurch verlor das Standbild seinen Halt und brach in sich zusammen, sodass die einzelnen Materialien wie Spreu auf der Sommertenne vom Wind verweht wurden.

In seinem Werk "Erklärte Offenbarung" hat Emanuel Swedenborg unter Nummer 411 zu diesem Traum Folgendes geschrieben:

„Durch das Haupt des Standbildes, welches Gold war, wird die Älteste Kirche bezeichnet, die eine himmlische Kirche war, oder eine Kirche, in der das Gute der Liebe zum Herrn herrschte; dieses Gute wird im Wort durch Gold und auch durch Haupt bezeichnet. Durch die Brust und die Arme, die Silber waren, wird die Alte Kirche bezeichnet, die auf die Älteste folgte, und diese Kirche war eine geistige Kirche, oder eine Kirche, in der das Gute der Liebtätigkeit gegen den Nächsten und das Wahre aus dem Guten herrschte, dieses Wahre und jenes Gute wird durch Silber und auch durch Brust und Arme bezeichnet. Durch den Bauch und die Schenkel, die Erz waren, wird die Kirche bezeichnet, die auf die Alte geistige Kirche folgte und eine geistig natürliche genannt werden kann. In dieser herrschte das Gute des Glaubens und das Wahre aus jenem Guten; dieses Gute wird im Wort durch Erz, und auch durch Bauch und Schenkel bezeichnet. Durch die Beine und Füße, die einesteils Eisen, einesteils Ton waren, wird die israelitische und jüdische Kirche bezeichnet, die eine äußere Kirche war, in der nichts Inneres lebte und die ebendeswegen nichts Wahres und Gutes hatte, sondern verfälschtes Wahres, das an sich falsch ist, und geschändetes Gutes, das an sich böse ist.

Daher wird von ihr in diesem Kapitel gesagt: dass Du gesehen hast Eisen vermengt mit dem Ton des Lehms, so werden sie sich vermengen durch Menschensamen, aber sie werden nicht zusammenhängen das eine mit dem anderen, gleichwie das Eisen sich nicht vermengt mit dem Ton: Dan. 2/43.
Eisen bedeutet das natürlich Wahre und der Ton des Lehms das natürlich Gute; ebenso die Füße und Beine. Aber hier bedeutet der Ton das geschändete Gute und das Eisen das Wahre, wie es im äußeren Sinn des Wortes beschaffen ist; denn der Same des Menschen ist das Wort, wo das Wahre und Gute ist, dessen Schändungen und Verfälschungen beschrieben werden durch das Eisen, das vermengt ist mit Ton, die nicht zusammenhängen eines mit dem anderen. Durch den Stein, der das Standbild schlug, wird das göttlich Wahre vom Herrn verstanden. Dass er zu einem großen Felsen wurde und die ganze Erde füllte bedeutet, dass der Herr durch das göttlich Wahre herrschen werde über den Himmel und die Kirche. Die Erde ist hier die Kirche und auch der Himmel, daher auch gesagt wird, dass dieses Königreich in Ewigkeit bestehen werde: Dan. 2/44; durch das Königreich wird ebenfalls die Kirche und der Himmel bezeichnet, denn dort ist das Reich Gottes."

Dieser Traum stellt also die nacheinander folgenden Zustände der Kirche bis zum Kommen des Herrn dar. Dies trifft einerseits sicherlich für die chronologische Entwicklung der alten israelitischen Kirche zu, in der die Menschen anfänglich ein sehr reines und intensives Verhältnis zu Gott hatten, welches dann im Laufe der Zeit immer mehr verweltlichte und letztendlich zum Unglauben führte. Dieser Traum hat aber auch eine tiefere Bedeutungsebene, die sich auf die spirituelle Entwicklung des menschlichen Gemüts bezieht.

Um den spirituellen Part des Traumes verstehen zu können, möchte ich kurz der Frage nachgehen, welche Bedeutung die einzelnen Metalle haben, aus denen das Standbild bestand. Hierbei gilt es zu bedenken, dass die Menschen in der Zeit, als die Worte der menschlichen Sprache ihren geistigen Inhalt bekamen, dem Göttlichen um ein Vielfaches näher standen als die Menschen der heutigen Zeit. Von daher ist es vielleicht leichter nachzuvollziehen, wenn die Uralten das Gute und die Wahrheiten beim Menschen mit den Metallen verglichen haben. Das Gold entsprach bei ihnen laut Emanuel Swedenborg dem Innersten oder himmlischen Guten, was mit der reinen Liebe zum Herrn gleichzusetzen ist. Die Wahrheiten aus dieser Liebe entsprachen dem Silber. Den Begriff Erz verwandten sie, wenn sie das niedrigere oder natürliche Gute des menschlichen Gemüts zum Ausdruck bringen wollten. Für die niedrigeren Wahrheiten, welche aus der natürlichen Liebe entspringen, verwendeten sie den Begriff Eisen. Swedenborg schreibt: „sie verglichen die Metalle nicht nur, sondern nannten sie auch so." Womit er zum Ausdruck bringen will, dass die Schreiber des Alten Testament die Metalle als Entsprechung für die Zustandsbeschreibung des menschlichen Gemüts verwendet haben. Der Leser von Bibeltexten sollte also immer daran denken, dass hinter den natürlichen Worten Beschreibungen ganzer Gemütszustände stecken können.

So beschreiben die Metalle die in unserem Gemüt angelegte Palette an Entwicklungsmöglichkeiten, beginnend mit dem Zustand des Eisens, in dem der Mensch noch keinerlei Wissen von den göttlichen Dingen hat, bis hin zum Zustand des Goldes, in dem der Mensch seine Weisheit und seinen Willen auf die Liebe zum Herrn ausgerichtet hat. Diese Entwicklungsspannbreite zeigt der Traum des Nebukadnezar auf.

Das goldene Haupt des Standbildes symbolisiert die älteste Kirche, welche dem ersten oder innersten Zustand der Kirche im Menschen entspricht. Wobei es Folgendes zu bedenken gilt: Wenn Swedenborg im Zusammenhang mit innermenschlichen Zuständen den Begriff "Kirche" verwendet, dann meint er, wie oben bereits angedeutet, keine Gebäude aus Stein oder eine äußere Kirchenorganisation. Er umschreibt mit dem Wort Kirche die Bereiche des menschlichen Gemüts, die dem Glauben an den Herrn und der tätigen Liebe zum Nächsten entsprechen.

Dass es dabei verschiedene Qualitätsstufen gibt, ist sicherlich leicht nachzuvollziehen. Die höchste zu erreichende Stufe entspricht dem ersten oder innersten Zustand und wird mit dem Begriff "älteste Kirche" umschrieben, in der alle Wahrheiten des Gemüts aus der auf Gott ausgerichteten Liebe entspringen. In diesem Zustand schwingt die Liebe des Menschen synchron zu der Liebe Gottes, und der Mensch liebt Gott über alles und seinen Nächsten in der tätigen Liebe. Dieser Zustand ist mit dem Zustand nach der Wiedergeburt des Menschen vergleichbar, wo die Liebe an erster und die Weisheit an zweiter Stelle steht und der Mensch eine unmittelbare Verbindung zum Herrn hat. Oder um mit Swedenborg zu sprechen: „In diesem Zustand herrscht das Gute der Liebe zum Herrn."[127] Ich denke, außer Jesus hat auf der irdischen Daseinsebene noch niemand diesen Zustand erreicht.

Der silberne Oberkörper des Standbildes symbolisiert die alte Kirche, welche dem zweiten Zustand der Kirche im Menschen entspricht. Hier hat die mystische Hochzeit von Liebe und Weisheit noch nicht stattgefunden. Es fließt zwar schon die göttliche Liebe in den Verstand ein, aber der daraus resultierenden Weisheit ist es noch nicht gelungen, den Willen restlos umzubilden. Die Liebe zu Gott

---

[127] Im innersten Himmel herrscht das Gute der Liebe zum Herrn, im mittleren Himmel aber das Gute der Liebtätigkeit gegen den Nächsten, und im untersten Himmel das Gute des Glaubens. [HG 9687]

und zum Nächsten befindet sich aber schon in einem fortgeschrittenen Ausbildungsstand. Dieser Zustand ist mit dem Zustand vor der Wiedergeburt des Menschen vergleichbar, wo die Weisheit an erster und die Liebe an zweiter Stelle steht und die Verbindung zum Herrn nur mittelbar stattfinden kann. Swedenborg schreibt: „In diesem Zustand herrscht das Gute des Glaubens an den Herrn."

Der Bauch und die Schenkel aus Erz symbolisieren die Kirche, die auf die alte geistige Kirche folgte und dem dritten Zustand der Kirche im Menschen entspricht. Das Gemüt hat noch keinen Zugang zu Gott gefunden, lebt aber trotzdem eine natürliche Liebe zum Nächsten und beschafft sich die dazu notwendige Weisheit. Dies können z. B. Menschen sein, die im privaten wie im beruflichen Leben sehr liebevoll und hilfsbereit sind, aber ansonsten keine besonderen Ambitionen verspüren, sich mit Gott auseinanderzusetzen. Swedenborg schreibt, dass das Gemüt nicht mehr im geistig Guten, sondern im natürlich Guten ist.

Die Beine aus Eisen symbolisieren die israelitische Kirche zu der Zeit von Jesus Christus und entsprechen dem vierten Zustand der Kirche im Menschen. Sie beschreiben ein Gemüt, in dem selbst die natürliche Liebe zum Nächsten erkaltet ist und nur noch der Hang zur natürlichen Weisheit vorherrscht. Dieser Menschentyp strebt nach Weltweisheit, um sich innerhalb seines Umfeldes behaupten zu können. Für ihn ist es kein Bedürfnis, die Erkenntnisse seiner Studien für den Mitmenschen einzusetzen. Swedenborg schreibt, dass in diesem Gemüt kein natürlich Gutes mehr da ist, sondern nur noch das natürlich Wahre.

Die aus einem Gemisch von Eisen und Ton bestehenden Füße symbolisieren, genauso wie die Beine, die israelitische Kirche zu der Zeit von Jesus. Die Füße entsprechen dem letzten Zustand der Kirche im Menschen. Sie bezeichnen ein Gemüt, in dem das Wahre mit Falschem vermischt ist. Laut Swedenborg bezeichnet der Ton das Falsche, das mit dem Wahren und Guten nicht zusammenhängt. Hier wird ein Mensch beschrieben, der sich mit den Wahrheiten im Wort beschäftigt. Diese Wahrheiten werden aber durch eine Lehre verfälscht, die ihre Grundlagen aus der wörtlichen Interpretation der

148

Bibel zieht. Eine christliche Lehre muss mit Falschem durchsetzt sein, wenn sie ihre Wahrheiten nur in der äußeren Hülle des Wortes sucht und dabei den inneren, geistigen Sinn völlig außer Acht lässt.

Oder anders ausgedrückt: Wenn die Wahrheiten der Bibel verfälscht werden und der Mensch aus diesen verfälschten Wahrheiten eine Lehre entwickelt, dann wird dieser Zustand mit "teils aus Eisen und teils aus Ton" umschrieben. Obwohl in diesem Gemisch aus Wahrem und Falschem auch göttlich Wahres aus dem Wort enthalten ist, kann daraus dennoch keine harmonische Einheit werden, denn Lüge und Wahrheit schließen einander aus.

Es ist sicherlich kein Zufall, dass im Traumbild des Nebukadnezars die Füße und nicht der Kopf aus einem Gemisch von Eisen und Ton bestehen. Denn die Füße bezeichnen in der Entsprechungssprache den natürlichen Menschen.[128] Jeder Mensch ist erst einmal von Geburt aus ein natürlicher Mensch, der aus den Informationen der Körpersinne denkt.[129] Bezogen auf die göttlichen Wahrheiten bedeutet dies, dass der natürliche Mensch am Anfang seiner irdischen Laufbahn nur aus dem Weltlichen und somit aus den Täuschungen der Sinne denkt.[130] Die Folge davon ist die bereits beschriebene Vermischung von Wahrheiten aus der Bibel mit dem Falschen der weltlichen Lehrgebäude. Der Mensch lebt nun einmal in einer materiellen Welt, deren geistiger Hintergrund seinen Sinnen verborgen bleibt. Solange sein Verstand noch nicht bemerkt hat, dass hinter den Dingen, die ihm in seinen Alltag begegnen, geistige Kräfte stehen, solange wird seine Weisheit immer nur ein auf Falschem beruhendes Stückwerk bleiben.

Jeder Mensch, der den Weg über diese Erde geht, durchlebt diesen Zustand mehr oder weniger intensiv. Irgendwann stellt sich für jeden Menschen die Frage nach dem Sinn des Lebens, und er fängt an, nach Antworten zu suchen. Hierbei kann er natürlich zu sehr unterschiedlichen Ergebnissen gelangen.

---

[128] EO 69, 279, 405
[129] WCR 839
[130] WCR 296, 402, 470

Er kann zu einem Ergebnis kommen, das dem dritten Zustand der Kirche im Menschen entspricht. Einem Zustand, in dem er eine natürliche Liebe zum Nächsten lebt und sich die dazu notwendige Weisheit beschafft, ohne dass ihn die Frage nach Gott weiter interessiert.

Er kann zu einem Ergebnis kommen, das dem vierten Zustand der Kirche im Menschen entspricht. Ein Zustand, in dem er ausschließlich nach Weltweisheiten strebt, um seine Bedürfnisse befriedigen zu können. Gott hat für ihn überhaupt keinen Stellenwert.

Er kann aber auch zu dem Ergebnis kommen, dass Gott innerhalb der Schöpfung einen sehr großen Stellenwert hat. Geschieht dies, wird er sich aufmachen, um mehr über Gott zu erfahren. Er wird sein Wissen aus den verschiedensten Informationsquellen zusammentragen, und so wird langsam, aber sicher in ihm sein ganz persönliches Gottesbild entstehen. Ein Gottesbild, wie es kein Zweites gibt. Dieses individuelle Gottesbild entsteht dadurch, dass der Mensch ohne jegliches Wissen auf diese Welt kommt und all sein Wissen mühsam von anderen Menschen erlernen muss. Von daher ist es so gut wie ausgeschlossen, dass zwei Menschen die gleichen Informationen erhalten und in gleicher Weise über den Verstand zu gleichartiger Weisheit verarbeiten. Dies gilt für die Weltweisheit, dies gilt natürlich auch für die Weisheit, welche sich aus dem göttlichen Einfluss entwickelt hat. Man braucht sich uns ja nur in seinem eigenen Bekanntenkreis umschauen, um festzustellen, dass viele Menschen die gleichen Bücher lesen und vielleicht sogar die gleichen Vorträge hören, aber trotzdem jeder seine ganz spezifische Vorstellung von Gott hat.

Diese individuelle Gottesvorstellung, verbunden mit einer spezifischen Vorstellung, wie man Gott über alles und seinen Nächsten lieben soll, entsteht dadurch, dass sich im Gemüt des Menschen Wahres mit Falschem vermischt hat. In der Regel schleppt der Mensch eine Menge an Weltwahrheiten mit sich rum, die meist auf den Täuschungen der Körpersinne basieren. Er hat zwar durch seine Studien viele geistige Wahrheiten aufgenommen, aber auch diese sind meist durch den Filter seiner Weltwahrheiten gegangen. Die

Folge davon ist, dass er an einen Gott glaubt, der nur sehr bedingt etwas mit dem zu tun hat, was den wahren Gott ausmacht. Dieser Zustand entspricht in etwa den Füßen des grausigen Standbildes aus dem Traum des Nebukadnezars, die ja aus einem Gemisch von Eisen und Ton bestanden und den letzten Zustand der Kirche im Gemüt des Menschen bezeichnen, in dem sich das Wahre mit dem Falschen vermischt.

Im Traum des Nebukadnezar schlug ein Stein an die Füße aus Eisen und Ton und zermalmte sie. Der Stein, der die Füße zermalmte, bezeichnet in der Entsprechung das göttlich Wahre und der Fels, zu welchem der Stein wurde, bezeichnet den Herrn in Ansehung des göttlich Wahren.[131] Auf das menschliche Gemüt bezogen, bedeutet der Stein, der das Gemisch aus Weltweisheit und göttlichem Wahren im Gemüt zermalmt, die göttlichen Wahrheiten, welche die Kraft haben, das auf Falschem beruhende Gottesbild zu zerstören, um Platz für den wahren Gott zu machen. Emanuel Swedenborg umschreibt dies so:

„Durch den Stein, der das Standbild schlug, wird das göttlich Wahre vom Herrn verstanden. Dass er zu einem großen Felsen wurde und die ganze Erde füllte bedeutet, dass der Herr durch das göttlich Wahre herrschen werde über den Himmel und die Kirche. Die Erde ist hier die Kirche und auch der Himmel, daher auch gesagt wird, dass dieses Königreich in Ewigkeit bestehen werde: Dan. 2/44; durch das Königreich wird ebenfalls die Kirche und der Himmel bezeichnet, denn dort ist das Reich Gottes."[132]

Der Stein, der das falsche Gottesbild im Gemüt zerstören kann, ist das göttlich Wahre des Herrn. Die Frage ist nun, was ist das göttlich Wahre des Herrn und wie kann dieses göttliche Wahre das Falsche zerstören?

Man könnte denken, dass das Wahre nicht mehr als ein dahin gehauchtes Wort ist oder dass es der Schall ist, der das Ohr erreicht, während es doch in Wirklichkeit zusammen mit dem Guten den Ur-

---

[131] EO 1029,1324
[132] EO 411

grund aller Dinge in beiden Welten, der geistigen und der natürlichen, darstellt. Durch das Wahre und das Gute wurde das Weltall erschaffen und bleibt seither in seinem Bestand erhalten; durch diese beiden Mächte wurde auch der Mensch gemacht.[133]

Das göttlich Wahre des Herrn entspringt also der göttlichen Weisheit und bildet mit dem aus der göttlichen Liebe entspringenden Guten die Substanzen, aus denen alles im erschaffenen Weltall ist. Auch der äußere und innere Mensch besteht aus diesen Substanzen. In der Regel sind die Substanzen, die das menschliche Gemüt ausmachen, in einem nicht harmonischen Zustand. Denn die Weisheit des Menschen ist normalerweise ein Gemisch aus dem Falschen der Welt und dem Wahren des Himmels, was bildlich in der Bibel durch die Füße des Standbildes dargestellt wird.

Nur wenn die Liebes- und Weisheitssubstanzen, die das Innere des menschlichen Gemüts ausmachen, in rechter Weise miteinander verbunden werden, kann der Mensch wiedergeboren werden. In der WCR, Nr. 41b, schreibt Swedenborg:

„Der Mensch wird in dem Maße zu einem Ebenbild Gottes, als bei ihm das Gute der Liebe und das Wahre der Weisheit miteinander verbunden werden."

Das Gute der menschlichen Liebe kann aber mit dem Wahren der Weisheit nur dann verbunden werden, wenn der Mensch eine Verbindung zum göttlich Wahren des Herrn gefunden hat. Mir persönlich ist nur ein Weg bekannt, der diese Verbindung ermöglicht. Dieser Weg hat einen Namen und heißt Jesus Christus, der uns zuruft: „Ich bin der Weg, die Wahrheit und das Leben; niemand kommt zum Vater außer durch mich."[134]

Jesus Christus ist deshalb der Weg, weil nur durch Ihn die göttlichen Wahrheiten, welche im Wort enthalten sind, in unseren Verstand einfließen können. Durch das Studium der Bibel wird dem Verstand des Menschen der Weg zu der Erkenntnis eröffnet, dass es in der

---

[133] WCR 224
[134] Johannes 14,6

gesamten Schöpfung nur eine lebendige Wahrheit gibt, und zwar die menschgewordene Weisheit Gottes - Jesus Christus.

Nur wenn der Mensch bereit ist, die lebendige Wahrheit des Herrn in sein Leben zu integrieren, wird es ihm möglich sein, mit der Weisheit des Verstandes seinen Willen umzubilden. Solange sich die Weisheit des Verstandes noch nicht auf den Weg gemacht hat, die göttliche Liebe in den Willen einfließen zu lassen, solange ist auch noch keine Wahrheit im Menschen.

Mit anderen Worten, die einzig wirkliche und reale Wahrheit findet man nur bei Gott, denn nur Er ist die Quelle jeglicher Wahrheit. Alle anderen Wahrheiten sind mehr oder weniger durch die Welt verunreinigte Wahrheiten.

Je mehr diese Wahrheiten mit weltlichen Gedanken durchdrungen sind, umso gefährlicher werden sie für das Gemüt. Dies gilt besonders für die Dinge des Glaubens. Es ist sehr gefährlich, alles als wahr anzunehmen, nur weil sich der Verkünder dieser Wahrheiten auf das Wort des Herrn beruft. Wie schreibt doch Swedenborg in seinem Werk "Himmlische Geheimnisse":

„Der Herr ist auch nicht in den Wahrheiten, die zwar aus der Bibel entnommen werden, besonders aus dem Buchstabensinn derselben, aber zugunsten der eigenen Herrschaft und des eigenen Gewinns ausgelegt und dadurch verkehrt werden. Diese sind zwar an sich Wahrheiten, weil aus der Bibel, aber dennoch nicht Wahrheiten, weil sie falsch ausgelegt und dadurch verdreht werden."[135]

Hier warnt uns Swedenborg vor den vielen falschen Propheten, die uns ihre Wahrheiten verkaufen wollen. Wie schnell geschieht es, dass wir dem gut begründeten Falschen hinterherlaufen, nur weil uns der Verkünder dieser Scheinwahrheit Gesundheit, Glück und Erfolg verspricht. Es kommt unserer Trägheit sehr entgegen, wenn wir uns einem vermeintlichen Führer anvertrauen können, der uns für wenig Geld die Verantwortung und die Eigeninitiative abnehmen will. Bekanntlich führen diese Wege meist in eine Sackgasse, und oftmals ist

---

[135] HG 8868

es unglaublich schwer, aus dem Dickicht der Scheinwahrheiten herauszufinden.

Nur wenn wir eigenverantwortlich den ersten Schritt gehen, indem wir uns auf den Weg zu Jesus machen und versuchen, die Wahrheiten seines Wortes zu finden, zu erkennen und in unser Leben zu integrieren, werden wir den zweiten Schritt erleben können, nämlich das Aufkeimen der göttlichen Wahrheit in unserem Gemüt. Diese Wahrheit wird uns erkennen lassen, wie viel Welt noch in unserem Gemüt ist. Diese Wahrheit wird uns wahrhaftig frei machen, und sie wird uns die vielen falschen Gedanken und Ideen, die an uns herangetragen werden, als solche erkennen lassen, sie wird uns dabei helfen zu erkennen, was es bedeutet, wenn Jesus sagt, dass Er das Leben ist.

Die Wahrheit, wie man sie durch den Herrn erfahren kann, ist der Stein, der die aus Halbwahrheiten bestehenden Glaubensfüße zermalmt. Swedenborg schreibt: „Unter dem aus dem Felsen gehauenen Stein, der das Standbild an seine Füße schlug, wird der Herr verstanden vermöge des göttlich Wahren und die Zerstörung des Falschen, das mit den Wahrheiten aus dem Wort nicht zusammenhängt."

Nur wenn alles Falsche aus dem Gemüt verbannt ist, das ganze Standbild der auf Falschem basierenden Kirche zerbrochen ist und vom Wind der göttlichen Wahrheiten in alle Himmelsrichtungen zerstreut wurde, nur dann wird der Mensch wahrhaftig leben und seine innerste Kirche kann sich mit Gott verbinden.

Dies ist ein sehr ernster und schwieriger Weg, auf den sich der Mensch einlässt, wenn er mit der Hilfe des Herrn das Falsche aus seinem Gemüt entfernen will. Jesus kann ihm zwar mit allen notwendigen Informationen versorgen, er aber muss unabhängig vom Herrn lernen, mit diesen Informationen umzugehen. Dazu kommt noch, dass der Nebukadnezar im Menschen gar kein Interesse daran hat, seine schöne, aber leider auf falschen Begründungen gebaute Kirche zu zerstören. Denn es ist meist ein sehr schmerzhafter Prozess, den vermeintlich sicheren Weg der guten Lebensbegründungen zu verlassen, um sich mit den himmlischen Wahrheiten auseinander-zusetzen, die nur das eine Ziel haben, die aus Eisen und Ton be-stehenden Füße zu zermalmen.

Wenn der Mensch wiedergeboren werden will, muss er leider den überaus bequemen Sessel seiner Weltweisheit verlassen und gegen die meist sehr unbequeme Schulbank des Bibelstudiums eintau-schen. Unbequem ist die Schulbank deshalb, weil er sich bei fort-schreitender Worterkenntnis immer mehr bewusst wird, dass er meist ein sehr lausiger Schüler ist, dem es unheimlich schwerfällt, die einzelnen Lernabschnitte zu verstehen und in das eigene Leben umzusetzen. Sein Lehrer Jesus Christus gibt sich zwar alle nur er-denkliche Mühe, um ihn zur rechten Zeit die Schriften, Gesprächs-partner und andere Informationsquellen zur Verfügung zu stellen, die er benötigt, um die harte Schale des äußeren Buchstabensinns zu durchbrechen, aber wenn es darum geht, das erlernte Wissen in die zur Umbildung seines Willens unbedingt erforderliche Weisheit um-zuwandeln, scheitern er nur allzu oft.

Auch mit den praktischen Unterrichtsstunden hat der Mensch meist seine Probleme. Wie oft möchte er verzweifeln, wenn seine so sicher geglaubten Lebensumstände infrage gestellt werden, indem Gott Schicksalsschläge wie Unfälle, Krankheit und materielle Not zulässt. Warum muss denn gerade er, der sich doch nun wirklich um die Er-langung von Weisheit bemüht, durch solch eine unangenehme Krankheit gebeutelt werden? Warum muss gerade er, der sich wirk-lich um die Belange seiner Mitmenschen selbstlos kümmert, so un-geschickt stolpern, dass er sich einen höchst komplizierten Knöchel-bruch zuzieht? Warum muss er denn gerade jetzt seinen Arbeitsplatz verlieren, wo er doch immer seinen Zehnten bezahlt hat?

Aus der Art und Weise, welche Antworten der Mensch auf diese Fragen findet, kann er bei genügender Selbstkritik Hinweise entde-cken, die ihm Aufschlüsse über seinen aktuellen Ausbildungsstand geben. Murrt er herum und fragt sich, warum muss gerade mir dieses oder jenes passieren, dann entspricht der aktuelle Stand seiner Bibel-studien wahrscheinlich dem eines Erstklässlers am zweiten Schultag. Erkennt er, dass ihn Gott durch die Zulassung dieses Schicksalsschlages einen mächtigen Wink geben möchte, begreift aber nicht welchen, dann ist dies ein Hinweis darauf, dass die Füße seines Glaubens noch immer ein Gemisch aus Eisen und Ton ist. Seine Weltweisheit ist in diesem Zustand nicht in der Lage, über die Symptome hinauszusehen. Um eine Linderung in seiner Not zu erfahren, bekämpft er dann in der Regel die Symptome, wobei er meist nicht erkennt, welche Ungereimtheiten in seinem Gemüt die Ursache für die Zulassung des Schicksalsschlags waren.

Dennoch ist es schon ein großer Schritt in die richtige Richtung, wenn der Mensch erkennt, dass ihm seine Schicksalsschläge auf die Bereiche des Gemüts hinweisen wollen, die noch nicht in der Ordnung sind. Auch wenn er nicht sofort versteht, was ihm die eine oder andere Begebenheit lehren will, spürt er doch, dass sich die Mühe seines Bibelstudiums lohnt.

Der Traum des Nebukadnezar ist ein sehr schönes Beispiel für die Tatsache, dass viele der biblischen Geschichten in ihrem Entsprechungssinn die zur Wiedergeburt des Menschen notwendige Persönlichkeitsentwicklung zum Inhalt haben. Zuerst wird durch die Beschreibung der einzelnen Körperregionen in Verbindung mit den ihnen entsprechenden Metallen die gesamte Spannbreite der Kirchenzustände im menschlichen Gemüt aufgezeigt. Dann wird darauf aufmerksam gemacht, dass sich der natürliche Mensch – als Füße symbolisiert – anfänglich in einem Zustand befindet, wo das Eisen des natürlich Wahren mit dem Ton des geschändeten Guten vermischt ist. Womit die Bibel zum Ausdruck bringen möchte, dass ein Gemüt, in dem sich verfälschte Wahrheiten mit gesteigerter Eigenliebe vermischen, keine Chance hat, die mystische Hochzeit von Liebe und Weisheit zu erleben. Solange die Wahrheiten natürlicher Art sind, also durch die Sinne gefiltert wurden und die Liebe des Menschen eine Liebe zur Welt ist, solange hat der Mensch keine Chance, ein Kind Gottes zu werden.

Nachdem der Traum des Nebukadnezar in wenigen Worten den recht komplexen Istzustand eines natürlichen Menschen beschrieben hat, stellt er dem Leser eine radikale, aber sehr effektive Möglichkeit vor, diesen Zustand zu ändern. Der Stein des göttlichen Wahren muss die Füße des natürlichen Menschen zermalmen, damit im Gemüt Platz für göttliche Wahrheiten geschaffen wird, die in der Lage sind, den weltzugewandten Willen umzuwandeln. Erst wenn das ganze Standbild des auf Falschem begründeten Glaubens zerstört ist, kann sich ein neuer Glaube etablieren, ein Glaube, der die Kraft hat, das Gemüt des Menschen in ungeahnte himmlische Gefilde zu führen.

Vor diesem Phänomen, dass sich Wahres mit Falschem vermischt, ist niemand gefeit. Wie oft kommt es vor, dass wir an dem äußeren Wortsinn der in unseren Schriften geschilderten Begebenheiten kleben bleiben, wo wir doch wissen müssten, dass sich hinter dem beschriebenen Geschehen ein geistiger Inhalt befindet. Wie oft geschieht es uns, dass wir im Falle einer Krankheit an alle möglichen Therapeuten mit deren speziellen Diagnose- und Therapieformen denken, nur an den, der unser Heiland sein will, an den denken wir zuallerletzt. Wir schützen uns vor Krankheiten, indem wir sonnenbestrahltes Wasser trinken, uns mit Edelsteinen behängen und spannend geformte Metalldrähte um unseren Hals tragen. Und das tun wir, obwohl wir wissen, dass Krankheiten in der Regel nichts mit den Dingen zu tun haben, die von außen in uns hineinkommen, sondern etwas mit dem zu tun haben, was in unserm Gemüt nicht in der Ordnung ist. Wie heißt es doch so schön: Nicht das, was durch den Mund hinein kommt, sondern das, was aus dem Mund herauskommt, verunreinigt den Menschen.

Auch unsere Gemütsfüße müssen von dem göttlichen Wahren zermalmt werden, damit sich unser Gemüt von den falschen Vorstellungen befreien kann, die uns davon abhalten, den Herrn als unser Ein und Alles zu erkennen. Nur durch Ihn und mit Ihm wird es uns möglich sein, unser Gemüt so umzuwandeln, dass die göttliche Liebe der Mittelpunkt unseres Lebens wird und alle Irrtümer und Ängste für immer aus unserem Gemüt verbannt werden.

Soweit meine Entsprechung des Traumes von Nebukadnezar.

Gedanken zu Nebukadnezar von Emanuel Swedenborg

... allein im Worte wird nicht von den Reichen der Erde, sondern von dem Reich Gottes, also vom Himmel und von der Kirche gehandelt. Dass diese durch solches, was auf der Erde und in den Reichen derselben ist, beschrieben wird, kommt daher, dass das Weltliche und Irdische den Dingen entspricht, die im Himmel sind. Denn die ganze Natur und die ganze Welt ist ein vorbildlicher Schauplatz des Reiches des Herrn. Hieraus kann man erkennen, dass durch die Bildsäule, die Nebukadnezar im Schlafe sah, nicht Weltliches, sondern Himmlisches bezeichnet wird. Was aber im besonderen durch das Haupt, die Brust, den Bauch und die Seiten, durch die Schenkel und die Füße bezeichnet wird, kann man nur aus der Entsprechung derselben, somit aus dem inneren Sinn des Wortes erkennen.

Aus der Entsprechung weiß man, dass durch das Haupt der erste Zustand der Kirche bezeichnet wird, durch die Brust und die Arme der zweite, durch den Bauch und die Seiten der dritte, durch die Schenkel der vierte und durch die Füße der letzte. Weil der erste Zustand der Kirche das Gute der Liebe zum Herrn bezeichnet, wird gesagt, dass das Haupt von Gold war; und weil der zweite Zustand den Zustand des Wahren aus diesem Guten bezeichnet, wird gesagt, dass die Brust und die Arme von Silber waren; und weil der dritte Zustand das Gute der Liebe und dessen Wahres im äußeren oder natürlichen Menschen bezeichnet, wird gesagt, dass der Bauch und die Seiten von Erz waren; und weil der vierte Zustand das Glaubenswahre bezeichnet, wird gesagt, dass die Schenkel aus Eisen waren; und weil ferner der letzte Zustand das Wahre bezeichnet, welches das Glaubenswahre heißt ohne das Gute, so wird gesagt, dass die Füße teils aus Eisen, teils aus Ton waren; und weil der letzte Zustand der Kirche so beschaffen war, wird gesagt: „dass vom Felsen ein Stein sich losriss, der alles zerstieß und zermalmte, so dass der Wind es wegtrieb und seine Stätte nicht mehr gefunden wurde"; wodurch bezeichnet wird, dass das Gute der Liebe zum Herrn, das Gute der Liebtätigkeit gegen den Nächsten und das Gute des Glaubens ganz und gar verschwunden sei, und zwar so sehr, dass man nicht mehr wusste, was es sei, sondern nur noch etwas vom Glaubenswahren ohne Gutes, oder mit einem Guten, das nicht gut ist und daher nicht mit dem Glaubenswahren zusammenhängt. Dieses Gute ist das äußere Gute ohne das innere, ähnlich wie das Gute des Verdienstes. Es ist ein Gutes um seiner selbst und um der Welt willen, also um des Gewinnes, der Ehrenbezeugungen und des guten Namens willen, um Freundschaften zu diesen Zwecken zu erlangen oder auch bloß wegen der Furcht vor dem Gesetz, aber nicht wegen des Guten der Liebtätigkeit, welches das Wohl der Mitbürger, der menschlichen Gesellschaft, und der Kirche ist. [HG 10030]

Das Reich Gottes

Der nächste Text, den ich decodieren möchte, findet sich im Evangelium nach Matthäus. Dort spricht Jesus zu seinen Jüngern die Worte:

„Sorget nicht ängstlich, sondern suchet zuerst das Reich Gottes! Darum sage ich euch: Macht euch nicht Sorge für euer Leben, was ihr essen oder trinken, noch für euren Leib, was ihr anziehen werdet. Ist nicht das Leben mehr als die Speise und der Leib mehr als die Kleidung? Seht auf die Vögel des Himmels! Sie säen nicht, sie ernten nicht, sie sammeln nicht in die Scheunen, und euer himmlischer Vater ernährt sie. Seid ihr nicht viel wertvoller als sie? Wer unter euch vermag mit seinen Sorgen seinem Lebensweg eine einzige Elle hinzuzufügen?

Und was macht ihr euch Sorge um die Kleidung? Betrachtet die Lilien des Feldes, wie sie wachsen! Sie arbeiten nicht und spinnen nicht, und doch sage ich euch: Selbst Salomon in all seiner Pracht war nicht gekleidet wie eine von ihnen. Wenn nun Gott das Gras des Feldes, das heute steht und morgen in den Ofen geworfen wird, so kleidet, wie viel mehr euch, ihr Kleingläubigen!

Macht euch nicht Sorge und sagt nicht: Was werden wir essen, was werden wir trinken, womit werden wir uns bekleiden? Denn nach all dem trachten die Heiden. Es weiß ja euer Vater im Himmel, dass ihr all dessen bedürft. Suchet zuerst sein Reich und seine Gerechtigkeit, und dies alles wird euch dazugegeben werden. Macht euch daher nicht Sorge für den morgigen Tag; denn der morgige Tag wird für sich selber sorgen. Jedem Tag genügt seine Plage."[136]

Wenn ich diese Worte auf mich wirken lasse, dann drängt sich mir das Gefühl auf, dass ich eigentlich viel mehr Kraft dafür aufbringe, meinen Leib zu ernähren, ihn zu kleiden und ihn in einem Zustand des Wohlgefühls zu halten, als nach dem Reich Gottes zu suchen. Ich weiß nicht, wie es Ihnen geht, aber mir fällt es nicht gerade

---

[136] Matthäus 6,25-34

leicht, für den morgigen Tag keine Sorge zu tragen. Ich denke, die meisten Menschen beschäftigen sich jeden Tag eine gewisse Zeit damit, wie sie an das nötige Kleingeld kommen, um am Monatsende die Miete, den Strom, das Telefon, das Auto usw. bezahlen zu können.

Bei dem einen oder anderen werden sicher auch sorgenvolle Gedanken aufkommen, wenn er an die Finanzierung seiner Zukunft denkt. Sei es, dass die Lebenshaltungskosten schneller steigen als das Einkommen, sei es, dass der Arbeitsplatz gefährdet ist, oder sei es, dass uns das Zusammenbrechen der sicher geglaubten Alterssicherungssysteme Sorgen bereitet. Und wenn ich an die momentanen Lebensmittel- und Kleidungspreise denke, dann kann ich mir durchaus vorstellen, dass es eine Menge Menschen in unserem Land gibt, die sich ernsthafte Sorgen darüber machen, wie sie bei der heutigen Preissituation die neuen Stiefel für den nächsten Winter finanzieren sollen.

Zu den vielen anderen Dingen, die uns Menschen sorgenvoll in die Zukunft blicken lassen, möchte ich nur einige Stichworte aufzählen. Der Gedanke an die Umweltverschmutzung, an Kriege, Naturkatastrophen, Klimaveränderung, Atommüll, Gewalt auf den Straßen und vieles mehr kann einen schon ängstlich werden lassen. Und trotz all dieser Dinge sagt Jesus: „Sorget nicht ängstlich, sondern suchet zuerst das Reich Gottes!"

Diese Ängste scheinen kein Phänomen der Neuzeit zu sein. Die Menschen der damaligen Zeit hatten mit Sicherheit ähnliche Sorgen wie wir. Auch für sie waren die Fragen nach der Altersversorgung, der Kleidung für den nächsten Winter, der Finanzierung ihrer Unterkunft und der Nahrung für den nächsten Tag ungeklärt. Und ich denke, sie hatten die gleichen Verständnisprobleme, wie sie der heutige Mensch hat, wenn Jesus uns zuruft: „Was macht ihr euch Gedanken darüber, was ihr zur Erhaltung eures Körpers essen oder trinken sollt. Was denkt ihr darüber nach, welche Kleidung euch im nächsten Winter vor der Kälte schützt." Und wenn Jesus dann noch hinzufügt, dass der himmlische Vater die Vögel des Himmels ernährt, welche bekanntlich nicht säen, nicht ernten und auch nichts in die Scheunen sammeln, dann werden einem diese Worte nicht gerade klarer. Zumal sicherlich die wenigsten Menschen jemanden kennen, der ohne einen Gedanken an den Lebensunterhalt durchs Leben geht.

Natürlich stellt es eine absolute Wahrheit dar, wenn Jesus feststellt, dass niemand mit seinen Sorgen seinem Lebensweg nur eine einzige Elle hinzufügen kann, aber dennoch fällt es uns meist sehr schwer, diesen Rat in die Tat umzusetzen. Ein Grund hierfür liegt sicherlich in dem Umstand begründet, dass wir meist nicht so genau wissen, was Jesus damit meint, wenn Er sagt: „Suchet zuerst das Reich Gottes!".

Dies ist sicherlich auch nicht weiter verwunderlich, wenn man sich die Textstellen in der Bibel anschaut, die sich mit dem Reich Gottes befassen. Es ist auffällig, dass die Informationen zu diesem Thema nicht gerade sehr üppig sind. Es lassen sich zwar einige Umschreibungen finden, was aber das Reich Gottes genau ist, suchen wir vergeblich. So wird z. B. bei Lukas 13,19 gesagt: „Das Reich Gottes ist gleich einem Senfkorn, das einer nahm und in seinen Garten säte. Es wuchs und wurde zu einem großen Baum, und die Vögel des Himmels wohnten in seinen Zweigen."

Und bei Lukas 13,21 heißt es: „Das Reich Gottes ist gleich einem Sauerteig, den eine Frau nahm und unter drei Maß Mehl mengte, bis alles durchsäuert war."

Als Jesus von Pharisäern gefragt wurde, wann das Reich Gottes komme, antwortete er ihnen: „Es kommt das Reich Gottes nicht so, dass es zu beobachten wäre; man wird auch nicht sagen: Seht, hier ist es oder dort! Denn seht, das Reich Gottes ist in eurer Mitte."[137]

Im Evangelium nach Johannis finden wir im 3. Kapitel folgende Zwiesprache zwischen Nikodemus und Jesus:

Jesus: „Wahrlich, wahrlich, ich sage dir: Wenn einer nicht geboren wird von oben, kann er das Reich Gottes nicht schauen."

---

[137] Lukas 17,20

Nikodemus sagte zu ihm: „Wie kann ein Mensch geboren werden, der alt ist? Kann er noch einmal in den Schoß seiner Mutter eingehen und geboren werden?" Jesus antwortete: „Wahrlich, wahrlich, ich sage dir: Wenn einer nicht geboren wird aus Wasser und Geist, kann er nicht eingehen in das Reich Gottes. Was geboren ist aus dem Fleisch, ist Fleisch, und was geboren ist aus dem Geist, ist Geist. Wundere dich nicht, dass ich dir sagte: Ihr müsst geboren werden von oben. Der Wind weht, wo er will; du hörst sein Brausen, weißt aber nicht, woher er kommt und wohin er geht. So ist es mit jedem, der geboren ist aus dem Geist." [Johannes 3,3-8]

Wenn man diese Informationen über das Reich Gottes dem Buchstabensinn nach betrachtet, dann fällt es einem schon recht schwer, seine Zukunftsängste fallen zu lassen und sich auf die Suche nach dem verheißenen Reich zu machen.

Einem Reich, von dem gesagt wird, dass es einem Senfkorn gleicht, das jemand in seinen Garten säte. Es wuchs und wurde zu einem großen Baum, und die Vögel des Himmels wohnten in seinen Zweigen. Einem Reich, von dem gesagt wird, dass es nicht so kommt, dass es zu beobachten wäre; von dem man nicht sagen kann: Seht, hier ist es oder dort! Einem Reich, in dem nur derjenige eingehen kann, der aus Wasser und Geist geboren wird. Denn was geboren ist aus dem Fleisch, ist Fleisch, und was geboren ist aus dem Geist, ist Geist.

Mal ehrlich, wer will schon seine materielle Zukunftsplanung für ein Reich aufgeben, dass man nicht sehen kann, und in das man erst eingehen kann, wenn man aus Wasser und Geist geboren ist?

Im Grunde genommen könnte man an dieser Stelle aufhören, über diese Dinge nachzudenken, wenn es dem Herrn nicht gefallen hätte, der Menschheit durch Emanuel Swedenborg die Kunde von der Entsprechungswissenschaft zu schenken.

So bezeichnet laut Swedenborg der Begriff "Reich Gottes" in der Entsprechung die Kirche in Ansehung der Wahrheiten. Um diese Auslegung verstehen zu können, ist es notwendig zu wissen, welchen geistigen Inhalt Swedenborg dem Wort Kirche gibt. Swedenborg sagt: „Die Kirche besteht durch die Verbindung des Guten und Wahren."[138] Das Reich Gottes bzw. die Kirche ist also dort, wo eine Verbindung zwischen dem Guten und Wahren bzw. der Liebe und Weisheit in Ansehung der Wahrheiten stattfindet.

Da es die absolute Wahrheit nur bei Gott gibt, könnte man auch sagen, dass das Reich Gottes dort ist, wo sich Liebe und Weisheit mit Gott verbinden. Dies ist natürlich nur dann möglich, wenn der Mensch eine richtige Vorstellung von Gott hat. Eine unrichtige Gottesvorstellung kann den Weg zum Reich Gottes verbauen, denn Gott ist die Wahrheit und kann daher auch nur in der Wahrheit erkannt werden. Swedenborg sagt: „Die richtige Vorstellung von Gott ist in der Kirche wie das Allerheiligste, wie der Altar im Tempel."[139]

Mit anderen Worten, das Reich Gottes ist nicht sichtbar, kommt nicht mit äußerem Schaugepränge, und man kann auch nicht sagen, hier ist es oder dort ist es. Denn das Reich Gottes ist ein innerer Zustand in jedem einzelnen Menschen. Es ist die Kirche im Menschen. Es ist die Verbindung der Liebe und Weisheit in Ansehung der göttlichen Wahrheiten.

Von daher kann der Mensch das Reich Gottes nur dann erreichen, wenn er sich auf den Weg macht, seine Lebensliebe und seinen Verstand auf den Herrn Jesus Christus auszurichten. Dazu ist es natürlich unumgänglich, dass der Mensch eine wahrhaftige Vorstellung von Gott hat und frei von Irrtümern bezüglich des Herrn wird.

Nun wird auch verständlich, was Lukas im 13. Kapitel Vers 19 meinen könnte, wenn er sagt:

„Das Reich Gottes ist gleich einem Senfkorn, das einer nahm und in seinen Garten säte. Es wuchs und wurde zu einem großen Baum, und die Vögel des Himmels wohnten in seinen Zweigen."

---

[138] WCR 398 e
[139] WCR 163

Der Wille des Menschen ist von Natur aus der Welt zugewandt, das heißt, in ihm wohnt keine Liebe zu Gott. Dies ist völlig normal, denn der Mensch wird im Gegensatz zum Tier ohne jegliches Wissen geboren. Alles was er weiß, weiß er von anderen Menschen, und in der Regel ist die Erziehung des Menschen dergestalt, dass er lernt, seine persönlichen Bedürfnisse zu befriedigen und in der Welt zu funktionieren. Von seiner höheren Bestimmung, ein Kind Gottes zu werden, lernt er entweder gar nichts oder soviel Falsches, das ihm meist der Weg zum Reich Gottes verbaut ist.

Erst im Laufe der Zeit merkt der Verstand des suchenden Menschen, dass das Streben nach dem materiellen Glück auf Dauer nicht befriedigend ist, und er beginnt, sich nach geistiger Nahrung umzuschauen. In seinen Werken weist Emanuel Swedenborg darauf hin, dass der weltzugewandte Wille des Menschen nur über die Weisheit seines Verstandes umgebildet werden kann. Das bedeutet, wenn der Mensch vernünftig wird, das heißt, wenn sein Verstand sich für die göttlichen Wahrheiten zu öffnen beginnt, dann kann die göttliche Liebe über die Weisheit des Verstandes in den Willen des Menschen einfließen.

Dieser Umstand wird entsprechungsmäßig mit den Worten umschrieben, dass einer ein Senfkorn nahm und in seinen Garten säte. Unter Garten wird laut Swedenborg ein einsichtiger Mensch verstanden.[140] Ein Mensch, der damit begonnen hat, seine Weltweisheit infrage zu stellen und sich darüber bewusst wird, dass es zwischen Himmel und Erde Dinge gibt, die ihm seine Schulweisheit nicht in tausend Jahren beantworten könnte.

Solch ein Mensch öffnet sich für den Einfluss der göttlichen Liebe. Der Einfluss wird mit dem Wort "Senfkorn" umschrieben. Denn das Senfkorn bezeichnet laut Swedenborg die Wahrheiten aus dem natürlichen Guten.[141] Und weil der beginnende Einfluss der göttlichen Liebe in das Gemüt des Menschen zunächst einmal recht spärlich ist,

---

[140] Der Garten bedeutet Weisheit und Einsicht, weil die Bäume die Menschen der Kirche bedeuten, und ihre Früchte das Gute des Lebens. [EO 87]
[141] Das Senfkorn ist das Gute des Menschen, ehe er geistig ist, welches das kleinste ist von allen Samen, weil er meint, aus sich Gutes zu tun. [HG 55]

beginnt das Reich Gottes im Menschen so, wie wenn einer eine senfkorngroße Wahrheit in den Garten des menschlichen Verstandes sät.

Dieser Vorgang des Einfließens der göttlichen Liebe in den Menschen geht meist so unbemerkt vor sich, dass es weder der Mensch selbst noch seine Umwelt bemerkt. Diesen Umstand könnte man so beschreiben: „Das Reich Gottes kommt nicht so, dass es zu beobachten wäre; man wird auch nicht sagen: Seht, hier ist es oder dort! Denn das Reich Gottes ist in unserer Mitte."

In dem Maße, in dem der Wille oder die Liebe des Menschen sich durch die Weisheit des Verstandes für den Einfluss der göttlichen Liebe öffnet, in dem Maße kann der Wahrheitssamen im Garten seines Verstandes aufgehen und die Liebe und Weisheit des Menschen können wahrhaftig, das heißt gottzugewandt, werden.

Je mehr dieser Zustand fortschreitet, desto größer wird der Baum im Inwendigen des menschlichen Gemüts.[142] Denn Bäume bezeichnen laut Swedenborg solches, was beim Menschen in seinem Inwendigen ist, welches seinem Gemüt oder seiner Gesinnung angehört.[143]

Wenn also die Liebe zu Gott zunimmt und der Verstand immer mehr von der göttlichen Liebe durchdrungen wird, wird aus dem kleinen Senfkorn ein großer Baum, in dessen Zweigen die Vögel des Himmels wohnen. Die Vögel des Himmels bezeichnen das Vernünftige und Verständige[144] und Äste von Bäumen[145] bezeichnen die Erkenntnisse des Wahren und Guten.

Das Reich Gottes oder die Kirche in Ansehung der Wahrheiten sind demnach Vorgänge, die sich im Innersten des menschlichen Gemüts

---

[142] Bäume bezeichnen das Innewerden des Guten und Wahren, wie auch die Erkenntnisse desselben. [HG 9011]

[143] Daher kommt es nun, dass im Wort so oft Bäume genannt werden, durch die das bei den Menschen bezeichnet wird, was ihrem Gemüt angehört. [EO 109]

[144] Dass die Vögel das Vernünftige und Verständige bezeichnen, ist stehend bei den Propheten, wie bei Jes.46/11: „Der da ruft vom Aufgang her einen Vogel, aus fernem Lande den Mann seines Rates". [HG 40]

[145] Baum bedeutet Wahrnehmungen und auch Gedanken des Wahren und Guten, daher bedeuten Zweige oder Äste die Wahrheiten selbst. [HG 9212]

abspielen. Sie beginnen meist unbemerkt, ganz sacht, als ein ganz kleines Samenkorn, und können sich im Laufe der Persönlichkeitsentwicklung zu einem riesengroßen Baum auswachsen, in dessen Erkenntniszweigen sich die Neigung zur himmlischen Weisheit einnistet. Jesus sagt, dass der Mensch diesen Zustand nur dann erreichen kann, wenn er aus Wasser und Geist geboren wird.

Wasser und Geist bezeichnen laut Swedenborg Wahrheiten und ein denselben gemäßes Leben.[146] Unter den natürlichen Geburten werden in der Bibel geistige Geburten verstanden, nämlich Geburten des Guten und Wahren.[147] Mit den Worten - aus Wasser und Geist geboren - will Jesus zum Ausdruck bringen, dass der Mensch das Reich Gottes nur dann betreten kann, wenn er sich für die göttlichen Wahrheiten öffnet und seinen Willen entsprechend umbilden lässt. Nur wenn der Mensch seinen weltzugewandten Willen von der Weisheit des Verstandes umbilden lässt und danach lebt, kann die Liebe Gottes in seinem Herzen Raum gewinnen. Diese göttliche Liebe wiederum ist die Kraft, die die innere Kirche entstehen lässt. Und die Kirche im Menschen stellt die Verbindung des Guten und Wahren, der Liebe und Weisheit, dar.

Wenn also der Herr sagt: „Sorget nicht ängstlich, sondern suchet zuerst das Reich Gottes!", dann gibt Er uns damit den Rat, nicht in der Welt nach der Erfüllung unseres Lebenssinns zu suchen, sondern unser Heil in der Ausrichtung unseres ganzen Gemüts auf Gott zu finden. Er rät uns, unseren weltzugewandten Willen mit all seinen scheinbaren Sicherheiten zugunsten der von der Welt als sehr unsicher angesehenen Liebe zum Herrn umzuwandeln. Gelingt uns dies, so relativiert sich natürlich auch der Stellenwert unseres Körpers und unserer Einbindung in die gesellschaftlichen Strukturen.

Unsere auf die Welt bezogenen Lebensängste werden in dem Maße abnehmen, in dem sich unser Wille und unsere Lebensliebe von der Welt weg zum Herrn hin bewegen. Je bewusster wir uns der Tatsache werden, dass unser Körper mit seinen Unzulänglichkeiten nur

---

[146] Das Wasser ist im geistigen Sinn das Wahre des Glaubens, und der Geist ist das demselben gemäße Leben. [NJHL 181]
[147] WCR 583

ein verhältnismäßig kurzer Abschnitt im Leben unseres unsterblichen Gemüts ist, umso weniger Sorgen werden wir uns um Nahrung und Kleidung machen.

Dies klappt aber nur, wenn diese Erkenntnis in der Tiefe unseres Willens verankert ist. Solange das Wissen um die Nichtigkeit unserer weltlichen Bindungen und unserer Weltweisheit an der Oberfläche unseres Verstandes klebt und noch nicht durch den Einfluss der göttlichen Liebe zur Weisheit veredelt wurde, solange kann der Wille des Menschen noch nicht umgebildet werden. Und solange dieser Prozess noch nicht stattfindet, solange werden sich immer wieder Lebensängste in unser Gemüt einschleichen.

Ich persönlich glaube daran, dass es der Herr auch recht wörtlich meint, wenn Er sagt: „Macht euch nicht Sorge für euer Leben, was ihr essen oder trinken, noch für euren Leib, was ihr anziehen werdet. Ist nicht das Leben mehr als die Speise und der Leib mehr als die Kleidung? Seht auf die Vögel des Himmels! Sie säen nicht, sie ernten nicht, sie sammeln nicht in die Scheunen, und euer himmlischer Vater ernährt sie. Seid ihr nicht viel wertvoller als sie? Wer unter euch vermag mit seinen Sorgen seinem Lebensweg eine einzige Elle hinzuzufügen?"

Ich glaube, dass derjenige, der bereit ist, seinem Himmelreich Gewalt anzutun, das heißt, wer bereit ist, seinen Willen mit all seiner Lebenskraft umzubilden, dass der sich keine Sorgen um die materielle Versorgung seines Körpers machen muss. Gott wird seinen Lebensweg so führen, dass sein Körper die notwendige Kraft erhält, um seine Funktion verrichten zu können. Aber Hand aufs Herz, wer von uns ist in seiner Persönlichkeitsentwicklung schon so weit vorangeschritten, dass er seinem Himmelreich Gewalt antun kann? Wer hat die Welt in seinem Gemüt so weit entlarvt, dass die göttliche Liebe unmittelbar über die Weisheit des Verstandes in den Willen einfließen kann?

Für all diejenigen Menschen, die sich darüber bewusst sind, dass sie sich gerade am Anfang einer langen Wanderung zum Reich Gottes befinden, kann die entsprechungsmäßige Auslegung der Jesusworte bei Matthäus ein großer Stützstab sein. Denn in der Entsprechung sind oftmals Hinweise enthalten, die uns den Weg zum Ziel besser finden lassen.

Jesus ruft uns zu: „Macht euch nicht Sorge für euer Leben, was ihr esst oder trinkt, noch für euren Leib, was ihr anziehen werdet. Ist nicht das Leben mehr als die Speise und der Leib mehr als die Kleidung?"

Durch Emanuel Swedenborg kann man erfahren, dass das Leben aus Gott in den Menschen einfließt. Von daher ist der Tod des Menschen ein aus dem Falschen begründeter Glaube, der davon ausgeht, dass der Mensch nicht aus Gott, sondern aus sich selbst lebt.[148]

So gesehen ist es natürlich geradezu lächerlich, wenn wir uns um "unser" Leben Sorgen machen. Aber als natürliche Menschen sind wir noch weit davon entfernt, diese Erkenntnis in unser Bewusstsein so zu integrieren, dass sie uns sozusagen in Fleisch und Blut übergegangen ist. Unser ganzes Gefühlsleben mit den fünf Außensensoren ist seit unserer Geburt darauf geeicht, alles so zu erleben, als wenn wir ein eigenes Leben hätten. Dies ist von der göttlichen Vorsehung so gewollt. Wie sonst sollten wir ein Ichbewusstsein entwickeln, das es uns ermöglicht, einen freien Willen zu entfalten? Dank des Ichbewusstseins und der Willensfreiheit ist es dem Menschen möglich, sich frei zu entscheiden, ob er an Gott glauben will oder nicht.

Diese Entscheidung ist natürlich auch davon abhängig, welche geistige Speise der Mensch zu sich nimmt. Je nachdem, welche Speisen er "isst", wird sich sein Gemüt mit dem Falschem der Welt oder dem Guten des Herrn anfüllen. Speise ist in der Sprache der Entsprechung ein Synonym für Wahrheiten, Erkenntnisse und die daraus resultierenden Einsichten,[149] und Essen bezeichnet die Aufnahme

---

[148] Der vernünftige natürliche Mensch kann begreifen, dass der Mensch nicht aus sich lebt, sondern durch das Einfließen des Lebens durch den Himmel vom Herrn; hingegen der sinnliche Mensch kann dies nicht begreifen, denn er sagt, er fühle und nehme deutlich wahr, dass das Leben in ihm sei, und dass gegen dieses Gefühl zu reden Unsinn sei. [HG 5094]
[149] EO 117, 235

der Erkenntnisse des Guten, ihrer innezuwerden und sie sich anzueignen.

Wenn der Mensch himmlische Speisen aufnimmt, dann verbindet sich die göttliche Liebe mit seinem Verstand und er erlangt Erkenntnisse, die, wenn sie zur Einsicht führen, seine Weisheit ausmachen. Das heißt, sein Verstand nimmt die Erkenntnisse aus dem Guten auf, sieht sie ein und beginnt damit, das aus der göttlichen Wahrheit geborene Gute zu seinem Eigentum zu machen.

Aus eigener Erfahrung wissen die meisten Menschen, dass Speise beim Essen viel besser runterrutscht, wenn sie etwas dazu trinken. Genauso ist es auch, wenn in der Sprache der Entsprechung vom Trinken die Rede ist. Trinken bezeichnet das Wahre mit Verständnis aufzunehmen.[150] Wenn der Mensch den Wein[151] der göttlichen Wahrheit trinkt, dann wird sein Verstand diese Wahrheit mit großem Verständnis aufnehmen, und die daraus resultierende Weisheit wird viel eher seinen Willen umbilden können als sie es ohne den labenden Trunk der göttlichen Wahrheit könnte.

Alle Wahrheiten, welche dazu beitragen, den weltzugewandten Willen umzubilden, ihn für den Einfluss der göttlichen Liebe vorzubereiten, haben auch etwas mit Glauben und dem Verständnis des Guten zu tun. In der Entsprechungssprache wird für den Glauben und das Verständnis des Guten der Begriff Leib verwendet. Dieser Leib des Glaubens muss natürlich mit den Kleidern der Erkenntnisse des Wahren und Guten umhüllt werden. Kleider bezeichnen nämlich die Erkenntnisse des Wahren und Guten, durch welche der Mensch geistiges Leben hat.[152]

Es kann kein Glauben existieren, wenn er nicht mit Erkenntnissen einhergeht. Denn jeder Glaube ist auf einem Fundament von Be-

---

[150] Durch trinken wird belehrt werden und aufnehmen bezeichnet. [HG 3069]

[151] Der Wein bezeichnet, wo vom Herrn die Rede ist, das aus Seinem göttlichen Guten hervorgehende göttliche Wahre, das gleiche wie das Blut. Der Wein bedeutet im allgemeinen das Gute der Liebtätigkeit. [HG 6377]

[152] Dass der Leib im eigentlichen Sinn das Gute bezeichnet, das Sache der Liebe ist, kommt daher, weil der Leib oder der ganze Mensch, der unter Leib verstanden wird, ein Aufnahmegefäß des Lebens vom Herrn ist, also ein Aufnahmegefäß des Guten ist. [HG 6135]

gründungen aufgebaut. Wenn z. B. jemand daran glaubt, dass der Mensch vom Affen abstammt, so hat er für diesen Glauben viele Argumente, die ihn davon ausgehen lassen, dass das Fundament seines Glaubens auf Fels gebaut ist. Die Vertreter dieses Glaubens, die sich selbst allerdings als Wissende betrachten, haben es geschafft, ihre unbewiesenen Theorien so massiv zu vertreten, dass fast die ganze aufgeklärte Welt glaubt, zu wissen. Und dies, obwohl es noch keinem Menschen gelungen ist, eine einzige lebende Zelle aus unbelebter Materie herzustellen.

Auch diejenigen, die an einen liebenden Schöpfergott glauben, benötigen für ihren Glauben ein Fundament. Ihr Fundament ist die Bibel. In ihr sind die wichtigsten Glaubensgrundsätze enthalten, auf die sie ihre Überzeugungen aufbauen und begründen. Es hat der göttlichen Vorsehung gefallen, der Menschheit durch Emanuel Swedenborg ein Werkzeug in die Hand zu geben, das es ihr ermöglicht, über den äußeren Wortsinn hinaus den inneren Sinn der Bibel aufzuschließen. Trotz dieses Werkzeugs bleibt es für die meisten Menschen ein ewiger Kampf, die Inhalte dieses Buches so zu verstehen, dass sich aus den vielen einzelnen Informationsmosaiksteinchen ein immer umfassenderes Gesamtbild entwickeln kann. Wer einigermaßen objektiv zu sich selbst ist, wird feststellen, dass in diesem Mosaik oftmals viele Teile mit mehr oder weniger viel Gewalt passend gemacht worden sind. Diese falschen Begründungen tragen natürlich nicht gerade dazu bei, der göttlichen Wahrheit näher zu kommen. In der Entsprechungssprache würde man davon sprechen, dass der Leib mit falschen Kleidern bedeckt wird.

Wenn uns nun der Herr zuruft: „Macht euch nicht Sorge für euer Leben, was ihr essen oder trinken, noch für euren Leib, was ihr anziehen werdet." Dann meint Er damit, dass wir uns, solange wir mit jeder Faser unseres Seins danach streben, das Reich Gottes zu erlangen, keine Sorgen machen müssen, was wir essen oder trinken, also welche Erkenntnisse des Guten und welche Wahrheiten wir aufnehmen, denn ist nicht das göttliche Leben in uns mehr wert, als all die von außen aufgenommenen Wahrheiten und Emotionen? Ist der

Leib des Glaubens nicht mehr wert, als all die Begründungen aus den Erkenntnissen des Wahren und Guten unserer Weltweisheit?

Wenn der Mensch danach trachtet, der göttlichen Liebe einen unmittelbaren Einfluss in sein Gemüt zu ermöglichen, dann wird der Herr Mittel und Wege finden, seinen Verstand mit den Informationen zu versorgen, die notwendig sind, um ihn die Nichtigkeit des Weltwissens und der nach weltlicher Anerkennung strebenden Emotionalität zu verdeutlichen. Er wird gewahr, dass die Speisen und Getränke der Welt für das göttliche Leben für ihn keinerlei Bedeutung haben. Der Herr Jesus Christus ist doch sicherlich mehr wert als all die aus dem äußeren Wortverständnis begründeten Glaubenswahrheiten, die bei tieferer Betrachtung oft genug Glaubensfalschheiten sind.

Emanuel Swedenborg schreibt: „Der Glaube besteht darin, dass der gläubige Mensch richtig über Gott und das Wesentliche der Kirche denkt."[153] Wer also wahrhaftig glaubt, in dessen Gemüt leuchten die göttlichen Wahrheiten und er wird sich kaum Gedanken über das machen, was in der Welt als wahr und gut gilt. Jesus sagt doch nicht umsonst zu uns: „Was macht ihr euch Sorge um die Kleidung?"

Er will damit zum Ausdruck bringen, dass es bei dem von Ihm begleiteten Prozess der Wiedergeburt völlig unnötig ist, nach Erkenntnissen des Wahren und Guten in der Welt zu suchen. Der Mensch bekommt sein geistiges Leben nicht aus den Kleiderfetzen der weltlichen Erkenntnisse, sondern ausschließlich aus der göttlichen Designermode, wie man sie in den entsprechungsmäßig aufgeschlüsselten Worten der Bibel findet. Wenn der Mensch auf Jesus schaut und sein Leben nach Ihm ausrichtet, dann braucht er sich keine Sorgen darüber zu machen, was er, geistig gesehen, essen oder trinken soll. Er muss sich auch nicht den Kopf darüber zerbrechen, welche Lehre er favorisieren sollen. Solange der Mensch mit all seinen zur Verfügung stehenden Kräften danach strebt, Gott über alles und seinen Nächsten, wie sich selbst, zu lieben, solange wird Gott in ihm das Wahre einfließen lassen, um das Gute in ihm zum Erblühen zu bringen.

---

[153] WCR 621e

Jesus sagt: „Betrachtet die Lilien des Feldes, wie sie wachsen!"
Blumen des Feldes bezeichnen das anerlernte Wahre.[154] Die Lilien
des Feldes symbolisieren das im Laufe des Wiedergeburtsprozesses
zunehmende Wahre im Menschen. Je mehr die Liebe des Herrn im
Menschen zum Leben erwacht, umso wahrhaftiger wird er. Die
Weltweisheit verliert stetig an Macht und dem Willen wird die Liebe
zur Welt schal. Das geistig Wahre beginnt, sich mit dem geistig Guten zu verbinden, und der Glaube mag sich nicht mehr mit der Welt
und ihren vielfältigen Verlockungen auseinandersetzen. Genau das
könnte Jesus meinen, wenn Er über die Lilien des Feldes sagt: „Sie
arbeiten nicht und spinnen nicht, und doch sage ich euch: Selbst
Salomon in all seiner Pracht war nicht gekleidet wie eine von ihnen". Salomon symbolisiert den Herrn im Menschen in der Ausprä-
gung seiner Gottesvorstellungen, gekleidet mit den Wahrheiten, so
wie er sie als wahr erkannt hat.

Unsere Vorstellungen von Gott mit all ihren prächtigen Begründungen und all unser Wissen über die diesseitige und jenseitige Welt
sind letztendlich nichts gegenüber einer in unserem Gemüt veranker-
ten göttlichen Wahrheit. Alles Wissen und alles Wollen des Menschen, was in irgendeiner Form eine weltliche Komponente enthält,
birgt Falsches in sich. Das Falsche entspringt dem Bösen und das
Böse ist unvereinbar mit dem Guten, welches aus dem Göttlichen
entspringt. So gesehen ist es natürlich nicht weiter verwunderlich,
wenn Jesus sagt, dass eine im Gemüt verankerte göttliche Wahrheit
ein Vielfaches mehr Wert hat, als alle noch so prächtig gekleideten
weltdurchtränkten Wahrheiten.

Man darf eben nicht vergessen, dass sich im Laufe des weltzugewandten Lebens eine Unmenge an falschem Wissen angesammelt

---

[154] Blume bedeutet das Wisstümliche.
Dass die Blumen diese Bedeutung haben, beruht darauf, dass die Blumen (oder Blüten)
Gewächse sind, die den Früchten und Samen vorausgehen, und sie in ihrer Art erzeugen,
denn dass die Bäume und Pflanzen blühen, ehe sie Frucht bringen, ist bekannt. Ebenso
verhält es sich mit dem Menschen in Ansehung der Einsicht und Weisheit. Das Wisstümli-
che des Wahren geht voraus, und erzeugt auf seine Weise das, was der Weisheit beim
Menschen angehört; denn es dient seiner Vernunft zu Gegenständen und so zu Mitteln des
Weisewerdens. [HG 9553]

hat. Das Problem bei diesem Wissen besteht darin, dass wir von den Urhebern dieses Wissens glaubhaft versichert bekommen haben, dass es sich hierbei um Wahrheiten handelt. Die gesamte Umwelt, die Medien und der Staat berufen sich oftmals auf gesicherte wissenschaftliche Erkenntnisse, die den Anschein von Wahrheit vermitteln. Es erfordert schon einen gewissen Mut, gegen den Strom der wissenschaftlich begründeten Lebensausrichtung zu schwimmen. Wer stellt schon gerne sein bisher als sicher geglaubtes Weltbild infrage? Wer möchte sich schon dem Spott seiner aufgeklärten Mitmenschen aussetzen, indem er die gängigen Erklärungsmodelle infrage stellt? Der gute alte Gott ist doch schon längst als ein altes Ammenmärchen entlarvt und von den wissenschaftlich fundierten Erkenntnissen abgelöst worden. Urknall, Evolutionstheorie und Genmanipulation haben doch eindeutig bewiesen, dass es keinen Gott gibt.

In jedem Menschen schlummern Weltwahrheiten, die oftmals unbemerkt sein Weltbild mitbestimmen. Meist ist es ein sehr langwieriger und schmerzlicher Prozess, zu erkennen, dass viele der Wahrheiten, die man sich im Laufe seines Lebens angesammelt hat, Falschheiten sind. Natürlich sind auch viele aus dem äußeren Buchstabensinn der Bibel begründeten Wahrheiten nicht ganz unproblematisch, da sie durch die Weltweisheit oftmals zu Falschheiten geworden sind. Und obwohl bisweilen dem Suchenden diese Problematik bewusst wird, kann er nur allzu oft nicht von seinen falschen Begründungen lassen.

Das wunderbar gekleidete Gras der wissenschaftlich begründeten Wahrheiten muss durch die barmherzige Liebe Gottes in den Ofen der wahren Lehre geworfen werden. Der Ofen bezeichnet das Wahre der Lehre, denn auf ihm werden die geistigen Speisen bereitet. Alles Gras unserer heutigen, aus der materiellen Begrifflichkeit herrührenden Wahrheiten muss morgen im Ofen der göttlichen Weisheit mit dem Feuer der göttlichen Liebe umgewandelt werden. Jesus sagt: „Wenn nun Gott das Gras des Feldes, das heute steht und morgen in den Ofen geworfen wird, so kleidet, wie viel mehr euch, ihr Kleingläubigen!"

In der „Wahren Christlichen Religion" schreibt Swedenborg: „Der Glaube ist ein Inbegriff von Wahrheiten, die im Gemüt des Menschen leuchten."[155] Dementsprechend könnte man von einem Kleingläubigen sagen, dass seine Wahrheiten, bedingt durch die angesammelte Weltweisheit, nur schwach vor sich hinglimmen. Die göttliche Vorsehung lässt nichts unversucht, uns mit der Kleidung geistiger Erkenntnisse zu versorgen. Sie führt uns in Situationen, die uns den wahren Stellenwert unserer so wunderbar begründeten Weisheit erkennen lassen.

Erst der scharfe Wind der in unserem Willen zunehmenden göttlichen Liebe und Weisheit kann das schwach vor sich hinglimmende Feuer unserer Kleingläubigkeit zu einer lodernden Flamme der wahren Liebe zu Gott entfachen. Wenn wir uns von unseren weltlich geprägten Gottesvorstellungen freimachen und unser Lehrgebäude von den Schlacken unseres Buchstabenglaubens befreien, wenn wir die in uns aufkeimende göttliche Liebe so in unser Leben integrieren, dass wir zum Täter des Wortes werden, dann gehören wir nicht zu den Heiden.

Denn Heiden bezeichnen das Böse des Lebens und das Falsche der Lehre.[156] Dann brauchen wir uns auch keine Sorgen zu machen, was wir essen werden, was wir trinken werden und womit wir uns bekleiden werden. Denn nach all dem trachten die Heiden. Unser Vater im Himmel weiß ja, dass wir all dessen bedürfen.

Solange der Mensch danach strebt, sein gesamtes Gemüt auf den Herrn auszurichten, solange sein höchstes Ziel darin besteht, eine innige Dreierbeziehung zwischen der göttlichen Liebe, dem Verstand und seinem Willen einzugehen, solange braucht er sich keine Sorgen über die Befriedigung seiner Grundbedürfnisse zu machen. Dies gilt für die materielle Ebene, vor allem aber für die geistige Ebene. Gott weiß doch, welche geistige Kost der Mensch benötigt und mit welchen Wahrheiten er bekleidet werden muss.

---

[155] WCR 347b
[156] EO 631

Es liegt nur am Menschen selbst, ob er bereit ist, die aus weltlicher Sicht nicht ganz so schmackhafte Speise des göttlichen Wahren aufzunehmen. Es liegt nur an ihm, ob er den aus weltlicher Sicht unvorteilhaften Mantel der göttlichen Wahrheiten anziehen will oder nicht.

Jesus empfiehlt jedenfalls, zuerst nach dem Reich Gottes und seiner Gerechtigkeit zu suchen, Speisen, Getränke und Kleidung werden dem Suchenden dazugegeben werden. Macht euch daher nicht Sorge um den morgigen Tag, denn der morgige Tag wird für sich selber sorgen. Der Tag bezeichnet das Licht des geistigen Menschen, welcher Erleuchtung und Innewerden aus dem Guten der Liebe hat.[157]

Wenn also Jesus sagt, dass man sich nicht um den morgigen Tag sorgen soll, dann meint Er damit, dass es dem Menschen nicht zum Vorteil gereicht, wenn er sich darüber sorgenvolle Gedanken macht, welche lichtvollen Erleuchtungen aus dem Guten der Liebe er in der Zukunft gewinnen könnte. Es bringt gar nichts, seine Persönlichkeitsentwicklung auf den nächsten Tag zu verschieben. Es gibt genug Menschen, die sich in großen, in der fernen Zukunft angesiedelten Visionen verlieren und dabei vergessen, im Hier und Heute zu leben. Welchen Nutzen hat es für das Gemüt, wenn man seine Kraft auf das Erkennen ferner Lebensziele konzentriere, aber keine Zeit habe, die ersten notwendigen Schritte zu gehen?

Heute kann ich mein Herz für den Einfluss der göttlichen Liebe öffnen, weiß ich denn, ob ich nicht morgen so sehr von der Welt eingenommen bin, dass der Herr keine Chance hat, sich mir zu nähern. Heute kann ich auf einen Menschen zugehen, um ihm zu sagen, dass ich ihn liebe, weiß ich, ob ich noch jemals diese Möglichkeit habe? Ich kann jetzt damit beginnen, im kleinen Rahmen innerhalb meiner Familie oder Gemeinde etwas Gutes zu tun, weiß ich denn, ob meine hochgesteckten Ziele überhaupt zu erreichen sind?

---

[157] Der Tag bedeutet das Licht des geistigen Menschen, denn dieser hat Erleuchtung und Innewerden aus dem Guten der Liebe. Die Nacht bedeutet das Licht des natürlichen Menschen, denn das Licht des letzteren verhält sich zum Licht des geistigen Menschen vergleichsweise wie das Licht der Nacht vom Mond und den Sternen zum Licht des Tages von der Sonne. [EO 401]

Jesus möchte uns heute dabei helfen, die Angriffe der Welt mit all ihren Verlockungen abzuwehren. Jeder Tag, den Er im großen Buch unseres Lebens vorgesehen hat, hat seine Lernziele. An jedem Tag möchte das Licht der Erleuchtung und Innewerden aus dem Guten der Liebe in das Gemüt einfließen. Und jeden Tag muss sich der Mensch mit den Plagen des Falschen aus dem Bösen, also dem Einfließen des Falschen aus der Welt auseinandersetzen. Darum heißt es auch: Jedem Tag genügt seine Plage.

Es nutzt dem Menschen herzlich wenig, wenn er auf dem Weg zum Reich Gottes den zweiten Schritt vor dem ersten machen will. Er muss heute alles tun, um das Falsche in sich abzuwehren, damit das aufkeimende Gute in ihm nicht erstickt wird. Jesus ist allzeit bemüht, den guten Samen seiner Liebe und Weisheit in den Gemütsacker zu streuen. Er lässt nichts unversucht, um das wärmende Licht seiner Liebe über jeden einzelnen Menschen scheinen zu lassen. Es liegt nur an uns, ob wir heute bereit sind, den aufgegangenen Samen unserer Weltliebe mit der in uns erstehenden Weisheit herauszureißen. Es bringt uns nicht weiter, wenn wir dies auf morgen verschieben und heute so tun, als ob alles in der Ordnung wäre.

Im Grunde genommen sind die Verse 25 bis 34 aus dem 6. Kapitel des Evangelium nach Matthäus ein Versuch, dem Leser mehr Informationen über sein persönliches Reich Gottes zu schenken. Erst wenn er die äußere Buchstabenebene verlässt und sich auf die Lehre der Entsprechungen einlässt, wird er merken, welch ein Schatz die Bibel eigentlich ist. Dem Leser, der sich entsprechungsmäßig der Bibel nähert, eröffnet sich in den zehn Matthäusversen ein großer Schatz, der in seiner Tragweite kaum auszuloten ist.

Und dennoch ist die Grundaussage eigentlich ganz einfach. Jeder geistig halbwegs offene Mensch spürt, dass es doch eine sehr wichtige Sache sein muss, das Reich Gottes zu suchen. Denn bei einer einigermaßen vernünftigen Betrachtung der natürlichen Schöpfung wird klar, dass es einen liebenden Schöpfer geben muss. Es gereicht dem menschlichen Verstand zu seiner Ehre, dass er beginnt, aus dieser Erkenntnis heraus nach seiner Stellung innerhalb der göttlichen Schöpfung zu suchen. Alle großen monotheistischen Religionen weisen ihn darauf hin, dass Gott ein Interesse daran hat, dass Er im Herzen des Menschen eine herausragende Stellung einnimmt. Das Reich Gottes ist im Grunde genommen nichts anderes als die Ausrichtung des menschlichen Gemüts auf Gott. Nicht mehr, aber auch nicht weniger empfiehlt uns Jesus, wenn Er sagt: „Sorget euch nicht ängstlich, sondert suchet zuerst das Reich Gottes!"

Alle Ängste und Sorgen sind letztendlich Kunstgriffe der Welt, um den Menschen davon abzuhalten, die breite und sehr bequeme Straße der Welt zu verlassen, um sich auf den schmalen Pfad der Gottzugewandtheit zu begeben. Natürlich weiß auch Gott, dass es dem Menschen aufgrund seines körperbezogenen Lebensgefühls sehr schwer fällt, die aus der Welt stammenden Ängste abzubauen. Deshalb lässt Er ja auch nichts unversucht, um jeden einzelnen Menschen immer wieder darauf hinzuweisen, dass das Glücksgefühl, welches ihm die Welt schenkt, meist nur von sehr kurzer Dauer ist. All die Nöte, Katastrophen, Krankheiten usw. sind letztendlich nichts anderes als Zulassungen der göttlichen Vorsehung, um die Menschen aufzurütteln, damit sie erkennen, dass der Friede und die Freude der Welt kein Fundament sind, auf dem man seine Zukunft aufbauen sollte.

Erst wenn der Mensch beginnt, seine bisher als sicher geglaubte Weltweisheit infrage zu stellen, ist er für neue Erkenntnisse bereit. Solange er den allgemeinen Antworten der Welt auf die Fragen nach dem Woher, Wohin und Warum Glauben schenkt, solange ist es unvermeidlich, dass der Mensch Ängste hat. So weiß z. B. jeder darum, dass er eines Tages sterben muss. Ich denke, dass die meisten Menschen, deren Gemüt noch nicht mit einem Feld blühender Lilien übersät ist, Angst vor dem Sterben haben. Wer in seinem tiefsten Inneren nicht davon überzeugt ist, dass die kurze Zeit, welche der Mensch auf dieser Erde verweilt, nur ein kleines Zwischenspiel zur Erreichung der ewigen Gotteskindschaft ist, der wird mit ziemlicher Wahrscheinlichkeit Angstgefühle bekommen, wenn er an seinen eigenen Tod denkt.

Wer sich aber ernsthaft darum bemüht, in sich die Falschheiten der Welt zu erkennen, sie aus seinem Gemüt zu entfernen und durch göttliche Wahrheiten zu ersetzen, der wird sehr schnell erkennen, dass der Tod nichts weiter als das Ablegen eines alten Mantels ist. Und wer hat schon Angst davor, einen abgetragenen zerschlissenen Mantel zu verlieren?

Genau an dieser Stelle offenbart sich das Problem. Es fällt den meisten Menschen sehr schwer, die Art und Weise, wie sie ihre Umwelt betrachten, als ein Produkt der von ihnen aufgenommenen Informationen zu erkennen. Sie sind sich in der Regel nicht darüber im Klaren, dass sie all ihr Wissen von anderen, meist weltlich orientierten Menschen haben. Mit diesem Wissen manifestiert sich natürlich auch ihr emotionales Bewertungssystem. Während es für sie unvorstellbar ist, lebende Baumkäfermaden zu essen, verspeisen Menschen aus einem anderen Kulturkreis diese Maden mit Hochgenuss. Ob uns etwas gefällt oder nicht, hängt zu einem nicht unerheblichen Teil davon ab, in welchem Kulturkreis der Mensch seine Wertmaßstäbe erlernt hat. Das Gleiche gilt natürlich auch für seine Kosmologie. Ob er an einen Gott glaubt oder nicht, und wenn ja, welche Art von Gott dieser Gott ist, wie Er heißt und wie Er ist, all dies hängt davon ab, welche Informationen er durch andere Menschen erhalten hat. Emanuel Swedenborg bestätigt dies in seinem Werk „Eheliche Liebe", in dem er schreibt, dass es dem Menschen unmöglich sei, irgendein Wissen aus sich selbst zu nehmen, sondern dass er es von anderen nehme, weil ihm keine Kenntnis angeboren ist; und weil er kein Wissen aus sich selbst nehmen kann.[158]

Das wirklich Faszinierende an dieser Tatsache besteht meiner Meinung nach darin, dass für alle Menschen mit ihren total unterschiedlichen Gemütsvoraussetzungen der Aufruf gilt, das Reich Gottes zu suchen. Unabhängig von ihrem Wissen und ihren emotionalen Wertmaßstäben sind alle Menschen aufgerufen, ein Kind Gottes zu werden. Dies können sie aber nur, wenn sie bereit sind, ihr jeweiliges durch andere erlerntes Weltbild infrage zu stellen.

---

[158] EL 134

Die göttliche Vorsehung sucht unermüdlich nach Mitteln und Wegen, damit die göttliche Liebe mit dem Verstand des Menschen ein Bündnis eingehen kann. Dieses ständige Bemühen der göttlichen Vorsehung um jeden einzelnen Menschen geschieht völlig unabhängig davon, in welcher Gemütsvoraussetzung sich der Mensch befindet. Egal, ob er Atheist, Jude, Moslem oder Christ ist, die sogenannten Schicksalsschläge ereilen alle. Jeder Mensch wird vom Herrn immer wieder darauf hingewiesen, dass die Welt mit ihren Verlockungen auf Dauer keinen Frieden und kein anhaltendes Glück beschert.

Es liegt an jedem einzelnen Menschen, ob er bereit ist, sein Weltbild infrage zu stellen und so der göttlichen Liebe einen Ansatzpunkt zu geben, in seinen Verstand einzufließen. Die daraus entstehende Weisheit ist die Kraft, die den Willen unabhängig vom kulturellen Hintergrund umbilden kann. Das Ziel dieser Willensumbildung besteht darin, im Menschen das Reich Gottes entstehen zu lassen. Ein Reich, von dem der Weltmensch nicht sagen kann, dass es hier oder dort wäre. Ein Reich, in dem sich der göttliche Wahrheitssame zu einem riesigen Baum auswächst, in dessen Ästen die Vögel der göttlichen Wahrheiten nisten. Ein Reich, das die wahre Liebe zu Gott und zu unserem Nächsten durch alle Bereiche unseres Gemüts strömen lässt und unser Leben wahrhaftig macht.

Dieses hohe, erstrebenswerte Ziel lässt sich nur erreichen, wenn wir dem weltlich orientierten Willen Gewalt antun. Unser Wille hat gar kein Interesse daran, den angenehmen Weg der Welt zu verlassen. Solange es uns gut geht, wir satt zu essen und zu trinken haben, eine wohlige Wohnstätte unser Eigen nennen und genug Kurzweil haben, um die Zeit angenehm zu vertreiben, solange wird der weltlich orientierte Mensch keinen Grund sehen, einen schmalen dornigen Weg zu betreten.

Unser Verstand hingegen kann sehr wohl erkennen, dass der schmale dornige Weg dem Willen nur als schmal und dornig erscheint. Er kann erkennen, dass die breite Straße der Welt unserem trägen Willen eine scheinbare Sicherheit vorgaukelt, die spätestens am Tage unseres irdischen Todes aufhört zu existieren. Unser Verstand kann erkennen, dass unser kurzer Gastauftritt auf der Erdenbühne für die Ewigkeit nur dann eine bleibende Bedeutung hat, wenn er sich mit der göttlichen Liebe zusammentut, um über die Weisheit den Willen für den Einfluss Gottes zu öffnen.

Das einzige wirklich funktionierende Hilfsmittel dazu ist Jesus Christus. Denn nur er ist der Weg, die Wahrheit und das Leben. Ohne Seine Führungen würde der Verstand niemals die Weisheit erlangen, die notwendig ist, um den Willen umzubilden. Und ohne die vom Herrn durchdrungene Weisheit würde niemals ein wahrhaftiges Liebesverhältnis zwischen der Liebe Gottes und uns entstehen können. Und die Liebe Gottes wiederum ist das eigentliche Leben, das Alles in Allem ist. Jesus bietet sich uns an, mit und durch Ihn das Ziel aller Ziele zu erreichen, ein Teilhaber an der göttlichen Liebe zu werden, damit wir dann zu Recht sagen können, dass wir Gott über alles und unseren Nächsten wie uns selbst lieben.

Soweit das letzte Bibeltextauslegungsbeispiel in diesem Buch.

Ich hoffe, dass Sie beim Lesen der Beispiele ein Gefühl dafür entwickeln konnten, welch wunderbare Weisheitsperlen in den bisweilen einfach erscheinenden Bibeltexten zu finden sind. Durch die Anwendung der von Emanuel Swedenborg wieder entdeckten Entsprechungslehre schälen sich aus den teilweise über 3000 Jahre alten Bibeltexten immer neue Aspekte der menschlichen Gemütsbildung heraus, deren Umsetzung von unschätzbarem Wert sind. Wahrscheinlich gibt es keinen Bereich der Persönlichkeitsentwicklung, welcher nicht durch das Studium der decodierten Texte eine Reinigung von den Weltschlacken erfahren könnte. Dieser in der Bibel von Jesus mit dem Begriff Wiedergeburt beschriebene Prozess ermöglicht es dem Menschen, das Gefängnis seiner raumzeitlichen Begrenzungen zu verlassen, um sich auf die unvorstellbaren Dimensionen der geistigen Welt vorzubereiten.

Entsprechungsindex

Wort	Entsprechung
Ägypten	Durch Ägypten wird das Wisstümliche bezeichnet, das Sache des natürlichen Menschen ist, und dass es daher das Natürliche und Ägyptenland das natürliche Gemüt bedeutet. [EO 396] Ägypten bezeichnet die Wissenschaft natürlicher Wahrheiten. [HG 1463]
Ägypter	Ägypter bezeichnet diejenigen, welche sich im falschen Wisstümlichen begründen, was dem natürlichen Gemüt angehört. Alles was diesem Gemüt angehört, wird Wisstümliche genannt. [HG 6915] Diese haben einen von der Liebtätigkeit getrennten Glauben und sind gegen die Wahrheiten der Kirche (Glaubenswahrheiten). [HG 8096]
Äste	Zweige oder Äste von Bäumen bezeichnen die Erkenntnisse des Wahren und Guten oder die Wahrheiten des natürlichen Menschen. [EO 727]
Babel / Babylonien	Babel symbolisiert auf der positiven Entsprechungsebene den Bereich des menschlichen Gemüts, der im Glauben an den Herrn und in der tätigen Liebe zum Nächsten steht. Im negativen Sinn bezeichnet Babel diejenigen, welche heilige Dinge zum Herrschen missbrauchen oder welche durch die heiligen Dinge der Kirche nach Herrschaft streben. [EO 601, 911, 960].
Bauch	Der Bauch bezeichnet das Gute der Liebe und dessen Wahres im äußeren oder natürlichen Menschen. [HG 10030] Der Bauch bezeichnet das Inwendigere des Verstandes und des Denkens. [EO 618, 622]
Baum	Bäume bezeichnen Erkenntnisse und Innewerden des Wahren und Guten. [EO 239, 411] Somit entspricht der Baum der Einsicht und den Kenntnissen eines Menschen.

Wort	Entsprechung
Beine	Beine bezeichnen das natürliche Gute, verbunden mit dem geistigen Guten, und Füße bezeichnen das natürliche Wahre aus jenem Guten. [EO 543] Durch Beine wird das Wahre bezeichnet, und im entgegengesetzten Sinn das Falsche. [HG 3812]
Blumen	Blumen des Feldes bezeichnen das geistig Wahre. [EO 507]
Bräutigam	Der Himmel wird mit einer Hochzeit verglichen, wegen der himmlischen Ehe, welche die Ehe des Guten und Wahren ist, und der Herr einem Bräutigam, weil sie Ihm dann verbunden werden. Daher wird die Kirche die Braut genannt. [HG 4638],[Matth.9/15; Mark.2/19,20]
Eisen	Eisen bezeichnet die niedrigeren Wahrheiten, welche aus der natürlichen Liebe entspringen, also das Wahre ohne das Gute. [EO 237] Eisen bezeichnet Wisstümliches, das dem natürlichen Menschen angehört. [EO 540]
Erde	Durch Erde oder Land wird der innere geistige Mensch bezeichnet. [EO365] Unter Erde wird im nächstliegenden Sinne die Erde in der geistigen Welt verstanden [EO 417, 418, 742]; aber im geistigen Sinne wird unter Erde der Himmel und die Kirche verstanden. [EO 418, 639]
Erz	Erz bezeichnet das niedrigere oder natürliche Gute des menschlichen Gemüts. [EO 70, 131, 650]
Esel	Durch den Esel wird das natürlich Wahre bezeichnet, und durch den Maulesel das vernünftig Wahre. [HG 2781]
essen	Essen bezeichnet die Aufnahme der Erkenntnisse des Guten, ihrer innezuwerden und sie sich anzueignen. [EO 617] Essen bezeichnet das Gute mit Verständnis (somit geistig aufnehmen) und Trinken bezeichnet das Wahre mit Verständnis (somit geistig aufnehmen). [EO 750]

Wort	Entsprechung
Feld	Felder bezeichnen die Lehren aus dem Wort. [EO 650] Das Gras des Feldes bezeichnet das emporkommende Wahre der Kirche. [EO 578]. Das Feld entspricht der Lehre und allem, was zur Lehre vom Glauben und der Liebtätigkeit gehört. [HG 368]
Feuer- und Wolkensäule	Die Gegenwart des göttlich Guten und Wahren wird gelegentlich in der Bibel durch eine Wolkensäule am Tage und eine Feuersäule in der Nacht symbolisiert. [HG 8207] Die Gegenwart des Herrn findet sowohl bei denen statt, die im Guten und Wahren, als auch bei denen, die im Bösen und Falschen sind. [HG 7989] Die Feuersäule bei Nacht bedeutet den Zustand der Verdunklung des Wahren, gemildert durch die Erleuchtung vom Guten. [HG 8197]
Fische	Fische bedeuten im Worte Wisstümliches, das seinen Ursprung aus dem Sinnlichen hat." [HG 991]
fliehen	Wer vor irgendetwas flieht, der will sich so schnell als möglich von dem trennen, was ihn zur Flucht veranlasst. Von daher wird das Wort "fliehen" sehr häufig als ein Synonym für die Trennung verwendet. [HG 4113] „Lasset uns fliehen vor Israel", 2.Mose 14/25, bedeutet die Trennung von denen, die im Guten des Wahren und im Wahren des Guten sind. [HG 8218]
Flut	Die Flut bedeutet das Überschwemmen durch Böses und Falsches. Dies kommt daher, weil Meerwasser ein Symbol für Wahrheiten ist, welche aus den sinnlichen Wahrnehmungen entspringen. Diese Art von Wahrheiten begründen sich aus der übergeordneten Sicht Gottes im Bösen und Falschen.
Flut	„Und das Meer kehrte zurück bei Anbruch des Morgens zur Stärke seiner Flut", bedeutet das Zurückfließen des Falschen aus dem Bösen auf jene, vermöge der Gegenwart des Herrn. [HG 8226]

Wort	Entsprechung
Füße	Füße bezeichnen den natürlichen Menschen oder das Natürliche, [EO 69, 279, 405] und wenn vom Herrn ausgesagt, bezeichnen sie das göttliche Natürliche oder das Letzte der göttlichen Ordnung. [EO 69, 597] Durch die Füße wird das Natürliche beim Menschen bezeichnet und durch die Fußsohlen das, was im Letzten ist. [EO 240, 279, 708]
Garten	Gärten bezeichnen die Einsicht und im entgegengesetzten Sinne die eigene Einsicht. [EO 324, 578, 988] Gartenfrüchte bezeichnen das Gute des Lebens. [EO 376, 988]
Gestade des Meeres	Die „Gestade des Meeres" (Ufer oder Strand) symbolisiren die Bereiche des Verstandes, wo das Wisstümliche bzw. das natürliche im Falschen und Bösen begründete Wissen seine Grenzen hat. [HG 6384]
Gedränge	Gedränge im Sinne von Bedrängen, bedeutet, vom Wahren abbringen. [HG 6405]
Gewässer	Seen bedeuten in der Bibel, im geistigen Sinn die Einsicht aus den Erkenntnissen des Guten und Wahren, denn Seen werden in der Bibel als angesammelte Gewässer oder Teiche aufgefasst, und angesammelte Gewässer und Teiche bezeichnen einen Inbegriff von Erkenntnissen, durch die Einsicht kommt. Die Wasserseen im entgegengesetzten Sinn bezeichnen Böses aus Falschem und daher Unsinnigkeit. [HG 7324] „Und die Gewässer kehrten zurück" bedeutet das Zurückfallen des Falschen auf sie. [HG 9755]
Gold	Gold bezeichnet das Gute, [WCR 203], ebenso auch das himmlische Gute, was mit der reinen Liebe zum Herrn gleichzusetzen ist. [WCR 205]
Greise	Greise bezeichnen die Weisheit bzw. die Weisen. [HG 7661, 7663] Greise bezeichnen diejenigen, welch verständig sind durch die Lehre und die Neigung zum Wahren. [EO 727]

Wort	Entsprechung
Hand	Der Leib übt seine Kräfte und Mächte durch Arme und Hände aus. Daher kommt es auch, dass in der Bibel durch Hände, Arme und Schultern Mächte bezeichnet werden. [HG 4933] Die Hand bezeichnet Kraft, dann Gewalt, und daher Zuversicht. [HG 878] [Jes. 10/12-13] Die rechte Hand Gottes bezeichnet die Allmacht. [WCR 136 d]
Hand der Ägypter	Die Hand entspricht der Macht und die Ägypter symbolisieren diejenigen welche sich im falschen Wisstümlichen begründen, was dem natürlichen Gemüt angehört. Folglich entspricht die Rettung aus der Hand der Ägypter den Schutz Gottes vor Bösem und Falschem. [HG 8233]
Haupt	Das Haupt bezeichnet Einsicht und im entgegengesetzten Sinne Einsicht aus dem Eigenen, welche keine Einsicht ist. [EO 355, 430] Das Haupt bezeichnet die Weisheit und Einsicht. [EO 376, 553]
Heiden	Heiden bezeichnen das Böse des Lebens und das Falsche der Lehre. [EO 631]
Heer	Das Heer bezeichnet das Wahre aus dem Guten und im entgegengesetzten Sinn das Falsche aus dem Bösen. [HG 3138] Das Heer bezeichnet die Lehrsätze, die dem Wahren angehören, im entgegengesetzten Sinn bezeichnet das Heer das Falsche, aus dem die Irrlehren entspringen. [HG 3448]
Heere des Pharaos	Das Heer des Pharaos symbolisiert die Kraft, das Böse und Falsche durchzusetzen. Durch folgende Worte wird alles Falsche aus dem Bösen bezeichnet: durch Pharao und die Ägypter diejenigen selbst, die im Falschen aus dem Bösen waren, durch die Wagen die Lehre des Falschen; durch die Rosse das falsche Wisstümliche aus dem verkehrten Verständnis; durch die Reiter die Vernünfteleien daraus; durch Heer und Reiter das Falsche selbst. [HG 8146]

Wort	Entsprechung
Heer der Ägypter	„Heer der Ägypter" bedeutet, die Ausbreitungen des Falschen aus dem Bösen. [HG 8214]
Heuschrecke	Durch die Heuschrecke wird das Sinnliche bezeichnet, welches das Letzte im Gedankenleben des Menschen ist. Und weil alles ein Fundament haben muss, auf dass es bestehe und sich halte, darum ist der Buchstabensinn des Wortes, welcher der letzte und die Unterlage ist, natürlich und sinnlich, und wird auch im guten Sinn unter der Heuschrecke verstanden, mithin auch das Wahre und Gute desselben. Dies ist der Grund, warum Johannes der Täufer Heuschrecken aß, und dass den Söhnen Israels gestattet war, solche zu essen. [EO 543]
Himmel	Der Himmel bedeutet den inneren Menschen und die Erde vor der Wiedergeburt den äußeren Menschen. [HG 16] Der Himmel wird in jedem Menschen durch die Erkenntnisse des Guten und Wahren und einem dem gemäßen Leben eingepflanzt. [EO 126]
Hirsch	siehe Reh
Hochzeit	Die Hochzeit eines Mannes mit einer Frau bezeichnet die Verbindung des Wahren und Guten. [EO 252]
Israel	Israel bezeichnet die Bereiche des menschlichen Gemüts, in denen das geistig Gute oder das Gute des Wahren gelebt wird. [HG 6426] Von daher bezeichnet Israel einen himmlisch-geistigen Menschen im Natürlichen, der seinen Nächsten liebt und sich mit den göttlichen Wahrheiten, wie man sie z. B. in der Bibel finden kann, auseinandersetzt [HG 4282] Das geistig Gute, das Israel vorbildet, ist das Gute des Wahren, d. h. das Wahre im Willen und Tun. [HG 5826]
Kamel	das Kamel bedeutet das Wisstümliche im Allgemeinen. [HG 9372] Kamele bezeichnen das begründende Wisstümliche. [EO 417]

Wort	Entsprechung
Kana	Kana in Galiläa bezeichnet die Kirche unter den Heiden. [EO 376]
Kälber und Rinder	Kälber und Rinder bezeichnen die Neigungen und Kräfte des natürlichen Menschen. [EOJ 279, 587]
Kirche	Die Kirche bezeichnet einen innermenschlichen Zustand der Verbindung des Guten und Wahren bzw. der Liebe und Weisheit in Ansehung der Wahrheiten. [WCR 398e]
Kleider	Kleider bezeichnen die Erkenntnisse des Wahren und Guten, durch welche der Mensch geistiges Leben hat. [EO 187]
Knaben	Knaben entsprechen der Unschuld und der tätigen Liebe. [EO 270] Knaben und Mädchen bezeichnen die Neigungen zum Wahren und Guten, in welchen Unschuld ist, oder das Wahre und Gute der Unschuld. [EO 223, 652, 863]
König	Der König bezeichnet im wahren Sinne denjenigen, der im Wahren aus Liebe zum Guten ist, und im Allgemeinen dieses Wahre selbst. Im entgegengesetzten Sinne wird durch den König derjenige bezeichnet, der im Falschen aus Lust am Bösen ist, und im Allgemeinen dieses Falsche selbst. [EO 440]
Krug	Der Krug bezeichnet das Äußere des Wahren, so auch den Buchstabensinn des Wortes. [EO 887]
Lamm	Männliche und weibliche Lämmer bedeuteten die Unschuld des inneren oder vernünftigen Menschen, und die Böcklein und Ziegen die Unschuld des äußeren oder natürlichen Menschen, somit das Wahre und Gute desselben. [HG 2919]
Leer	Leer bezeichnet einen Zustand, wo kein Gutes aus der Liebe ist. [EO 280]

Wort	Entsprechung
Leib	Dass der Leib im eigentlichen Sinn das Gute bezeichnet, das Sache der Liebe ist, kommt daher, weil der Leib oder der ganze Mensch, der unter Leib verstanden wird, ein Aufnahmegefäß des Lebens vom Herrn ist, also ein Aufnahmegefäß des Guten ist. [HG 6135]
Löwe	Der Löwe bezeichnet das Gute der himmlischen Liebe und daher auch das Wahre in seiner Macht. Im entgegengesetzten Sinn bezeichnet der Löwe das Böse der Eigenliebe in seiner Macht. [HG 6367]
Mauer	Die Mauer bedeutet Wahrheiten, die gegen Falsches und Böses schützen. [EO 430] Im Gemüt des Menschen stellen die Wahrheiten, wie man sie z. B. in der Bibel finden kann, eine schützende Mauer gegenüber dem Falschen und Bösen der Welt dar. [HG 8206]
Maria	Die Mutter des Herrn bezeichnet die Kirche. [EO 821]
Meer	Das Meer bezeichnet das Wisstümliche im Allgemeinen, das im natürlichen Menschen ist, mithin den natürlichen Menschen in Ansehung seiner geistigen Wahrheiten. Dass das Meer dies bedeutet, kommt daher, weil Wasser das Wahre bedeutet, und das Wahre im natürlichen Menschen das Wisstümliche genannt wird. [EO 511] Das Wisstümliche lebt durch das Wahre und geht zugrunde durch das Falsche. [EO 513]
Morgen	Der Morgen symbolisiert die Gegenwart Gottes. [Ps. 143/8,9], [HG 8226] In dem Zustand, der dem Morgen entspricht, beginnen die Guten erleuchtet zu werden in Ansehung dessen, was Sache des Glaubens ist, und erwärmt zu werden, in Ansehung dessen, was Sache der Leibhaftigkeit ist. Und umgekehrt beginnen dann die Bösen, vom Falschen verdunkelt und vom Bösen erkältet zu werden, folglich ist der Morgen für diese ein Zustand der Finsternis und des Untergangs und für jene ein Zustand der Erleuchtung und Erlösung. [HG 8211]

Wort	Entsprechung

Morgen-Wache

Das Wort Morgenwache hat zwei Bedeutungsebenen. Die erste Bedeutungsebene, welche durch die Nacht symbolisiert wird, bedeutet Finsternis in Bezug auf die göttlichen Wahrheiten, welche aus der Hinwendung zu den sinnlichen Wahrheiten resultiert. (s. Nacht).

Die zweite Bedeutungsebene, welche durch den Tag symbolisiert wird, bedeutet den Zustand der Erleuchtung und Erlösung derer, die sich im Wahren und Guten befinden. [Ps. 143/8,9]

Die Morgenwache bezeichnet den Zustand der Erleuchtung und Erlösung und im entgegengesetzten Sinn den Zustand der Finsternis und des Untergangs. [HG 8211]

Mose

Mose bildet das Gesetz vor, unter welchem das göttlich Wahre verstanden wird. [EO 624], [1.Kön. 2/3]

Auf der natürlichen Ebene bildet Mose das wisstümlich Wahre vor, welches das Wahre der äußeren Kirche ist. Dieses Wahre hat sein Dasein von dem Wahren, das dem vom Göttlichen stammenden Gesetz angehört, welches ebenfalls Mose bezeichnet. [HG 6789]

Myrrhe

Myrrhe bedeutet das natürliche Gute. [WCR 205]

Nacht

Nacht bezeichnet in der Bibel Falsches aus dem Bösen; denn die aus dem Bösen im Falschen sind, befinden sich im Dunkel der Nacht. [HG 6000]

Die Nacht bezeichnet den Zustand, wo kein Glaube und keine Liebtätigkeit da sind. [EO 187] siehe auch [Joh. 3/19-21] „Während der ganzen Nacht", 2.Mose 14/20, bedeutet im dunklen Zustand.

Dies erhellt aus der Bedeutung der Nacht, insofern sie einen dunklen Zustand in Ansehung des Wahren und Guten des Glaubens bezeichnet. [HG 8199]

Nebukad-nezar

Nebukadnezar, König von Babel, bezeichnet die Entweihung des göttlichen Wahren und daher seine Zerstörung, [EO 622, 652] oder Böses und Falsches, welches zerstört. [EO 799]

Wort	Entsprechung
Ochse	Der Ochse bedeutet im positiven Sinne das Gute im Natürlichen, und Esel das Wahre in demselben. [HG 9088] Im negativen Sinne bedeutet der Ochse die Neigung des Bösen im äußeren oder natürlichen Menschen. [HG 9069]
Öde	Öde bezeichnet einen Zustand, wo nichts Wahres ist. [EO 280]
Ofen	Der Ofen bezeichnet das Wahre der Lehre, EO 504, auch die Herstellung einer Lehre. [EO 540] Ofen bezeichnet, wo die geistige Speise bereitet wird. [EO 675]
Osten	Der Osten bedeutet den Herrn in Ansehung des Guten der Liebe, weil der Herr die Sonne des Himmels ist. [HG 9668] "Der Aufgang der Sonne" oder "der Aufgang" (Osten) bedeutet die göttliche Liebe des Herrn. [EO 422]
Ostwind	Ostwind bezeichnet die Zerstreuung bzw. Zerstörung des Falschen und Bösen. Der Ostwind bezeichnet ein Mittel der Zerstörung. Der Ostwind hat diese Bedeutung, weil er trocken war und stürmisch, und deshalb die Erzeugnisse jenes Landes austrocknete, auch durch seine Gewalt die Bäume zertrümmerte, und im Meere die Schiffe. Daher wird durch ihn, die Wirkung der göttlichen Macht beschrieben. [HG 7679], [Jer. 18/16,17]
Pferde	Pferde werden in der Bibel oft als ein Synonym für das Verständige und dem Verständnis der Lehre verwendet. [HG 2762] Die Pferde des Pharaos, bezeichnen die wisstümlichen Kenntnisse aus dem verkehrten Verständnis. [HG 8210]
Pharao	Pharao, der König von Ägypten, bezeichnet das Wisstümliche, das dem Falschen angepasst wird, was geschieht, wenn der natürliche Mensch von den Wissenschaften aus in das Geistige eindringt, und nicht umgekehrt; weil dies gegen die göttliche Ordnung ist, so wird statt des Wahren Falsches ergriffen und begründete. [EO 372]

Wort	Entsprechung
Raben	Dass Raben Falschheiten bezeichnet kommt daher, weil Vögel das Verständige, das Vernünftige und das Wissenschaftliche bezeichnen; und ebenso die Gegensätze, die Vernünfteleien und Falschheiten sind; jene und diese werden im Wort beschrieben durch verschiedene Arten von Vögeln. Die intellektuellen Wahrheiten durch sanfte, schöne und reine Vögel, die Falschheiten aber durch wilde, unschöne und unreine Vögel, und zwar je nach der Art des Wahren und Falschen. Grobe und dichte Falschheiten werden durch Nachteulen und Raben bezeichnet. [HG 866]
Räder	Auf der Entsprechungsebene bedeuten Wagenräder die Macht des Verstandes sich weiterzuentwickeln bzw. voranzuschreiten. [HG 8215] Räder bedeuten das, was der Weisheit und Einsicht angehört, also das göttlich Wahre und im Gegenteil bedeuten Räder die Macht, das Wahre zu verkehren und zu zerstören. [HG 8215]
Reh	Das Reh ist die in Europa häufigste und kleinste Art der Hirsche. Hirsch bezeichnet die Neigung des natürlich Wahren. [HG 6413]
Reiter	Das Ross bezeichnet das Verständige und der Reiter den Verständigen. Der Reiter bezeichnet die aus der Lehre entspringende Einsicht. [HG 2761]
Rinder	Rinder bedeuten das äußere Gute, weil zu den Rindern die Ochsen, Stiere und Kälber gehören, durch die solches bezeichnet wird, was dem Guten und Wahren im äußeren Menschen angehört. [HG 8937]
Salz	Salz ist im positiven Sinn ein Synonym für die Neigung zum Wahren. Im negativen Sinn die Zerstörung der Neigung zum Wahren. [EO 653, 701]
Samen	Unter dem Samen des Menschen wird das Wahre des Wortes (Bibel) verstanden. [WCR 761] Der Same des Ackers bezeichnet die Wahrheiten aus dem Guten. [EO 31]

Wort	Entsprechung
Salomon	Salomon bildet den Herrn vor, sowohl in Ansehung des himmlischen als des geistigen Reichs. [EO 654]
Sechs	Sechs wird vom Wahren ausgesagt und bezeichnet Alles. [EO 376, 847] Sechs bezeichnet Alles im Inbegriff. [EO 401, 847] Sechs bezeichnet dasselbe wie drei, nämlich das Wahre im ganzen Inbegriff. [EO 627]
Senfkorn	Das Senfkorn ist das Gute des Menschen, ehe er geistig ist, welches das kleinste von allen Samen ist, weil er meint, aus sich Gutes zu tun. [HG 55]
Schafe	Schafe bezeichnen diejenigen, die in der tätigen Liebe sind. [4HL/LG 61] Lämmer und Schafe bedeuten das Gute, die Lämmer das himmlisch Gute und die Schafe das geistig Gute. [EO 67]
schauen	Wenn davon die Rede ist, dass Gott auf etwas schaut, dann ist damit ein Innewerden bzw. Einfließen des Guten und Wahren beim Menschen gemeint. [HG 8212]
Schlangen	Schlangen bezeichnen die Klugheit und Schlauheit des sinnlichen Menschen. [WCR 205]
Schwein	Durch Schweine werden solche bezeichnet, die bloß weltliche Schätze lieben. Sie lieben keine geistige Schätze, welche die Kenntnisse des Guten und Wahren aus dem Worte sind. [EO 272]
Schwert	Ein Schwert bezeichnet das kämpfende Wahre und die Zerstreuung des Falschen [EO 73, 131, 385], auch Versuchungen, weil die Versuchung ein Kampf ist. [EO 131]
Silber	Silber bezeichnet das Wahre des inneren Menschen. [EO 176] Silber bezeichnet das geistig Wahre [EO 585], sowie das Wahre aus dem Guten der Liebe. [EO 195, 447, 617]

Wort	Entsprechung
Singvögel	Singvögel bilden Begründungen durch Scheinbarkeiten vor. Also Menschen die das Wahre nicht innewerden, sondern es erschließen. [WCR 42]
Söhne	Die Söhne, die aus der Verbindung des Guten mit dem Wahren (Frau und Mann) hervorgehen, bezeichnen Wahrheiten und Neigungen zum Wahren, und, im entgegengesetzten Sinn, das Falsche und die Neigung zum Falschen. [HG 9325], [EO 175]
Söhne Israels	Die Söhne Israels bezeichnen die geistigen Wahrheiten im Natürlichen, welche aus der Verbindung des Wahren mit dem Guten entspringen. [HG 5879] Die Söhne Israels bezeichnen geistige Wahrheiten, die aus dem geistig Guten sind. [HG 6366]
Speise	ist ein Synonym für Weisheit, für Erkenntnisse und die daraus resultierenden Einsichten. [EO 117, 235]
Sperlinge	siehe Singvögel
sprechen	Sprechen wird oft als ein Symbol für das Innewerden, Denken und Mitteilung verwendet. [HG 1822], [HG 8217] Wenn in der Bibel geschrieben steht: „Und Gott sprach ...“ dann ist damit meist das Einfließen bzw. das Innewerden der göttliche Liebe und Weisheit in das menschliche Gemüt gemeint. [HG 8221], [HG 2032]
Stein	Steine bezeichnen Wahres und im entgegengesetzten Sinne Falsches. [EO 503, 655] Der Stein bezeichnet das göttlich Wahre, und der Fels, zu welchem der Stein wurde, den Herrn in Ansehung des göttlich Wahren. [EO 1029, 1324]
Stern	Sterne bezeichnen die Erkenntnisse des Wahren und Guten. [WCR 198]

Wort	Entsprechung
stieß	Das Wort "stieß" im Sinne von "abstoßen" bedeutet so viel wie entfernen bzw. wegnehmen. [HG 8215] „und stieß die Räder von ihren Wagen" bedeutet, dass die Macht, Falsches beizubringen, genommen wurde. [HG 8207]
streiten	Das Wort "streiten" wird im Sinne von Kämpfen gegen das Böse und Falsche verstanden. [HG 8219, 9024]
Tag	Tag bezeichnet den Zustand des Glaubens oder des Wahren, der dann auf seinem höchsten Punkte steht, und Nacht den Zustand, wo kein Glaube oder kein Wahres vorhanden ist. [HG 475] Tage bezeichnen Zustände im Allgemeinen und Jahre Zustände im Besonderen. [HG 488]
Taube	Die Taube bedeutet das vernünftig Gute. [EO 601] Die Taube bildet auch die [sinnliche] Vorstellung der Reinigung und Wiedergeburt durch das göttliche Wahre, vor. [HL/LH 52]
Tiere	Wenn Tiere in der Bibel im guten Sinne gebraucht angeführt werden, dann bezeichnen sie die Neigung zum Wahren und Guten. [EO 388,650,701] Im negativen Fall bezeichnen böse und wilde Tiere Neigungen und Begierden, die den Menschen von den göttlichen Wahrheiten und der göttlichen Liebe abziehen wollen. [EO 304, 365, 503]
Trinken	bezeichnet das Wahre mit Verständnis aufzunehmen. [EO 750]
Trocken	Trocken bezeichnet: ohne Falsches. Dasselbe bedeutet trocken und trocken machen. [HG 8185] Trocknen entspricht der Verödung durch Entzug des Falschen. Im Geistigen werden die negativen Eigenschaften des Gemüts dadurch verödet, indem man ihnen die im Falschen begründeten Scheinwahrheiten entzieht.
Trunken	trunken werden heißt, durch falsche Vernunftschlüsse und verkehrte Auslegungen des Wortes geleitet werden. [HG 1072]

Wort	Entsprechung
Ton	Ton entspricht dem natürlich Guten und im Entgegengesetzten das geschändete Gute. [EO 411]
verfolgen	Verfolgen stellt unter bestimmten Vorzeichen das Streben nach Unterjochung dar. [HG 8136] Verfolgen bezeichnet aber auch aus Hass und Feindschaft verwerfen und verleumden. [EO 758]
verwirrte	Verwirren bedeutet im inneren Sinne nicht bloß verfinstern, sondern auch verwischen und zerstreuen, sodass nichts Wahres mehr vorhanden ist. Wenn die Selbstverehrung an die Stelle der Verehrung des Herrn tritt, dann wird nicht nur alles Wahre verkehrt, sondern auch abgeschafft, und zuletzt wird das Falsche als wahr anerkannt, und das Böse als gut; denn alles Licht der Wahrheit ist vom Herrn, und alle Finsternis ist vom Menschen. [HG 1321]
Vögel	Die Vögel des Himmels bezeichnen das Vernünftige und Verständige. [EO 280, 282] Fliegende Vögel bezeichnen die Umsicht und Gegenwart und, wenn vom Herrn die Rede ist, die Allgegenwart. [EO 282]
Wagen	Wagen werden häufig als ein Synonym für die Lehre des Guten und Wahren verwendet. Im negativen Fall symbolisieren Wagen die Lehre des Bösen und Falschen. [HG 5321], [HG 6125], [HG 10236]
Wasser	Wasser symbolisiert das Wahre des natürlichen oder äußeren Menschen. [WCR 144] Das lebendige Wasser bezeichnet das Wahre des göttlichen Wortes. [WCR 190] Wasser bezeichnet Wahrheiten des Glaubens, Wahrheiten der Lehre und auch Erkenntnisse des Wahren oder Wahrheiten des Wortes. [EO 71]
Wein	Wein ist ein Synonym für göttliche Wahrheiten. [WCR 706b]
Weihrauch	Weihrauch bezeichnet das geistige Gute. [WCR 205]

Wort	Entsprechung

Wind

Wind wird vom Wahren ausgesagt und im entgegengesetzten Sinn vom Falschen. [EO 403, 405]
Der Wind Jehovas bezeichnet das göttlich Wahre, (EO 130,419). Wind im entgegengesetzten Sinne bezeichnet das Falsche des Bösen.

Wolf

Wölfe bilden Begierden der Hölle vor. [WCR 45]

Zeichen

Zeichen bedeuten die Beglaubigungen, dass es wahr sei, weil ehemals Zeichen geschahen, um die Wahrheit zu beglaubigen; nachdem die Zeichen und Wunder aufgehört haben, ist ihre Bedeutung noch geblieben, welche die Beglaubigung der Wahrheit ist. [EO 598]

zerteilen

entspricht der Zerstreuung des Falschen. Die Zerteilung des Meeres bezeichnet die Zerstreuung oder Zerstörung des Falschen. [HG 8184]

Ziege

siehe Lamm

Anhang

Emanuel Swedenborg (eigentlich Swedberg) wurde am 29. Januar 1688 in Stockholm als Sohn Jesper Swedbergs, Bischofs von Västergötland, geboren und studierte in Uppsala Philologie und Philosophie, Mathematik und Naturwissenschaften, daneben auch Theologie. Er bereiste 1710-1714 England, Holland, Frankreich und Deutschland. 1716 wurde er Assessor des Bergwerkskollegiums in Stockholm. In dieser Stellung fiel er durch mehrere mechanische Erfindungen auf. Zur Belagerung von Frederikshall ließ er 1718 sieben Schiffe auf Rollen fünf Stunden lang über Berg und Tal transportieren. Dies sowie seine Schriften über die Algebra, den Wert von Münzen, den Planetenlauf, Ebbe und Flut etc. hatten zur Folge, dass Königin Ulrike ihn 1719 unter dem Namen Swedenborg adelte.

In den folgenden Jahren bereiste er die schwedischen, sächsischen sowie später auch die böhmischen und österreichischen Bergwerke. In seiner "Opera philosophica et mineralogica" (1734, 3 Bde. mit 155 Kupferstichen) entwickelte er auf Grundlage ausgedehnter Studien über Gegenstände der Naturwissenschaften und der angewandten Mathematik ein System der Natur, in dessen Mittelpunkt die Idee eines notwendigen mechanischen und organischen Zusammenhangs aller Dinge stand. Nach neuen Reisen (1736-1740) durch Deutschland, Holland, Frankreich, Italien und England wendete er sein Natursystem in den Schriften: "Oeconomia regni animalis" (Lond. 1740-41), "Regnum animale" (Bd. 1 u. 2, Haag 1744; Bd. 3, Lond. 1745) und "De cultu et amore Dei" (das. 1740, 2 Bde.) auch auf die belebte Schöpfung und im Besonderen auf den Menschen an.

Das letztgenannte Werk und alle folgenden waren nicht mehr streng naturwissenschaftlich gehalten. Swedenborg wandte sich von nun an ausschließlich religiösen Studien zu. Um diese Studien ungestört durchführen zu können, gab Swedenborg 1747 seine amtliche Stellung auf. In den nachfolgenden Jahren lebte er von einer königlichen Pension. Am 19. Juli 1759 beschrieb er von Göteborg aus den 400 Kilometer entfernt stattfindenden Stadtbrand seiner Heimatstadt

Stockholm, um damit zu beweisen, dass er über hellseherische Fähigkeiten verfügte.

Während einer Reise, welche er 1771 im Interesse seiner Lehre unternommen hatte, erkrankte er in London und starb dort am 29. März 1772. Die Zahl seiner Anhänger (Swedenborgianer) nahm langsam zu; sie verbreiteten sich, wenn auch nur sporadisch, über Schweden, Polen, England und Deutschland; am meisten fasste die Neue Kirche oder Kirche des neuen Jerusalem (engl. New Church, New Jerusalem Church) in England Fuß, später auch in Nordamerika.

Eine wesentliche Rolle in Swedenborgs Schriften spielt die Lehre von den Entsprechungen. Danach hat sich alles Sein und Leben von Gott aus abwärts entfaltet. Von Gott geht das Himmlische, das Geistige und das Natürliche aus. Das Himmlische ist die göttliche Liebe und das Gute. Das Geistige ist die göttliche Weisheit und das Wahre. Das Natürliche ist die unterste Stufe.

Der Mensch ist ein Abbild Gottes und enthält eine Entsprechung dieser drei Elemente der Schöpfung. Der "innere Mensch" bildet das Himmlische und Geistige, der "mittlere" das Vernünftige und der "äußere" das Sinnliche. Das Innere des Menschen lebt nach dem Tod in Ewigkeit weiter. Das eigentliche Leben eines Menschen ist seine Liebe, womit die Liebe zum Guten oder Bösen gemeint ist. Gott hat ihm den freien Willen verliehen, damit er sich als selbstständiges Wesen fühlt und aus eigener Entscheidung Gott liebt.

Der menschliche Körper besteht aus vielen einzelnen Zellen, durch deren Zusammenspiel der ganze Körper funktioniert. Swedenborg überträgt dieses Bild auf die geistige Welt. Für ihn gruppieren sich Geistwesen zu Gemeinschaften. Diese Gemeinschaften schließen sich wiederum zusammen im "Großen Menschen" (lat. homo maximus), dessen Glieder Geistergemeinschaften sind und dessen Zellen die einzelnen Geister sind.

Diese These hat eine gewisse Ähnlichkeit mit dem, was die moderne Psychologie als kollektives Unbewusstes bezeichnet:

„Der Arzt in mir weigert sich, das seelische Leben eines Volkes als jenseits psychologischer Grundregeln stehend zu betrachten. Für ihn ist die Seele des Volkes bloß ein etwas komplexeres Gebilde als die Seele des Einzelnen [...] Denn etwas in unserer Seele ist nicht einzeln, sondern Volk, Gesamtheit, ja Menschheit. Irgendwo sind wir Teil einer einzigen großen Seele, eines einzigen größten Menschen, um mit SWEDENBORG zu reden."[159]

Gemüt

Für Swedenborg besteht der Mensch aus einer Dreiheit. Dem materiellen Körper, das jenseits von Raum und Zeit befindliche Gemüt und die ebenfalls geistige Seele. In der "Wahren Christlichen Religion", Nr, 397, schreibt er:

„1. Der Mensch hat zwei Vermögen, welche sein Leben ausmachen, das eine heißt der Wille und das andere der Verstand; sie sind unter sich geschieden, jedoch so geschaffen, dass sie Eins ausmachen, und wenn sie Eins sind, so heißen sie das Gemüt; sie sind daher das menschliche Gemüt, und alles Leben des Menschen ist hier in seinen Ausgangspunkten und von da im Körper.

2. Wie sich alles im Weltall, was der Ordnung gemäß ist, auf das Gute und Wahre zurückbezieht, so bezieht sich bei dem Menschen alles auf den Willen und den Verstand. Denn das Gute des Menschen gehört seinem Willen an, und das Wahre gehört seinem Verstand an. Diese beiden Fähigkeiten oder diese beiden Gemütsbereiche des Menschen sind nämlich die Behälter und Träger des Guten und Wahren. Der Wille ist der Behälter und Träger aller Dinge des Guten, und der Verstand ist der Behälter und Träger aller Dinge des Wahren; das Gute und Wahre bei dem Menschen ist nirgends anderswo; und weil das Gute und Wahre bei dem Menschen nirgends anderswo ist, so sind auch die Liebe und der Glaube nirgends anderswo, da die Liebe Angehör des Guten und das Gute Angehör der

---

[159] (C.G. Jung: Gesammelte Werke, Band 10, S. 103 „Das Seelenproblem des modernen Menschen") (Wikipedia)

Liebe ist, und ebenso der Glaube dem Wahren und das Wahre dem Glauben angehört.

3. Wille und Verstand machen auch den Geist des Menschen aus; denn seine Weisheit und Einsicht, und auch seine Liebe und Liebtätigkeit, und überhaupt sein Leben wohnen in ihnen; der Leib führt nur das aus, was der Geist will.

4. Nichts ist wichtiger zu wissen, als wie Wille und Verstand ein Gemüt ausmachen; sie machen ein Gemüt aus, wie das Gute und das Wahre Eins ausmachen. Es besteht eine gleiche Ehe (Verbindung) zwischen Willen und Verstand, wie zwischen dem Guten und Wahren, welcherlei diese Ehe ist, wird aus dem erhellen, was gleich nachher vom Guten und Wahren angeführt werden wird, dass nämlich wie das Gute das eigentliche Sein der Sache ist, und das Wahre das Existieren der Sache von daher ist, so der Wille bei dem Menschen das eigentliche Sein seines Lebens, und der Verstand das Existieren des Lebens von daher ist; denn das Gute, das Sache des Willens ist, bildet sich im Verstande und stellt sich sichtbar dar."

Kirche

Wenn man die aufeinanderfolgenden Zustände der Kirchen auf unserer Erde betrachtet, so zeigt es sich, dass sie den aufeinanderfolgenden Zuständen eines Menschen gleichen, der gebessert und wiedergeboren wird. Die Kirche ist von den ältesten Zeiten an bis zum Ende der jüdischen Kirche gewachsen wie ein Mensch, der empfangen und geboren wird und heranwächst, und alsdann unterrichtet und belehrt wird. Die aufeinanderfolgenden Zustände der Kirche, nach dem Ende der jüdischen Kirche, oder von der Zeit des Herrn an, bis auf den heutigen Tag, waren so, wie der Mensch zunimmt an Einsicht und Weisheit, oder wiedergeboren wird, zu welchem Zweck die inwendigeren Dinge des Wortes, der Kirche und des Gottesdienstes vom Herrn, als Er in der Welt war, geoffenbart wurden, und jetzt wiederum noch inwendiger. Und in dem Maß, als das Inwendigere geoffenbart wird, kann der Mensch weiser werden, denn inwendiger werden heißt weiser werden, und weiser werden heißt inwendiger werden. [EO 641]

Der Mensch ist zum ewigen Leben geboren, und weil er durch die Kirche darin eingeführt wird, darum soll er diese in noch höherem Grade als seinen Nächsten lieben. Die Kirche lehrt nämlich die Mittel, die dem Menschen zum ewigen Leben verhelfen, und durch das Gute des Lebens führt sie ihn darin ein. Das soll nicht heißen, dass die Priesterschaft in höherem Grade zu lieben ist, und die Kirche um ihretwillen, sondern umgekehrt, dass das Gute und Wahre der Kirche geliebt werden soll, und um dessentwillen dann auch die Priesterschaft. Diese hat nur eine dienende Funktion, und in dem Maße, wie sie diese erfüllt, soll sie geehrt werden. Die Kirche ist der Nächste, der in noch höherem Grade als selbst das Vaterland geliebt werden soll, weil das Vaterland den Menschen nur in das bürgerliche Leben einführt, die Kirche aber in das geistige, das den Menschen vom bloßen Tier unter- - scheidet. Das bürgerliche Leben ist zudem ein rein zeitliches, das einmal sein Ende nimmt und dann ist, als ob es nie gewesen wäre. Das geistige Leben hingegen, da es kein Ende hat, ist ewig. Von ihm kann daher auch ein Sein ausgesagt werden, vom bürgerlichen Leben hingegen nur ein Nicht-Sein. Der Unterschied ist wie zwischen dem Endlichen und dem Unendlichen, zwischen denen kein Verhältnis besteht. Das Ewige ist aber das Unendliche in Bezug auf die Zeit. [WCR. 415]

Überreste

Damit man aber wisse, was die Überreste sind, so sind sie nicht bloß das Gute und Wahre, das aus dem Wort des Herrn der Mensch von Kindheit an erlernt hat und was so seinem Gedächtnis eingeprägt ist, sondern es sind auch alle Zustände von daher, wie die Zustände der Unschuld von der Kindheit an, die Zustände der Liebe gegen die Eltern, Geschwister, Lehrer, Freunde; die Zustände der Liebtätigkeit gegen den Nächsten, wie auch der Barmherzigkeit gegen Arme und Bedürftige, kurz alle Zustände des Guten und Wahren. Diese Zustände nebst dem Guten und Wahren, das dem Gedächtnis eingeprägt ist, heißen Überreste, die vom Herrn beim Menschen erhalten und aufbewahrt werden in seinem inneren Menschen, während er es gar nicht weiß und die wohl ausgesondert werden von demjenigen, was des Menschen Eigenes, d. h. böse und falsch ist.

Alle diese Zustände werden so vom Herrn beim Menschen erhalten, dass auch nicht das geringste von ihnen verloren geht, was mir zu wissen gegeben worden daraus, dass ein jeder Zustand des Menschen von seiner Kindheit an bis in sein höchstes Alter im anderen Leben nicht bloß bleibt, sondern auch wiederkehrt, und zwar ganz so, wie sie waren, während er in der Welt lebte; so nicht bloß das Gute und Wahre des Gedächtnisses, sondern auch all die Zustände der Unschuld und der Liebtätigkeit. Und wann die Zustände des Bösen und Falschen oder der Bosheit und Einbildung wieder kommen, die alle und jede ebenfalls im Allerkleinsten bleiben und wiederkehren, dann werden vom Herrn diese Zustände durch jene gemäßigt; hieraus kann erhellen, dass der Mensch, wenn er keine Überreste hätte, nirgend anders als in der ewigen Verdammnis sein könnte.

Überreste sind, wie gesagt, alles von Unschuld, alles von Liebtätigkeit, alles von Barmherzigkeit, alles von Glaubenswahrheit, was der Mensch von Kindheit an vom Herrn gehabt und gelernt hat; alles und jedes von diesen wird aufbewahrt. Wenn solches der Mensch nicht hätte, so könnte gar nichts von Unschuld, Liebtätigkeit und Barmherzigkeit in seinem Denken und Handeln sein, mithin auch nichts Gutes und Wahres, folglich wäre er ärger als die wilden Tiere. Ebenso wenn er Überreste von solchem hätte, aber durch schnöde Begierden und gräuliche Selbstberedungen vom Falschen den Weg verstopfen würde, dass sie nicht wirken könnten. [HG 561]

Über das Verhältnis der Wissenschaft zur geistigen Welt

Die meisten Menschen sind noch sosehr in das klassisch-physikalische Weltbild eingebunden, dass sie nur das als real und wahr annehmen können, was in irgendeiner Form mit der sinnlichen Erfahrung vereinbar ist.

Die Realität dieser Weltsicht wird von der klassisch-physikalischen Physik mit ihren in Formeln gegossenen Naturgesetzen beschrieben. Eine Welt, die aus stabilen Systemen besteht und von daher voll determiniert, also vorherbestimmt ist. Ein klassisches Beispiel hierfür ist die zu beobachtende Tatsache, dass ein vom Baum fallender Apfel, dem Gesetz der Schwerkraft folgend, zu Boden fällt. Diese berechenbare und nach bestehenden Naturgesetzen funktionierende Welt der Dinge, der Objekte und deren Anordnung bezeichnen die meisten Menschen als das Reale, Wirkliche. Für einen Gott, der sich jenseits der sinnlichen Wahrnehmung befindet, ist in dieser Sichtweise kein Platz.

Nun ist es aber so, dass schon seit geraumer Zeit die Physiker, welche sich mit den kleinsten Bausteinen der Materie beschäftigen, in Bereiche vorgestoßen sind, die die zurzeit gängige mechanistisch geprägte Physik relativieren.

Was nicht bedeutet, dass die klassische Physik, welche die äußeren Strukturen und Gesetzmäßigkeiten der Materie beschreibt, falsch ist. Sie gilt jedoch nur in einem vergröberten, für den Alltag völlig ausreichenden, Sinn. Wenn es aber darum geht, Antworten auf die Frage nach den Ursachen der beobachteten Naturgesetze zu geben, reicht die mechanistische Physik nicht mehr aus.

Sie kennt weder die geistigen Substanzen noch die Kräfte, aus denen die einzelnen Atomteilchen gebildet und so in Schwingung gebracht werden, dass daraus das winzige Sonnensystem des Atoms entstehen kann.

Als Beleg dafür, dass dem wirklich so ist, möchte ich gerne einen kurzen Text des Nobelpreisträgers für Physik Professor Max

Planck[160] zitieren, den er in seiner Rede anlässlich der Verleihung seines Nobelpreises gehalten hat. Dort heißt es:

„Als Physiker, als Mann, der für sein ganzes Leben der nüchternen Wissenschaft der Erforschung der Materie dient, bin ich sicher von dem Verdacht frei, für einen Schwärmgeist gehalten zu werden. Und so sage ich nach meinen Erfahrungen des Atoms folgendes:

Es gibt keine Materie an sich, alle Materie entsteht und besteht nur durch eine Kraft, welche die Atomteilchen in Schwingung bringt und sie zu dem winzigen Sonnensystem des Atoms zusammenhält. Da es im ganzen Weltall weder eine intelligente noch ewige abstrakte Kraft gibt - es ist der Menschheit nie gelungen, das heiß ersehnte Perpetuum mobile (das aus sich selbst Bewegte) zu finden - so müssen wir hinter dieser Kraft bewussten, intelligenten Geist annehmen. Dieser Geist ist der Urgrund der Materie, nicht die sichtbare, aber vergängliche Materie ist das Reale, Wahre, Wirkliche, denn diese Materie bestünde, wie wir es gesehen haben, ohne diesen Geist überhaupt nicht, sondern der unsichtbare, unsterbliche Geist ist das Wahre. - Da es aber Geist an sich nicht geben kann, und jeder Geist einem Wesen zugehört, so müssen wir zwingend Geist-Wesen annehmen.

Da aber auch Geist-Wesen nicht aus sich selbst sein können, sondern geschaffen sein müssen, so scheue ich mich nicht, diesen geheimnisvollen Schöpfer ebenso zu nennen, wie ihn alle alten Kulturvölker der Erde früherer Jahrtausende genannt haben, GOTT.

Eine Wissenschaft, die den Geist nicht in ihr Denken mit einbezieht, kann nicht zur Wahrheit vordringen. Die Existenz einer Schöpferkraft muss in den Wissenschaften als eine unanzweifelbare Tatsache akzeptiert werden.

Geist und Gehirn sind unabhängige Komplexe, die irgendwie in Wechselwirkung stehen. Es gibt aber eine Grenze, über die eine Wechselwirkung in beiden Richtungen stattfindet, die man sich als

---

[160] Max Planck (* 1858 † in Göttingen) war ein bedeutender deutscher Physiker auf dem Gebiet der theoretischen Physik. Er gilt als Begründer der Quantenphysik. Für die Entdeckung des planckschen Wirkungsquantums erhielt er 1919 den Nobelpreis für Physik des Jahres 1918. [Wikipedia]

Fluss von Informationen, nicht von Energie vorstellen kann. Der Geist ist kein Teil der Materie-Energie-Welt, sodass kein Energieaustausch mit der Transaktion verbunden sein kann, sondern nur Informationsfluss. Und dennoch muss der Geist dazu fähig sein, das Muster der Energieprozesse in den Gehirnmodulen zu verändern. Es ist schwer verständlich, wie der ichbewusste Geist mit einer so enormen Komplexität modularer Raum-Zeit-Muster in Beziehung stehen kann."

Mit diesen Worten macht Max Planck deutlich, dass die Substanzen und Kräfte, welche die von uns erfahrbare Welt formen und zusammenhalten, von der klassischen Physik und den darauf aufbauenden Wissenschaften weder berücksichtigt noch erklärt werden. Geist, Jenseits und Gott lassen sich nun einmal nicht mechanistisch und mathematisch darstellen.

Und dennoch ist die Avantgarde der Physiker immer mehr bereit eine geistige Welt und eine über allem stehende Intelligenz anzuerkennen.

So sagte einmal der Quantenphysiker Professor Dr. Hans Peter Dürr[161] dazu: „Was wir Diesseits nennen, ist ja eigentlich die Schlacke, die Materie, also das, was greifbar ist. Das Jenseits ist alles Übrige, die umfassende Wirklichkeit, das viel Größere. Das, worin das Diesseits eingebettet ist."[162]

Wenn es also eine Intelligenz gibt, welche jenseits des materiellen Universums existiert und das materielle Universum nur die Schlacke einer umfassenderen Wirklichkeit ist, dann stellt sich doch die Frage, nach dem, wie und dem woraus, Gott die Welt gemacht hat.

Während meiner langjährigen Suche nach Antworten auf diese Fragen bin ich auf den schwedischen Naturwissenschaftler und Visionär

---

[161] Hans-Peter Dürr (* 7.10. 1929 ; † 18. 5. 2014) war ein deutscher Physiker und Essayist. Dreimal war er im Direktorium des Max-Planck-Instituts für Physik, nämlich 1970–71, 1977–80 und zuletzt nochmals 1987–1992 [Wikipedia]
[162] Quelle: P.M. Magazin 05/2007

Emanuel Swedenborg[163] gestoßen, dessen Werke im Weltdokumentenerbe der UNESCO[164] verzeichnet sind. Er hat sich viele Jahrzehnte mit den Grundlagen der Schöpfung auseinandergesetzt.

Dabei ist er schon über einhundert Jahre vor Planck und Dürr zu der Erkenntnis gelangt, dass die Grundlagen der materiellen Welt in der geistigen Welt zu suchen sind. Einer Welt, in der weder Raum noch Zeit existieren. Einer Welt, die mit unseren in Raum und Zeit eingebetteten Denken und der daraus folgenden Sprache nicht wirklich beschrieben werden kann.

Dies ist auch der Grund dafür, warum die Quantenphysiker bei ihren Beschreibungen der Verhältnisse, im Grenzgebiet zwischen dem Diesseits und dem Jenseits, manchmal so schwammig erscheinen. Es gibt einfach keine Worte, die diese Zustände genau wiedergeben. Deshalb müssen sie sehr oft auf Gleichnisse und Entsprechungen zurückgreifen.

Der Nobelpreisträger für Physik Werner Heisenberg[165] formulierte dies einmal so:

„Die Quantentheorie ist so ein wunderbares Beispiel dafür, dass man einen Sachverhalt in völliger Klarheit verstanden haben kann und gleichzeitig doch weiß, dass man nur in Bildern und Gleichnissen von ihm reden kann. Die Bilder und Gleichnisse, das sind hier im

---

[163] Emanuel Swedenborg (eigentlich Swedberg; * 29. Januar 1688 in Stockholm; † 29. März 1772 in London) war ein schwedischer Wissenschaftler, Mystiker und Theosoph. [Wikipedia]

[164] Das Weltdokumentenerbe umfasst ausgewählte herausragende Dokumente, darunter Bücher, Handschriften, Partituren, Unikate, Bild-, Ton- und Filmdokumente. Im Rahmen ihres 1992 gegründeten Programms Memory of the World (MOW, Gedächtnis der Welt) zum Erhalt des dokumentarischen Erbes der Menschheit führt die UNESCO ein Verzeichnis der von ihr als Weltdokumentenerbe anerkannten Dokumente. [Wikipedia]

[165] Werner Karl Heisenberg (* 5. Dezember ; † 1. Februar 1976) war ein deutscher Wissenschaftler und Nobelpreisträger, der zu den bedeutendsten Physikern des 20. Jahrhunderts zählt. Er gab 1925 die erste mathematische Formulierung der Quantenmechanik an und formulierte 1927 die nach ihm benannte Heisenbergsche Unschärferelation, die eine der fundamentalen Aussagen der Quantenmechanik trifft – nämlich, dass bestimmte Messgrößen eines Teilchens (etwa sein Ort und Impuls) nicht gleichzeitig beliebig genau bestimmt sind. Für die Begründung der Quantenmechanik wurde er 1932 mit dem Nobelpreis für Physik ausgezeichnet. [Wikipedia]

Wesentlichen die klassischen Begriffe, also auch ‚Welle' und ‚Korpuskel'.[166] Die passen nicht genau auf die wirkliche Welt, auch stehen sie zum Teil in einem komplementären Verhältnis zueinander und widersprechen sich deshalb. Trotzdem kann man, da man bei der Beschreibung der Phänomene im Raum der natürlichen Sprache bleiben muss, sich nur mit diesen Bildern dem wahren Sachverhalt nähern."[167]

Dieses Problem hatte auch Emanuel Swedenborg, als er in seinen Werken die Eigenschaften Gottes und die Zustände der geistigen Welt beschreiben wollte. Er führt dies darauf zurück, dass sich der natürliche Mensch in seinem Denken nicht von der Vorstellung der Zeit und des Raumes lösen kann. Sie sind quasi seiner Natur eingepflanzt.

Wahrscheinlich ist es Swedenborg aufgrund dieses Bewusstseins gelungen, die wichtigsten Eigenschaften des von Max Planck beschriebenen Gottes herauszuarbeiten.

Er schreibt in seinen Werken, dass Gott unerschaffen, ewig und das Leben selbst ist. Gott existierte schon ewig bevor Er die geistige Welt und das natürliche Universum in das Dasein gestellt hat. Der biblische Prophet Daniel drückte dies einmal so aus:

„Ehe denn die Berge wurden und die Erde und die Welt geschaffen wurden, bist du, Gott, von Ewigkeit zu Ewigkeit." (Daniel 2,20)

Gott ist nicht nur unerschaffen und ewig, Er ist auch das Leben in sich. Er lebt weder aus sich noch aus Nichts. Das heißt, dass Göttliche Leben ist ohne jeden Ursprung und was ohne Ursprung ist, das ist von Ewigkeit, und somit ewig.

Und da es eine enge Beziehung zwischen dem Leben, der Liebe und der Weisheit gibt, ist Gott auch die Göttliche Liebe und die Göttliche Weisheit in sich. Alle Substanzen aus denen sowohl die geistige

---

[166] Als **Korpuskel** (lat. *corpusculum* ‚Körperchen') bezeichnet man in der Physik, im Gegensatz zur Welle, kleinste Masseteilchen.
[167] Physik und Philosophie, 7. Aufl. Stuttgart: Hirzel, 2006, S. 17, ISBN: 3777610240

als auch die natürliche Schöpfung bestehen, beziehen ihr Dasein letztendlich aus der Göttlichen Liebe und der Göttlichen Weisheit.

Mit etwas anderen Worten bringt dies auch der Quantenphysiker Professor Hans-Peter Dürr zum Ausdruck, wenn er sagt:

„Materie und Energie treten erst sekundär in Erscheinung – gewissermaßen als geronnener, erstarrter Geist."[168]

Und an anderer Stelle sagt er:
„Das was wir Diesseits nennen, ist im Grunde die Schlacke, die Materie, also das, was greifbar ist. Das Jenseits ist alles Übrige, die umfassende Wirklichkeit, das viel Größere. Insofern ist unser gegenwärtiges Leben bereits vom Jenseits umfangen."

Wenn man dazu noch bedenkt, dass, laut Max Planck, Gott der Schöpfer der Materie und aller Geist-Wesen ist, dann deckt sich dies sehr gut mit Swedenborg, wenn er sagt, dass die materielle Schöpfung letztendlich aus göttlichen Gedanken besteht, welche aus der Liebe und Weisheit Gottes entspringen.

Natürlich ist dieser Gedanke für uns Menschen, die wir in raumzeitlichen Kategorien denken, auf den ersten Blick schwierig zu verstehen. Deshalb sollte man hier unbedingt den Rat Swedenborgs beachten, dass man beim Nachdenken über diese Dinge Raum und Zeit aus seinem Denken verbannen sollte. Denn, dass Göttliche ist nicht in Zeit und Raum angesiedelt.

Bei der Auseinandersetzung mit den innergöttlichen Vorgängen, die letztendlich zur Entstehung des Universums geführt haben, muss man bedenken, dass die Ursachen bereits gewirkt haben, bevor es überhaupt Raum und Zeit gab. Denn Raum und Zeit sind ja erst dann in Erscheinung getreten, als die Materie in das Dasein gestellt wurde. In der geistigen Welt, in der keine Materie ist, gibt es weder Raum noch Zeit.

---

[168] Quelle: P.M. Magazin 05/2007

Emanuel Swedenborg hat bereits vor über 250 Jahren die von Planck und Dürr formulierten Theorien über die Materie, dem Jenseits und dem Leben vorweggenommen. Er vertrat die Auffassung, dass die Substanzen aus denen die geistige und die materielle Welt bestehen, letztendlich Gedanken und Ideen Gottes sind, welche aus der göttlichen Liebe und Weisheit entspringen.

Es ist für den in Raum und Zeit lebenden Menschen kaum nachzuvollziehen, dass all die Substanzen, aus denen eine wunderschöne Rose besteht, Gedanken Gottes sein sollen.

Andererseits ist es aber auch nicht unbedingt nachvollziehbar, dass die Atome, aus denen diese Rose besteht, im Grunde genommen fast nur aus leerem Raum bestehen, in dem sich in einer unglaublichen Geschwindigkeit irgendwelche Energiepotenziale in Kreisbahnen bewegen.

Bei genauerem Nachdenken löst sich die meist als sehr fest und hart erscheinende materielle Welt in ein gewaltiges Energiepaket auf, welches nach für uns meist nicht wirklich nachvollziehbaren Gesetzmäßigkeiten interagiert.

Die aus der göttlichen Liebe entspringenden Schöpfungsimpulse werden durch die göttliche Weisheit so in eine Form gebracht, dass die daraus entspringenden Gedanken und Ideen, Energie zu dem formen, was wir in dem uns bekannten Universum beobachten können.

Man kann an dieser Stelle also festhalten, dass sich sowohl die moderne Physik als auch der Naturforscher Emanuel Swedenborg darüber einig sind, dass es einen Gott und eine geistige Welt gibt, in der die natürliche Welt eingebettet ist.
Ganz offensichtlich hat es diesem Gott gefallen, auf unserem Planeten die Voraussetzungen dafür zu schaffen, dass hier letztendlich Menschen leben können.

Damit Gott auf unserer Erde Leben erschaffen konnte, musste Er zunächst einmal das Universum mit seinen unzählbar vielen Galaxien, Sonnen und deren Trabanten erschaffen.

Als es dann soweit war, dass die Galaxien und auch unser Sonnensystem mit seinen Planeten stabil ihre Bahnen zogen, konnte Gott die Erde so vorbereiten, dass das Erste Zeitalter mit belebter Materie beginnen konnte.

In diesem und jedem weiteren Erdzeitalter wurde die zum Leben notwendige Materie, über einen langen Zeitraum für das folgende Erdzeitalter vorbereitet. Dies erklärt auch, warum zum Ende eines jeden Zeitalters so viele Arten ausgestorben sind und am Beginn eines neuen Zeitalters so viele neue Pflanzen- und Tierarten von Gott erschaffen wurden. Am vorläufigen Ende dieser Lebensentwicklung steht das aktuelle Erdzeitalter[169] in welchem der Mensch von Gott in das Dasein gestellt wurde.

Laut Emanuel Swedenborg ist das ganze Weltall und somit auch unsere Erde so aufgebaut, dass alles der nächst höheren Lebensstufe nutzen muss. Dies lässt sich sehr gut an den drei Naturreichen, dem Mineralreich, dem Pflanzenreich und dem Tierreich betrachten. Diese drei Reiche sind so miteinander verwoben, dass die Nutzzwecke der einzelnen Reiche stufenweise vom Mineralreich über das Pflanzen und dem Tierreich bis zum Menschen und darüber hinaus bis zu Gott aufsteigen.

Emanuel Swedenborg beschrieb dies wie folgt:
„Die Nutzzwecke aller Dinge, welche erschaffen wurden, steigen stufenweise auf vom Untersten über das Mittlere zum Menschen und durch den Menschen hindurch zu Gott, dem Schöpfer, von dem sie ausgegangen sind."[170]

Wobei Swedenborg unter dem Untersten das Mineralreich versteht, dessen Nutzen darin besteht, in kleinster staubähnlicher Form der

---

[169] Das Holozän ist der gegenwärtige Zeitabschnitt der Erdgeschichte. Das Holozän begann vor etwa 11.700 Jahren mit der Erwärmung der Erde am Ende des Pleistozäns.
[170] GLW 65

Pflanzenwelt als Nahrungsquelle zu dienen. Durch den stetigen Kreislauf des Wassers, des Windes und der Jahreszeiten werden im Laufe der Zeit selbst ganze Gebirgsketten langsam aber stetig in ihre kleinsten Bestandteile aufgelöst. Die im Wasser gelösten Lebenssubstanzen des Mineralreiches werden durch die Wurzeln der Pflanzen aufgenommen und dienen so als Baumaterial für das pflanzliche Leben. Daraus folgt, dass der Endzweck des Mineralreichs darin besteht, sich so aufzulösen, dass es von der Pflanzenwelt aufgenommen werden kann und so in ein höheres Lebenspotenzial übergeht.

Unter dem Mittleren versteht Swedenborg das Pflanzenreich, dessen Nutzen darin besteht, das Leben aus dem Mineralreich zu sammeln und in potenzierter Form der Tierwelt zur Verfügung zu stellen. Dass durch die Wurzeln aufgenommene Leben des Mineralreichs wird durch die Pflanzen in ein komplexeres und freieres Leben überführt. Daraus folgert Swedenborg, dass der Endzweck des Pflanzenreiches darin besteht, dass es durch sein in pflanzlicher Materie gebanntes Leben die Körper der Tiere mit ihren Stoffen nähren, deren Sinne mit ihrem Geschmack, ihrem Geruch und ihrer Schönheit ergötzen und beleben soll.

Die obere Stufe der Lebenskonzentrierung stellt das Tierreich dar. Hier erreicht das durch Pflanzenfresser aufgenommene Leben nochmals eine Potenzierung, indem diese das in den Pflanzen angereicherte Leben des Mineralreichs weiter verdichten und konzentrieren. Die höchste Stufe der Lebenspotenzierung stellen die Fleischfresser dar. Sie füllen im Tierreich die Spitze der Nahrungspyramide aus, in dem sie das in den Pflanzenfressern angesammelte Leben auf eine noch höhere Ebene verdichten.

Im Menschen erreicht die Potenzierung des natürlichen Lebens seinen vorläufigen Höhepunkt. In ihm hat sich das Leben aus den einfachen Strukturen des Mineralreiches über das Pflanzen- und das Tierreich zu einer so komplexen Lebensstruktur zusammengefunden, dass er nach dem Ablegen des materiellen Körpers in der geistigen Welt als Individuum weiterexistieren kann.

Der Mensch unterscheidet sich vom Tier dadurch, dass er nicht nur ein Aufnahmegefäß des Lebens aus der natürlichen Welt ist, er ist auch ein Aufnahmegefäß des Lebens aus der geistigen Welt.

Von daher kommt es, dass sich der Mensch anders als jedes Tier über die Natur erheben kann. Er kann folgerichtig und vernünftig über bürgerliche und sittliche Dinge nachdenken, welche innerhalb der natürlichen Welt sind. Er kann auch über geistige und himmlische Dinge nachdenken, welche über die natürliche Welt hinaus gehen, ja, er kann sich zur himmlischen Weisheit erheben, bis er Gott schaut.

Womit wir bei der Frage angelangt sind: Weshalb betreibt Gott solch einen immensen Aufwand, um die im Mineralreich fest eingebundenen Lebenskeime, die ja letztendlich aus der Göttlichen Liebe und Weisheit geformt wurden, über das Pflanzen- und Tierreich zur größtmöglichen Freiheit im Menschen zu entwickeln?

Welchen Nutzen oder welchen Zweck soll diese Potenzierung des Lebens und der Freiheit haben?

Wie ich oben schon angedeutet habe, besteht die Materie letztendlich aus göttlichen Gedanken. Das bedeutet, dass die materielle Schöpfung, so wie wir sie heute mit unseren Sinnesorganen wahrnehmen können, von Gott gedacht und von seinem Willen fixiert wird. Alles was wir sehen, anfassen, hören, schmecken und fühlen können löst sich im subatomaren Bereich in irgendwelche Energiepotenziale auf, die ihre Existenz den Gedanken und Ideen Gottes verdanken.

Nun ist es aber so, dass die zu Materie komprimierten göttlichen Gedanken zwar von Gott gedacht und in das Dasein gestellt werden, aber nicht Gott sind. So wie ja auch unsere Gedanken nicht wir sind, sondern eben nur unsere Gedanken.

Mit anderen Worten ausgedrückt, die Materie ist aus der Sicht Gottes, wie ein leeres Gefäß, in dem nichts Göttliches enthalten ist. Dies ist deshalb so, weil der Materie keine göttlichen Attribute anhangen.

Sie ist weder unerschaffen, unendlich, ewig noch ist in ihr Lebendigkeit. Materie ist so gesehen das entgegengesetzte von Gott, gewissermaßen ein Gegenpol.

In seinen Werken führt Swedenborg aus, dass der allumfassende Endzweck der Schöpfung darin besteht, eine ewige Verbindung Gottes mit dem erschaffenen Weltall herzustellen. Womit er zum Ausdruck bringen will, dass es Gott ein Bedürfnis ist, das an sich tote Weltall mit seinem Leben zu durchdringen.

Dies kann Gott aber nur dann, wenn es Träger bzw. Gefäße gibt, in denen das Göttliche einfließen und dort gewissermaßen Wohnung nehmen kann.

Die Träger müssen, um gleichsam Wohnungen und Herbergen des Schöpfers sein zu können, die göttliche Liebe und Weisheit wie aus sich heraus aufnehmen können und sich durch eigene Aktivitäten soweit zum Schöpfer erheben, dass sie sich mit Ihm verbinden können.

Diese Träger bzw. Gefäße sind wir Menschen. In jedem Menschen hat Gott die Fähigkeit angelegt, sich wie von sich aus, zu Gott zu erheben, um sich so mit Ihm verbinden zu können.

Durch diese Verbindung ist es Gott möglich in jedem von Ihm erschaffenen Werk gegenwärtig zu sein.

Gott hat es so eingerichtet, dass alles in der Schöpfung dem großen Lebensziel entgegenstrebt. Dies kann man unter anderem daran beobachten, dass der Nutzen alles Erschaffenen stufenweise vom Mineralreich über das Pflanzen und Tierreich bis zum Menschen emporsteigt und durch diesen zu Gott, dem Schöpfer, Der alles erschaffen hat.

Durch die von Gott eingesetzten Naturkreisläufe werden die kleinsten im Erdboden befindlichen Lebenselemente zu immer höheren Lebensqualitäten weitergebildet. Eine große Rolle spielen dabei die Wasserkreisläufe, ohne die, diese aufsteigende Lebensentwicklung gar nicht möglich wäre. Dass durch den Regen in das Erdreich eindringende Wasser löst die im Boden befindlichen Mineralien auf und ermöglicht es so den Pflanzen, über ihre Wurzeln die ihnen zuträglichen Lebenselemente aufzunehmen und in ihren Pflanzenleibern zu speichern. Auch bei den höheren Lebenskonzentrationsstufen, den Tieren und Menschen, übernimmt das Wasser beim Transport der Lebenselemente zu den einzelnen Organen eine nicht unerhebliche Rolle. So besteht z. B. das Blutplasma des Menschen zu ca. 90 % aus Wasser. Mit der Hilfe des Wassers werden von Gott aus dem Erdboden unausgesetzt Mineralien, Pflanzen und Tiere der Ordnung nach, bis zum Menschen aufgezogen, dessen Körper auch von dort stammt.

Diesen ganzen Aufwand treibt Gott ausschließlich um des Menschen willen, damit der Mensch Liebe und Weisheit in sich aufnehmen kann. Dies kann der Mensch aber nur, wenn die kleinsten Lebenssubstanzen zu der hochverdichteten Form seines Körpers entwickelt werden. Nur mit diesem Körper ist es dem Menschen möglich, den Weg über die Erde zu gehen. Der Gang des Menschen über diese Erde ist der Endzweck des erschaffenen Weltalls, denn nach dem Ablegen der sterblichen Hülle kann der Mensch und mit ihm eine Unzahl von geläuterten Kleinstlebenssubstanzen zu Gott zurückkehren.

Ich empfinde es als sehr interessant, mit wie viel Liebe und Weisheit Gott seine Schöpfung bis in das kleinste Detail ausgestattet hat. Alles, vom kleinsten, im unscheinbaren Staub verborgenen Lebensimpuls bis hin zu den unvorstellbar großen Sonnen im Universum dient dazu, dass der Mensch seinen Weg zu Gott gehen kann.

Alles, was uns in der Natur begegnet, hat in seinem Endzweck hauptsächlich die Aufgabe, das Leben für die nächste Lebensstufe zu konzentrieren, um so Stufe für Stufe die Grundvoraussetzung für unser Dasein zu schaffen. Und wir Menschen stellen in diesem unglaublich komplexen und gleichermaßen faszinierenden Prozess die Krönung der natürlichen Schöpfung dar. Bis zum menschlichen Körper sind die in der Natur zu beobachtenden Lebenskonzentrationsprozesse mehr oder weniger durch die Naturgesetze vorgegeben. Der Mensch selbst stellt dagegen eine neue Dimension innerhalb der Lebenskonzentration dar, denn ihm ist von Gott die Fähigkeit zur Aufnahme der Liebe und Weisheit eingepflanzt worden. Diese Fähigkeit erhebt den Menschen über die natürliche Welt und eröffnet ihm so die Möglichkeit, sich als ein Bewohner der geistigen Welt zu erkennen. Der Welt, von der der Quantenphysiker Hans Peter Dürr sagte, dass sie die umfassende Wirklichkeit ist, in der das Diesseits eingebettet ist.

Diese Gedanken muss wohl auch Johann Wolfgang von Goethe gehabt haben, als er folgende Worte schrieb:

„Gott hat sich nach den bekannten imaginierten sechs Schöpfungstagen keineswegs zur Ruhe begeben, vielmehr ist er noch fortwährend wirksam wie am ersten! Diese plumpe Welt aus einfachen Elementen zusammenzusetzen und sie jahraus jahrein in den Strahlen der Sonne rollen zu lassen, hätte ihm sicher wenig Spaß gemacht, wenn er nicht den Plan gehabt hätte, sich auf dieser materiellen Unterlage eine Pflanzschule für eine Welt von Geistern zu gründen. So ist er nun fortwährend in höheren Naturen wirksam, um die geringeren heranzuziehen."[171]

---

[171] Eugen Korn, Goethes Gespräche, Salzwasser Verlag, Seite 285

Gedanken zum Reich Gottes von Emanuel Swedenborg

In der Kirche ist bekannt, dass der Mensch von neuem geboren, d. h. wiedergeboren werden muss, um ins Reich Gottes eingehen zu können; dies ist bekannt, weil es der Herr mit deutlichen Worten bei Joh. 3/3, 5 gesagt hat. Was es aber heißt, von neuem geboren werden, ist dennoch wenigen bekannt. Der Grund ist, weil wenige wissen, was gut und böse ist. Dass man nicht weiß, was gut und böse, kommt daher, weil man nicht weiß, was Liebtätigkeit gegen den Nächsten ist. Würde man diese kennen, so würde man auch wissen, was gut und aus dem Guten, was böse ist, denn alles ist gut, was aus ungeheuchelter Liebtätigkeit gegen den Nächsten kommt. Aber in diesem Guten kann niemand aus sich selber sein, denn es ist das Himmlische selbst, das vom Herrn einfließt. Dieses Himmlische fließt immerfort ein, aber das Böse und Falsche behindert die sosehr, dass es nicht aufgenommen werden kann. Wenn es daher aufgenommen werden soll, so ist notwendig, dass der Mensch das Böse und, soweit er kann, auch das Falsche entfernt und sich so zur Aufnahme des Einflusses öffnet.

Wenn der Mensch nach Entfernung des Bösen den Einfluss aufnimmt, dann empfängt er einen neuen Willen und einen neuen Verstand. Aus dem neuen Willen fühlt er eine Lust darin, dem Nächsten ohne Eigennutz wohlzutun, und aus dem neuen Verstand empfindet er eine Lust im Lernen, was das Gute und Wahre sei um dessen selbst und um des Lebens willen. Weil dieser neue Verstand und dieser neue Wille durch den Einfluss vom Herrn entsteht, anerkennt und glaubt der Wiedergeborene, dass das Gute und Wahre, wovon er angeregt wird, nicht aus ihm selber, sondern aus dem Herrn ist, dass ferner alles, was aus ihm selber oder aus seinem Eigenen, nur böse ist.

Hieraus wird klar, was es heißt, von neuem geboren werden, sodann, was der neue Wille und das neue Verständige ist. Aber die Wiedergeburt, durch die das neue Verständige und das neue Wollen (entsteht), geschieht nicht in einem Augenblick, sondern sie geschieht von der ersten Kindheit an bis zum Ende des Lebens und nachher im anderen Leben in Ewigkeit, und zwar durch göttliche Mittel, die unzählig und unaussprechlich sind. Denn der Mensch aus sich ist nichts als Böses, das immerfort wie aus einem Ofen herausqualmt und immerfort das entstehende Gute zu ersticken sucht. Die Entfernung eines solchen Bösen und die Einwurzelung des Guten an dessen Statt kann nur geschehen durch den ganzen Lebenslauf und durch göttliche Mittel, die unzählig und unaussprechlich sind. Von diesen Mitteln sind kaum etliche bekannt zu dieser Zeit, aus dem Grund, weil der Mensch sich nicht wiedergebären lässt und nicht glaubt, dass die Wiedergeburt etwas ist, weil er an kein Leben nach dem Tode glaubt. [HG 5354]

Abkürzungen der Bücher von Emanuel Swedenborg

Himmlische Geheimnisse	HG
Wahre christliche Religion	WCR
Göttliche Vorsehung	GV
Göttliche Liebe und Weisheit	LW
Erklärte Offenbarung	EKO
Von der göttlichen Liebe	EKO/GL
Von der göttlichen Weisheit	EKO/GW
Enthüllte Offenbarung	EHO
Himmel und Hölle	HH
Eheliche Liebe	EL
Vom Jüngsten Gericht	JG
Vom Jüngsten Gericht/Fortsetzung	JG/F
Die Hauptlehren der neuen Kirche	HNK
Von der Liebtätigkeit	LT
Das weiße Pferd	WP
Kurze Darstellung	KD
Gedrängte Erklärung	GE
Verkehr zw. Seele und Körper	SK
Erdkörper in unserem Sonnensystem	ES
Neues Jerusalem und seine himmlische Lehre	NJHL
Leben und Lehre	LL
Geistiges Tagebuch	GTB
Die vier Hauptlehren:	
Die Lehre vom Herrn	4HL/LH
Die Lehre von der Hl. Schrift	4HL/LS
Die Lebenslehre	4HL/LL
Die Lehre vom Glauben	4HL/LG

Notizen:

Das Mysterium der Schöpfung

In diesem Buch setzt sich Jürgen Kramke mit den Grundlagen der geistigen und natürlichen Schöpfung auseinander. Als Fundament für seine Ausführungen bezüglich der Ursachen und Kräfte, die das Universum entstehen ließ und bestehen lässt, beruft sich der Autor neben der Naturwissenschaft auf die Aussagen des Naturforschers und Visionär Emanuel Swedenborg (1688 - 1772). Viele Erkenntnisse aus der Quantenphysik hat Emanuel Swedenborg, dessen Werke im Werke im Weltdokumentenerbe der UNESCO verzeichnet sind, vorweggenommen.

So wusste er z. B., dass der Urgrund der Materie geistiger Natur ist. Eine Erkenntnis, die erst viele Jahrzehnte nach Swedenborgs Tod von dem Physiker und Nobelpreisträger Max Planck formuliert wurde. Auch die von dem Quantenphysiker Hans-Peter Dürr postulierte Existenz einer jenseitigen Welt und dem Weiterleben nach dem Tod, hat Swedenborg in seinen Werken nachgewiesen. Swedenborg kannte wie kaum ein Anderer die Verhältnisse und Gesetzmäßigkeiten der geistigen Welt mit ihren Wechselwirkungen zur natürlichen Welt.

Mit diesem Hintergrund setzt sich der Autor in seinem Buch mit den existenziellen Fragen der Schöpfung und des Lebens auseinander. Dabei werden die folgenden Themen ausführlich behandelt:

Die Entwicklung des Lebens vom Mineralreich zum Menschen
Die Lehre von den Graden
Raum und Zeit
Die Entsprechungskunde
Gott ist Mensch
Die Verhältnisse in der jenseitigen Welt

Dieses Buch möchte Ihnen neue Sichtweisen über die Grundlagen der geistigen und natürlichen Schöpfung nachvollziehbar aufzeigen.

Das Buch kann in jeder Buchhandlung und über das Internet zu einem Preis von 8,99 € bezogen werden.

Verlag: BoD – Books on Demand, Norderstedt
ISBN 978-3739273198

Im ICE zu Gott

Wer ein wenig Lebenserfahrung hat kann wissen, dass Gott in seiner unendlichen Gnade nichts unversucht lässt, um jeden Menschen immer wieder aufs Neue Denkanstöße zu geben. Genau dies ist dem gottungläubigen Daniel in dem Buch "Im ICE zu Gott" passiert.

Normalerweise ist Bahnfahren für Daniel eine ziemlich langweilige Sache. Doch diese Fahrt nach München ist wohl die spannendste Bahnfahrt, die er je gemacht hat. Nichts ahnend setzt er sich in ein Abteil und befindet sich nach kurzer Zeit in Gespräche verwickelt, die sein ganzes Weltbild infrage stellen.

Sicherlich, Daniel hat sich schon den einen oder anderen Gedanken über sich und die Welt gemacht, aber in diesen Gesprächen sieht er sich ziemlich unvermittelt mit den elementaren Sinnfragen des Lebens konfrontiert. In der Unterhaltung mit seinen Mitreisenden muss sich Daniel mit Themen auseinandersetzen, die für ihn völlig ungewohnt sind.

Themen wie: Gibt es ein Leben nach dem Tod? Stammt der Mensch vom Affen ab? Wie war das mit dem Urknall? Ist der Mensch ein Geschöpf Gottes? Und wenn ja, wer oder was ist Gott? Wenn es einen Gott gibt, warum lässt er so viel Not und Leid zu? Welcher Gott ist der Richtige? Die Antworten, die Daniel durch seine Mitreisenden erfährt, sind für ihn so beeindruckend, dass er alles, was er bisher über Gott und die Welt gedacht hat, neu überdenken muss.

Das Buch ist sehr gut für Leser geeignet, die sich bisher noch wenig Gedanken über das Woher, Wohin und Warum gemacht haben. Aber auch Leser, die nach einem tieferen Einblick in die Grundfragen des Lebens suchen, werden bei der Lektüre des Buches auf ihre Kosten kommen.

Das Buch kann in jeder Buchhandlung, im Internet und beim Autor zu einem Preis von 6,99 € bezogen werden.

Verlag: BoD – Books on Demand, Norderstedt
ISBN: 978-3741282478

Der schmale Pfad zum Glück

Wer dauerhaft glücklich sein will, sollte wissen, wo man das Glück finden kann. In lebensnahen und liebevoll geschriebenen Kurzgeschichten möchte der Autor den Leser mit dem Gedanken vertraut machen, dass das Lebensglück nicht in der Welt mit ihren vielfältigen Ablenkungen zu finden ist. Neid, Habgier und Lieblosigkeit sind keine Garanten für ein glückliches Leben.

Das Buch bietet als Alternative zu den Verlockungen der Welt eine warme und einfühlsame Begegnung mit Jesus Christus an, ohne dabei in die klischeehaften Vorstellungen eines rachsüchtigen und strafenden Gottes zu verfallen. Die Texte laden den Leser ein, in den tieferen Schichten der eigenen Seele den Schlüssel zum wahren Lebensglück zu suchen. Dort, wo Raum und Zeit ihre Gültigkeit verlieren, eröffnet sich dem wahrhaft Suchenden die persönliche Nähe zu Gott. Vielleicht begegnet dabei ja auch Ihnen Jesus Christus, der Ihnen zuruft: „Kommet alle, die ihr mühselig und beladen seid, Ich will euch erquicken!"

Von der Überzeugung getragen, dass das Streben nach dem individuellen Glück zur menschlichen Natur gehört, zeigen die Erzählungen Wege auf, wie man das Glück in der eigenen Seele suchen und finden kann. Auf psychologisch einfühlsame Weise werden dem Leser Möglichkeiten aufgezeigt, wie er zum Grund seiner eigenen Seele vorstoßen kann. Dort, in den unbekannten Bereichen seines Seins bzw. seiner Lebensliebe begegnet ihm vielleicht Gott.

Das Buch kann in jeder Buchhandlung und über das Internet zu einem Preis von 8,99 € bezogen werden.

Verlag: BoD – Books on Demand, Norderstedt
ISBN: 978-3739225975

Ihr Frauen seid euren Männern untertan

Ich bin mir sehr wohl bewusst darüber, dass der Titel dieses Buches für einige Frauen eine echte Provokation darstellt. Müssen sie doch leidvoll erfahren, was es heißt, von einem Mann geschlagen, tyrannisiert und gedemütigt zu werden. Die Frauenhäuser, in die sich Frauen zurückziehen müssen, weil sie von Männern körperlich und seelisch verletzt wurden, sprechen eine deutliche Sprache.

Auch die Demütigungen, welche heutige Frauen im normalen Alltag erdulden müssen, sind bisweilen recht heftig. Sei es im Berufsleben, wo es darum geht, sich in einer von Männern dominierten Welt zu behaupten, oder sei es in der Familie, wo sie mit der Doppelbelastung Beruf und Haushalt klarkommen müssen.

Bei der Suche nach den Ursachen für die Unterdrückung der Frauen ist es unumgänglich, einen Einblick in die historischen Ursprünge zu gewinnen. Dabei kommt man schnell zu der Erkenntnis, dass in unserem Kulturkreis die religiöse Prägung durch die Bibel eine wichtige Rolle spielt. Denn dort wird bereits im zweiten Kapitel des ersten Buches Mose der Grundstein für das negativ belastete Frauenbild gelegt. Eva, die aus der Rippe Adams entnommene Frau, war es, die den Mann zum Ungehorsam gegenüber Gott verführte, und so das Leid in die Welt brachte.

Diese und ähnliche meist falsch verstandene Aussagen der Bibel haben im Laufe der Generationen dazu geführt, dass es im Zusammenleben der Geschlechter nicht nur zu vielen Missverständnissen, sondern letztendlich auch zur Unterdrückung der Frauen gekommen ist.

In diesem Buch zeige ich zum einen die Ursachen der Frauenunterdrückung auf, und zum anderen möchte ich für ein Umdenken im Verständnis des jeweils anderen Geschlechts werben.

Das Buch kann in jeder Buchhandlung und über das Internet zu einem Preis von 7,99 € bezogen werden.

Verlag: BoD – Books on Demand, Norderstedt
ISBN 978-3744887168